Flucht, Vertreibung und Umsiedlung im Umfeld des Zweiten Weltkrieges

Erarbeitet von
Prof. Dr. Dietmar von Reeken und
Dr. Wolfgang Jäger

Kurshefte Geschichte

W0295497

Dieses Buch gibt es auch auf
www.scook.de
Es kann dort nach Bestätigung der Allgemeinen Geschäftsbedingungen genutzt werden.
Buchcode: 23fdw-rq75j

Cornelsen

Kurshefte Geschichte

Flucht, Vertreibung und Umsiedlung im Umfeld des Zweiten Weltkrieges

Das Lehrwerk wurde erarbeitet von
Prof. Dr. Dietmar von Reeken, Oldenburg: S. 6–33, 54–66, 74–75, 86–87, 118–135
Dr. Wolfgang Jäger, Berlin: S. 34–53, 67–73, 76–85, 90–117
Laura Richter: S. 88–89

Die Probeklausur und deren Lösungshinweise wurden konzipiert von
Joachim Biermann, Bersenbrück
Daniela Brüsse-Haustein, Haren

Redaktion: Dr. Silke Möller unter Mitarbeit von Laura Richter und Jan Johannes
Grafik und Karten: Carlos Borrell, Berlin
Bildassistenz: Christina Sandig
Umschlaggestaltung: Cornelsen Verlag Design
Umschlagbild vorne: Tamara de Lempicka (1898–1980), Flüchtlinge, Öl auf Holz, 53 × 51 cm, 1931/akg-images
Umschlagbild hinten: Zerstörtes Hamburg mit von den Westalliierten gelieferten Nissenhütten als Notunterkünften, Fotografie, 1947/bpk
Layout und technische Umsetzung: Uwe Rogal, Berlin

www.cornelsen.de

Die Links zu externen Webseiten Dritter, die in diesem Lehrwerk angegeben sind, wurden vor Drucklegung sorgfältig auf ihre Aktualität geprüft. Der Verlag übernimmt keine Gewähr für die Aktualität und den Inhalt dieser Seiten oder solcher, die mit ihnen verlinkt sind.

1. Auflage, 2. Druck 2015

Alle Drucke dieser Auflage sind inhaltlich unverändert und können im Unterricht nebeneinander verwendet werden.

© 2014 Cornelsen Schulverlage GmbH, Berlin

Das Werk und seine Teile sind urheberrechtlich geschützt.
Jede Nutzung in anderen als den gesetzlich zugelassenen Fällen bedarf der vorherigen schriftlichen Einwilligung des Verlages.
Hinweis zu den §§ 46, 52 a UrhG: Weder das Werk noch seine Teile dürfen ohne eine solche Einwilligung eingescannt und in ein Netzwerk eingestellt oder sonst öffentlich zugänglich gemacht werden. Dies gilt auch für Intranets von Schulen und sonstigen Bildungseinrichtungen.

Druck: H. Heenemann, Berlin

ISBN: 978-3-06-111098-7

PEFC
PEFC/04-31-1156

PEFC zertifiziert
Dieses Produkt stammt aus nachhaltig bewirtschafteten Wäldern und kontrollierten Quellen.

www.pefc.de

Inhalt

Zur Arbeit mit diesem Kursheft

Das Kursheft ist eine thematisch orientierte Materialsammlung für den Geschichtsunterricht in der Oberstufe. Im Zentrum jedes Kapitels steht eine umfangreiche Quellensammlung, die ergänzt wird durch einführende Darstellungen, Methodenseiten (gelber Balken) und Vertiefungen (grüner Balken). Die Doppelseite „Kompetenzen überprüfen" (blauer Balken) schließt das Kapitel ab.

Sach-, Urteils- und Methodenkompetenzen, die im Kapitel erworben werden

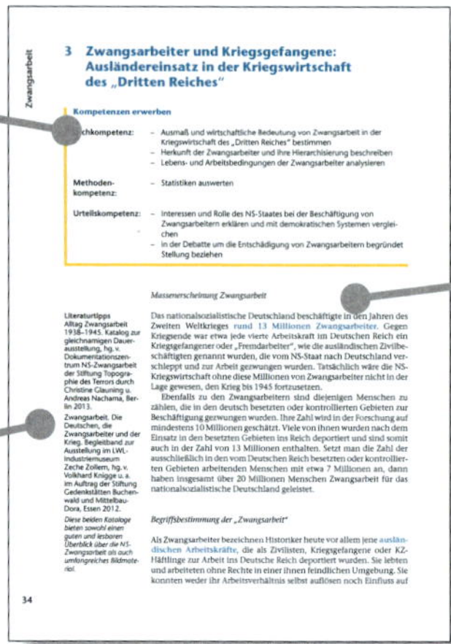

Einleitende Darstellungen

Literaturtipps, Erläuterungen und Verweise in der Randspalte

Webcodes führen zu Internettipps. Einfach die Zahlenkombination aus dem Buch eingeben unter **www.cornelsen.de/webcode**

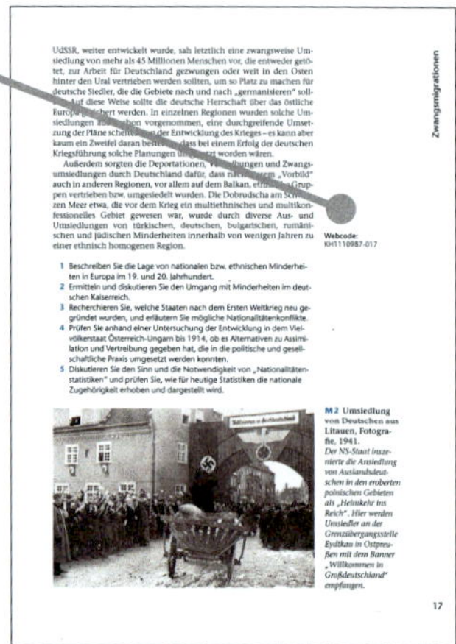

Hinweise zur Arbeit mit den Materialien: Überblick über die Quellenauswahl mit Leitfragen und Kompetenzen

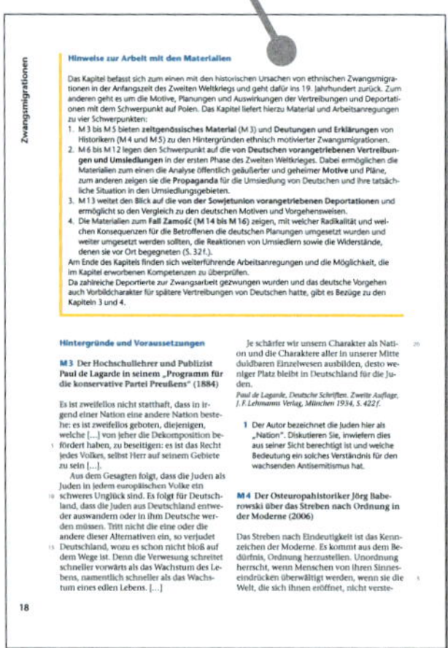

Einzelarbeitsaufträge zu allen Materialien; besondere Arbeitsformen (Referate, Gruppenarbeit etc.) sind blau hervorgehoben.

Besondere Schwerpunkte:
- Geschichte und Theorie
- Geschichte kontrovers

Methodenseiten

Die Seite **„Kompetenzen überprüfen"** mit weiterführenden Arbeitsanregungen und kompetenzorientierten Aufgaben

Vertiefungen

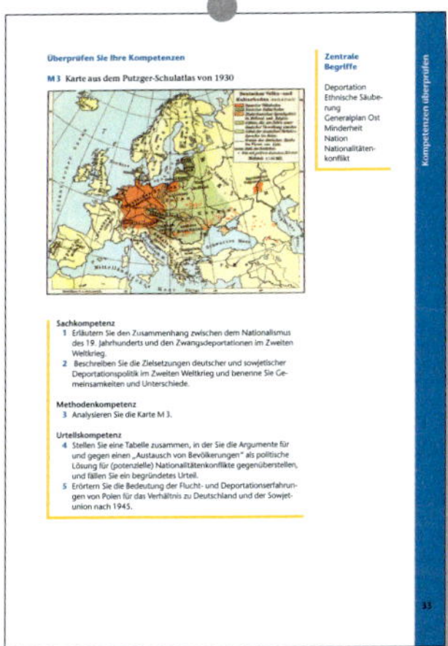

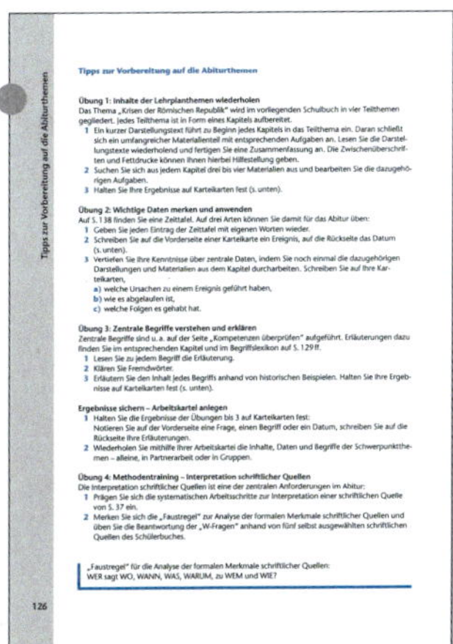

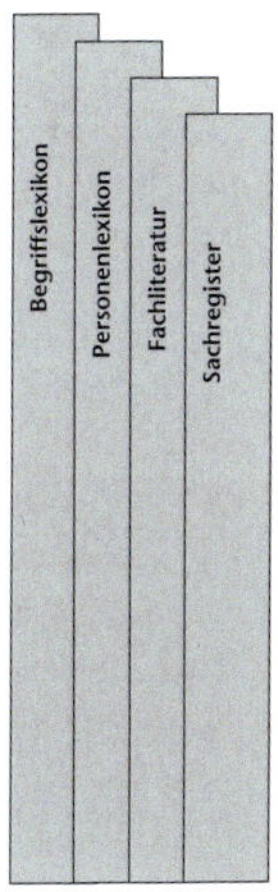

Der Anhang:
- Tipps für die Abiturvorbereitung
- Probeklausur
- Serviceseiten

1 Einführung: Migration im 20. Jahrhundert

„Menschen mit Migrationshintergrund"

„Menschen mit Migrationshintergrund" – so lautet die verbreitete sprachliche Formel für diejenigen, die ihre Heimat bzw. ihr Geburtsland verlassen haben, um in **Deutschland** zu leben. Meist umfasst sie aber auch diejenigen, die zwar in Deutschland geboren sind, deren Vorfahren aber eingewandert sind, wobei meist unklar ist, wie lange die Migrationserfahrungen zurückliegen müssen, um noch für die heutige Generation relevant zu sein. Auch die amtliche Statistik hat diese Bezeichnung übernommen: Hier sind alle diejenigen gemeint, die seit 1950 nach Deutschland zugewandert sind, sowie deren Nachkommen. Zurzeit umfasst diese Gruppe etwa 20% der deutschen Wohnbevölkerung.

Tatsächlich aber haben alle Menschen einen „Migrationshintergrund", denn **Migration**, also „die auf einen längerfristigen Aufenthalt angelegte räumliche Verlagerung des Lebensmittelpunktes von Individuen, Familien, Gruppen oder auch ganzen Bevölkerungen" (Oltmer), ist eine Grundtatsache des Menschen schlechthin, seit er sich zum Menschen entwickelt hat – „Homo migrans", der wandernde Mensch, wird er daher auch genannt. Zwar wurde der Mensch mit der Neolithischen Revolution prinzipiell sesshaft, was aber nicht hieß, dass er immobil war, im Gegenteil: Immer wieder in der Geschichte gab es Situationen, in denen Menschen individuell oder in großen Gruppen sich dazu entschlossen, ihre „Heimat" zu verlassen.

Formen der Migration

Ist also das Wandern für den Menschen als Gattung so etwas wie eine anthropologische Konstante, so sind die Formen, in denen dies geschieht, die Gründe für das Weggehen und Ankommen, die individuellen und kollektiven Bedingungen des Wanderns und die Aufnahme

M1 US-amerikanische Karikatur von Joseph Keppler aus der Zeitschrift *„Puck"* vom 28. April 1880

in den Zielländern jeweils historisch spezifisch. Die Beschäftigung mit Migrationen in der Geschichte ist also ein zentraler Bestandteil einer Geschichtswissenschaft, die die Entwicklung von Gesellschaften und das Leben von Menschen in ihnen verstehen und erklären will. Aus diesem Grund hat sich innerhalb der Geschichtswissenschaft eine eigene Richtung mit der Bezeichnung **„Historische Migrationsforschung"** etabliert.

Dass in gegenwärtigen öffentlichen Diskursen von Migration meist in Zusammenhang mit krisenhaften Entwicklungen (Wanderungsdruck, Flüchtlingsschicksale, Fremdenfeindlichkeit usw.) die Rede ist, ist kein Zufall. Zwar gibt es auch gleichsam **„normale" Migrationen**, bei denen sich Menschen aus mehr oder weniger freien Stücken entscheiden, ihren Wohnsitz und Lebensmittelpunkt dauerhaft zu wechseln. Doch im 20. Jahrhundert überwiegen **Zwangsmigrationen**, also unfreiwillige Wanderungen, sodass es bereits lange vor seinem Ende schon als „Jahrhundert der Flüchtlinge" oder als *„Century of the Homeless Man"* bezeichnet worden ist. Diese Bezeichnungen können im Prinzip auch auf das 21. Jahrhundert übertragen werden. Auffallend ist jedoch, dass die Wanderungen zunehmend globalen Charakter annehmen.

Institut für Migrationsforschung und Interkulturelle Studien (IMIS) der Universität Osnabrück
Das Institut beschäftigt sich seit den 1990er-Jahren mit den verschiedenen Aspekten der räumlichen Mobilität und der interkulturellen Begegnung in Geschichte und Gegenwart.

Kriege, Revolutionen und Nationalismus

Die Gründe für Zwangswanderungen waren vielfältig, lassen sich aber im 20. Jahrhundert auf wenige Ursachenkomplexe zurückführen: Zum einen waren die großen Kriege des Jahrhunderts, vor allem der Erste und der Zweite Weltkrieg, **„Motoren" von Zwangsmigrationen** in vielen Teilen Europas, sowohl in ihrem Verlauf durch Flucht vor den militärischen Auseinandersetzungen, Vertreibungen und Umsiedlungen als auch nach ihrem Ende durch die Entstehung neuer Staaten und politische Entscheidungen. Aber auch „innere" Kriege wie Revolutionen und Bürgerkriege führten zu Zwangswanderungen, sogar noch am Ende des Jahrhunderts. Zum anderen – eng damit zusammenhängend – beförderten Vorstellungen ethnisch homogener Nationalstaaten, die schon aus dem 19. Jahrhundert stammten, verbunden mit

M2 **Karikatur von Gerhard Mester, 2010**

M3 Somalische Flüchtlinge an der Grenze zu Äthiopien, Fotografie, 11. August 2011

Webcode:
KH1110987-008

Feindbildern und Stereotypen über die „Fremden", die Ausweisung bzw. Flucht von Bevölkerungsgruppen aus Staaten, die neu entstanden oder neu, nämlich ethnisch homogen, gedacht wurden. Aber es waren nicht nur die Erfahrungen der Zwangswanderungen selbst, die Menschen und Gesellschaften prägten, sondern auch die mittel- und langfristigen Prozesse des Sich-Einlebens in der neuen Umwelt mit unterschiedlichen Folgen sowie die unbewussten und bewussten Erinnerungen an diese Erfahrungen, ihre Deutungen und Deutungskonflikte.

Im Mittelpunkt dieses Kursheftes stehen die größten Zwangswanderungen des 20. Jahrhunderts in Europa, nämlich diejenigen im Umfeld des Zweiten Weltkrieges, in deren Verlauf wohl 50 bis 60 Millionen Menschen unterwegs waren, d. h. ca. 10 % der gesamten Bevölkerung. Leitfragen der Darstellung sind:

- Welche konkreten Ursachen hatten die Zwangswanderungen im Umfeld des Zweiten Weltkrieges?
- Wer war hiervon besonders betroffen?
- Wie wurden einzelne Bevölkerungsgruppen von wem behandelt?
- Welche Auswirkungen hatten die Zwangswanderungen auf die einzelnen Menschen?
- Welche Rolle spielte der Staat bei der Steuerung und Bewältigung von Migrationsprozessen?
- Wie wurden die Migranten kurz-, mittel- und langfristig in den Zielgebieten aufgenommen?
- Welche Rolle spielt die Erinnerung an die Zwangswanderungen in der jeweiligen nationalen bzw. europäischen Identität?

1 **Collage/Mindmap:** Führen Sie eine Internetrecherche nach den aktuellen Kontexten der Verwendung des Begriffes „Migration" durch. Erstellen Sie eine Collage oder eine Mindmap mit den gefundenen Zusammenhängen und zentralen weiteren Begriffen, die hier verwendet werden.

2 Informieren Sie sich über die Motive der Gründung des Flüchtlingshilfswerks der Vereinten Nationen (UNHCR) und stellen Sie mithilfe der Selbstdarstellung im Internet die Aufgaben und Maßnahmen der Organisation dar.

3 Analysieren Sie die oben dargestellten Karikaturen und recherchieren Sie weitere zum Themenfeld Migration. Stellen Sie die Motive und zentralen Aussagen dieser Karikaturen in einer Tabelle zusammen.

4 Entwerfen Sie zu jeder oben genannten Leitfrage mindestens eine Hypothese, die Sie in der folgenden Beschäftigung mit dem Thema überprüfen.

5 „Die Historische Migrationsforschung ist von zentraler Bedeutung für das Verständnis heutiger Migrationsprozesse." Nehmen Sie begründet Stellung zu dieser These.

6 **Pro- und Contra-Diskussion:** Manche Forscher prognostizieren, dass das 21. Jahrhundert das Jahrhundert der Umweltmigration werden wird. Sammeln Sie Argumente für und gegen diese Prognose und diskutieren Sie sie.

Geschichte und Theorie: Begriffe und Konzepte

M4 Der amerikanische Soziologie Everett Lee in seiner Theorie der Wanderung (1969)

Wanderung ist allgemein definiert als ein permanenter oder semi-permanenter Wechsel des Wohnsitzes. Dabei soll keine Einschränkung in Bezug auf die Entfernung des Umzugs oder auf die freiwillige oder unfreiwillige Art der Handlung, kein Unterschied zwischen externer und interner Wanderung gemacht werden. Daher wird der Umzug über das Treppenhaus von einer Wohnung zur anderen genauso sehr als Akt der Wanderung gezählt wie ein Umzug von Bombay in Indien nach Cedar Rapids in Iowa, obwohl natürlich der Anlass und die Folgen solcher Umzüge sehr unterschiedlich sind. Jedoch sind nicht alle Arten der räumlichen Mobilität in dieser Definition eingeschlossen. Ausgeschlossen sind z. B. die kontinuierlichen Bewegungen von Nomaden und Wanderarbeitern, die keinen dauernden Wohnsitz haben […].

Gleichgültig wie kurz oder lang, wie leicht oder wie schwierig, enthält jeder Akt der Wanderung einen Herkunftsort, einen Bestimmungsort und eine Anzahl von intervenierenden Hindernissen. In den Begriff der intervenierenden Hindernisse (*intervening obstacles*) schließen wir die Entfernung des Umzugs als etwas ein, das immer dazugehört.

Everett S. Lee, Eine Theorie der Wanderung, in: György Széll (Hg.), Regionale Mobilität, Nymphenburger Verlagshandlung, München 1972, S. 117 f.

M5 Die Historiker Dirk Hoerder, Jan und Leo Lucassen über Konzepte der Migrationsforschung (2007)

Fragt man Menschen nach ihrer Vorstellung von Migration, so begegnet man einer Vielfalt von Ideen, Definitionen und Konzepten. Einige verbinden mit dem Begriff Zuwanderung aus einem benachbarten Land, andere transatlantische Wanderungsbewegungen, viele denken an Zuwanderer, die als kulturell andersartig wahrgenommen werden. Was diese Vorstellungen vereint, ist der Rahmen des Nationalstaats: Migranten scheinen von einem Land in ein anderes zu wandern und dabei aufgrund ihrer sichtbar gelebten andersartigen sozialen und kulturellen Charakteristika die Aufmerksamkeit der Mehrheitsgesellschaft auf sich zu ziehen. Diese Vorstellung ist oft an ein Modell gebunden, das Migration vereinfachend als eine einmalige, auf ein einziges Ziel gerichtete Bewegung begreift, getrieben durch als unzulänglich empfundene Lebensbedingungen (‚Push-Faktoren') im Ausgangsstaat (Auswanderung) und Ankunft im Zielstaat (Einwanderung) mit besseren Konditionen (‚Pull-Faktoren').

Seit den 1980er-Jahren hat die internationale Migrationsforschung viele neue Ansätze und Konzepte entwickelt, die wesentlich nuancenreichere und vielschichtigere Perspektiven bieten. Mit ihnen wird der Niederlassungs- oder Integrationsprozess auch dann analysiert, wenn Menschen nur temporär bleiben und dann weiterziehen oder in die Herkunftsländer zurückkehren. […] Die traditionelle, an staatlichen Grenzen und staatlichen Maßnahmen orientierte Annäherung an die komplexen Phänomene der Migration […] spiegelt sich immer noch in vielen gebräuchlichen Terminologien wider: So wird zum Beispiel eine ethnische Gruppe als eine Einheit von Zuwanderern aus einem bestimmten Nationalstaat innerhalb der Grenzen eines anderen verstanden; von in einer als Diaspora beschreibbaren Situation lebenden Menschen wird angenommen, dass sie weiterführende und dauerhafte Verbindungen zu ihrem Herkunftsland und untereinander halten. Die handlungs- und prozessorientierte Interpretation von Wanderungsbewegungen und Wanderungsverhalten hingegen enthüllt eine unvergleichbar größere Bandbreite von Entscheidungs-, Verhaltensmustern sowie Verhaltensmöglichkeiten von Gruppen und Individuen. Insgesamt haben die neuen, oft sehr komplexen Konzepte unser Verständnis von Migration und Integration erheblich erweitert und bereichert.

Dirk Hoerder, Jan u. Leo Lucassen, Terminologien und Konzepte in der Migrationsforschung, in: Klaus J. Bade u. a. (Hg.), Enzyklopädie Migration in Europa. Vom 17. Jahrhundert bis zur Gegenwart, Schöningh, Wilhelm Fink Verlag, Paderborn 2007, S. 28.

M6 Die Historikerin Sylvia Hahn zu verschiedenen Migrationstheorien (2012)

Ähnlich der Festlegung von Begrifflichkeiten für Migrationsvorgänge versuchten Wissenschaftler seit dem 19. Jahrhundert, Theorien hinsichtlich der Wanderbewegungen der Bevölkerung zu formulieren. Es lassen sich dabei zwei unterschiedliche Richtungen von Theorieschulen erkennen: erstens jene Theorien, die stark ökonomisch fokussiert sind und Migration in Zusammenhang mit Arbeitsmarkt, Angebot und Nachfrage von Arbeitskräften, Lohnunterschieden etc. sehen; zweitens Theorien, die eher politische, soziologische und/oder kulturelle Aspekte der Migration berühren. Dazu zählen Aspekte wie der rechtliche und/oder kulturelle Ein- oder Ausschluss von Migranten in einer Gesellschaft, Migranten als „Fremde", deren Integration, Assimilation oder Akkulturation. Zu den wichtigsten Theorien, welche die (historische) Migrationsforschung im 20. Jahrhundert prägten, gehörten

- die *push-and-pull*-Theorie
- die neoklassischen ökonomischen Theorien
- *the new economics of migration*
- die Weltsystemtheorie
- die Theorie der Assimilation, Akkulturation, Integration sowie der transnationalen, transkulturellen, transregionalen Identitäten.

Sylvia Hahn, Historische Migrationsforschung, Campus, Frankfurt am Main 2012, S. 29 f.

M7 Die Historiker Dirk Hoerder, Jan und Leo Lucassen über Begriff, Formen und Klassifikation von Migration (2007)

Der Begriff Migration bezieht sich auf räumliche Bevölkerungsbewegungen, sowohl über Staatsgrenzen (grenzüberschreitende bzw. transnationale Migration) wie innerhalb eines politisch-territorialen, sozialen oder kulturellen Raumes (interne Migration). Er schließt den Prozess der Wanderungsentscheidung ein, sowohl für Migration mit dauerhafter Bleibeperspektive wie mit offenem Zeithorizont oder auch Wanderungen auf Zeit mit der Absicht, im Zielgebiet eine Zeitlang zu leben und zu arbeiten. Von solcher Arbeitswanderung wird Kurzzeitmobilität wie tägliches oder wöchentliches Pendeln, touristische oder geschäftliche Reisen unterschieden. Allerdings kann aus diesen Mobilitätsformen Migration werden, wie zum Beispiel bei deutschen Touristen, die nach mehrfachen Urlauben am Mittelmeer zur Zeit ihres Berufslebens im Rentenalter dauerhaft in diese Urlaubsregionen abwandern. Migration wird darüber hinaus von Kurzstreckenmobilität, wie zum Beispiel beim Umzug innerhalb einer Gemeinde, unterschieden. Diese Mobilitätsformen sind Teil sozialräumlicher Veränderung, werden jedoch – in der Regel – nicht als Teil des Phänomens Migration eingeordnet.

Bei Untersuchungen zur Migration sollte zuerst zwischen dem Prozess und den Analysekategorien unterschieden werden. Der Prozess kann zum Beispiel als Arbeitsmigration, koloniale Siedlungswanderung, Heiratsmigration, Transhumanz[1] oder Nomadentum (Migration als Sozialstruktur) klassifiziert werden. Die analytischen Ansätze sind mannigfaltig. Sie umfassen unterschiedliche Forschungsfragen (zum Beispiel in den Wirtschafts-, Rechts- oder Sprachwissenschaften), thematische Schwerpunkte (zum Beispiel Familie, Generationen, Religion) und Prozesse in der Empfängergesellschaft (zum Beispiel Diskriminierung, Diasporabildung, Integration, staatliche Kontrolle). [...] Die folgende Tabelle [s. S. 11] erfasst vergleichend die häufigsten Migrationsformen.

Dirk Hoerder, Jan u. Leo Lucassen, Terminologien und Konzepte in der Migrationsforschung, in: Klaus J. Bade u. a. (Hg.), Enzyklopädie Migration in Europa. Vom 17. Jahrhundert bis zur Gegenwart, Schöningh, Werner Fink Verlag, Paderborn 2007, S. 36 f.

1 Transhumanz: eine Form der Wanderviehwirtschaft

1 **Recherche:** Recherchieren Sie die Zielsetzungen, Methoden und Hauptthesen der in M 6 genannten Migrationstheorien und stellen Sie sie in einer Tabelle gegenüber.

2 Ermitteln Sie aus M 4 bis M 7 zentrale Elemente einer Definition von „Migration". Diskutieren Sie Vor- und Nachteile einer weiten und einer engen Definition.

Typologie der Migrationen

Motiv	Erzwungen (zum Beispiel umweltbedingte Zwänge durch menschliche oder natürliche Umweltzerstörung)	Flucht/Vertreibung (überwiegend weltanschaulich orientiert und kriegsbedingt)	Wirtschaftlich (auch als „Verbesserungsmigration" bezeichnet)	Kulturell (zum Beispiel Bildungsreisen, Umsiedlung im Rentenalter)
Distanz	Kürzere Entfernung (lokal)	Mittlere Entfernung (meist regional)	Größere Entfernung (meist international, einschließlich kolonialer oder transozeanischer Migration)	
Richtung	Hinwanderung	Zirkulär	Multipel: in mehreren Richtungen oder wiederholt an den gleichen Ort	Rückwanderung
Dauer des Aufenthalts	Saisonal	Mehrjährig	Arbeitsleben	Auf Lebenszeit
Sozio-ökonomischer Raum	Ländlich-ländlich (zum Beispiel der Ausbau der Landwirtschaft nach 1500, insbesondere in Osteuropa)	Ländlich-städtisch (Urbanisierung, die am besten bekannte Migrationsform in der europäischen Geschichte)	Städtisch-städtisch	Kolonial (Siedler, Händler, Soldaten, Seeleute)
Wirtschaftlicher Sektor	Agrarisch (Siedler oder Bauern)	Gewerblich-industriell (Arbeit, einschließlich Wanderungen von Gesellen)	Dienstleistungssektor (Dienstleistende, Pflegepersonal, Reinigungspersonal, Soldaten, Seeleute, Händler und Verwaltungsangestellte)	Elite (Beamte, freie Berufe und Geschäftsleute)

M8 Der Historiker Jochen Oltmer über Bedingungen, Formen und Folgen von Migration in der modernen Geschichte (2010)

Individuen, Familien oder Gruppen streben danach, durch Bewegungen zwischen geografischen und sozialen Räumen Erwerbs- oder Siedlungsmöglichkeiten, Arbeitsmarkt-, Bildungs-, Ausbildungs- oder Heiratschancen zu verbessern bzw. sich neue Chancen zu erschließen. In diesen Kontext gehören auch die transatlantischen Wanderungen des „langen" 19. Jahrhunderts, die allein 5,5 Mio. Deutsche in die USA führten. Die auffällige Stärke der Massenwanderungen über den Atlantik darf aber nicht darüber hinwegtäuschen, dass Arbeits-, Ausbildungs-, Siedlungs- und Heiratswanderungen meist kleinräumig waren und nur zu einem kleineren Teil territoriale bzw. staatliche Grenzen überschritten. Arbeitswanderungen waren [...] häufig zeitlich befristet und konnten als Saisonwanderungen mit einer gewissen Regelmäßigkeit zur Rückkehr ins Herkunftsgebiet führen. [...]

Räumliche Bewegungen zur Erschließung oder Ausnutzung von Chancen strebten nicht ausschließlich nach einer Stabilisierung oder Verbesserung der ökonomischen und sozialen Lage von Zuwanderern im Zielgebiet. Wanderungszweck konnte gleichermaßen die Verbesserung der Situation in der Herkunftsgesellschaft sein, wie bei den saisonalen Arbeitswanderungen oder bei den Rückwanderungen nach Jahren oder Jahrzehnten der Erwerbstätigkeit in der Fremde. Eine ausgesprochen hohe Bedeutung haben bis in die Gegenwart für einzelne Haushalte, für regionale Ökonomien oder selbst für ganze Volkswirtschaften die mehr oder minder regelmäßigen Geldüberweisungen durch Migranten an zurückbleibende Familienmitglieder (Rücküberweisungen).

Migration bildete in den genannten Kontexten ein Element der Lebensplanung und verband sich häufig mit (erwerbs-)biografischen Grundsatzentscheidungen wie Heirat, Wahl des Berufs oder Arbeitsplatzes; der überwiegende Teil der Arbeits-, Ausbildungs-, Siedlungs- und Heiratswanderer war also jung. [...] Individuelle bzw. familienwirtschaftliche Handlungsalternativen gab es allerdings vor allem dann nicht, wenn aufgrund von wirtschaftlichen, sozialen oder umweltbedingten Krisen existenzielle Not drohte oder herrschte. [...]

Bei den Wanderungen, die auf die Umsetzung ökonomischer und sozialer Chancen ausgerichtet waren [...], unterschieden sich Herkunfts- und Zielgebiet vornehmlich durch ein ökonomisches Gefälle. [...]

Kommunikationsprozesse motivierten und strukturierten räumliche Bevölkerungsbewegungen; ob und inwieweit eine Abwanderung als individuelle oder familienwirtschaftliche Alternative verstanden wurde, hing entscheidend vom Wissen über Migrationsziele, -pfade und -möglichkeiten ab. Damit Arbeits-, Ausbildungs- und Siedlungswanderungen einen gewissen Umfang und eine gewisse Dauer erreichten, bedurfte es kontinuierlicher und verlässlicher Informationen über das Zielgebiet. [...]

Die Bedeutung der Informationsvermittlung mithilfe verwandtschaftlich-bekanntschaftlicher Netzwerke kann nicht überschätzt werden. Verwandte oder Bekannte bildeten z. B. die erste Station oder das direkte Ziel der Reise von 94 % aller Europäer, die um 1900 in Nordamerika eintrafen. [...] Wissen über Chancen und Gefahren der Ab- bzw. Zuwanderung, über räumliche Ziele, Verkehrswege sowie psychische, physische und finanzielle Belastungen vermittelten darüber hinaus mündliche und schriftliche Auskünfte staatlicher, kirchlicher oder privater Hilfsorganisationen und Beratungsstellen sowie Publikationen. [...]

Welche Informationen wann und mit welcher Intensität und Reichweite zur Migrationsentscheidung beitrugen und Migrationspfade prägten, hing von zahlreichen individuellen oder gruppenspezifischen Faktoren ab, die sowohl von der Situation (bzw. dem Wissen darüber) im Ausgangsraum als auch in der Zielregion bestimmt waren. Migrationsentscheidungen unterlagen also in der Regel multiplen Antrieben, eine Vielfalt unterschiedlicher Motive bestimmte die Entscheidung zur Abwanderung bzw. zur Zuwanderung in einem bestimmten Raum. Zumeist waren wirtschaftliche, soziale, politische, religiöse und persönliche Motive in unterschiedlichen Konstellationen mit je verschiedener Reichweite eng miteinander verflochten. Hoffnungen auf und Erwartungen über eine Verbesserung der Situation nach der Abwanderung standen dabei immer auch spiegelbildlich für Enttäuschungen über die individuelle Lage in der Herkunftsgesellschaft. [...]

Jenseits dieser individuell oder gruppenspezifisch wirksamen Faktoren förderte, steuerte oder begrenzte im 19. und 20. Jahrhundert vor allem staatliche Einflussnahme entscheidend die Umsetzung und Gestaltung von Migrationsoptionen. Staaten konnten räumliche Bevölkerungsbewegungen und deren Begleit- und Folgeerscheinungen als wirtschaftliche, soziale, rechtliche, kulturelle oder innen- bzw. außenpolitische Probleme wahrnehmen. Migrationsbewegungen reagierten auf restriktive staatliche Interventionen (z. B. Ab- oder Zuzugsbeschränkungen) oder waren umgekehrt Folge von attrahierenden[1] Maßnahmen (z. B. Ansiedlungs- oder Zuwanderungspolitik zur Gewerbeförderung). [...]

Staatliches Handeln bildete einen der wichtigsten Hintergründe für die Entwicklung von Zwangswanderungen als einer weiteren wesentlichen Migrationsform. Zwangsmigration war durch eine Nötigung zur Abwanderung verursacht, die keine realistische Handlungsalternative zuließ. Sie konnte Flucht vor Gewalt sein, die Leben und Freiheit direkt oder erwartbar bedrohte, zumeist aus politischen, ethno-nationalen, rassistischen oder religiös-konfessionellen Gründen. Zwangsmigration konnte aber auch gewaltsame Vertreibung, Deportation oder Umsiedlung bedeuten, die sich oft auf ganze Bevölkerungsgruppen erstreckte. Nicht selten verbanden sich solche Formen mit Zwangsarbeit. Zwangsmigration war meist Ergebnis von Krieg, Bürgerkrieg oder Maßnahmen autoritärer Regime – vor allem die Weltkriege bildeten elementare Katalysatoren in der Geschichte der Zwangswanderungen im 19. und 20. Jahrhundert.

Jochen Oltmer, Migration im 19. und 20. Jahrhundert, Oldenbourg, München 2010, S. 1–6.

---

1 attrahierend: anziehend

---

1 Arbeiten Sie die Bedeutung von Individuen, sozialen Gruppen und Staaten für die Migrationsentscheidungen heraus und setzen Sie sie in Beziehung.

M9 Flüchtlinge in Lampedusa, Fotografie, 7. September 2013.

Afrikanische Flüchtlinge werden von der italienischen Küstenwache in Lampedusa, einer Insel zwischen Sizilien und Tunesien, an Land gebracht. Sie wurden von einem seeuntauglichen Schiff gerettet.

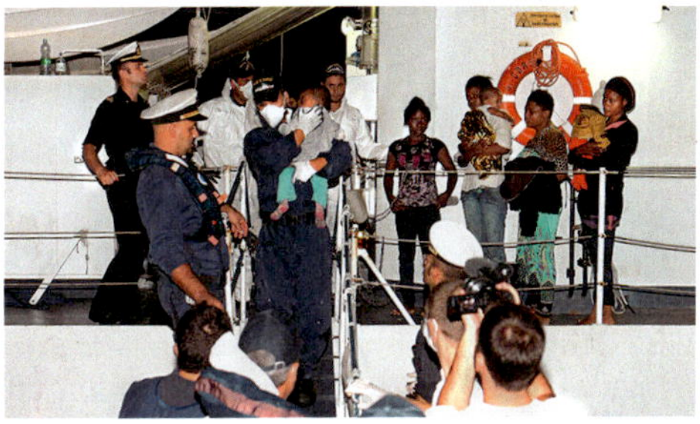

1 Informieren Sie sich über die Flüchtlingsproblematik in Süditalien und die aktuelle Debatte zu der Frage in der Europäischen Union.

M10 Die Historiker Klaus J. Bade, Pieter C. Emmer, Leo Lucassen und Jochen Oltmer über Integrationsprozesse (2007)

Integration wird […] als ein intergenerativer – in der Regel zwei, nicht selten auch drei Generationen umfassender – Sozial- und Kulturprozess mit fließenden Grenzen zur Assimilation verstanden. Dieser Prozess beginnt mit einer als Akkomodation/Akkulturation bzw. soziale oder auch partielle Integration verstehbaren Phase des sich Einlebens in den neuen sozialen Kontext. Er endet, über verschiedene, gruppenspezifisch unterschiedlich geprägte Stufen hinweg, in der zweiten oder vielleicht auch erst in einer späteren Generation möglicherweise in Assimilation, die wir hier verstehen als „einen (weder einseitigen noch linearen oder unabdingbaren) Prozess, in dem ethnische Differenzen zwischen Zuwanderergruppen und (der) einheimischen Bevölkerung auf der Zeitachse, meist nach zwei bis vier Generationen, verblassen, sodass ethnische Merkmale in einer wachsenden Zahl von sozialen Kontexten an Gewicht und Bedeutung verlieren".

Dieser Prozess kann stattdessen aber auch mittel- oder langfristig auf Zwischenstufen mit flüchtigen oder relativ stabilen Strukturen im Sinne von Diaspora- oder Minderheitenbildung verharren. Ein Integrationsprozess kann nach einer Phase der Verlangsamung oder auch Stagnation unter veränderten Umständen wieder in Gang kommen. Integrationsprozesse können aber auch in unterschiedlichen Entwicklungsabschnitten abgebrochen oder durch Rück- oder Weiterwanderung aufgehoben werden.

Klaus J. Bade u. a., Die Enzyklopädie: Idee – Konzept – Realisierung, in: Ders. u. a. (Hg.), Enzyklopädie Migration in Europa. Vom 17. Jahrhundert bis zur Gegenwart, Schöningh, Werner Fink Verlag, Paderborn 2007, S. 23.

1 Klären Sie die Begriffe Assimilation, Akkomodation, Akkulturation, Integration und Diaspora und erklären Sie mit ihrer Hilfe den möglichen Ablauf von migrantischen Eingliederungsprozessen.

2 Ordnen Sie verschiedene Migrationsformen auf einer Skala zwischen Zwangsmigration und freiwilliger Migration ein und erörtern Sie, inwiefern die beiden Begriffe trennscharf sind.

3 **Collage:** Wählen Sie einen Geschichtsatlas und suchen Sie alle Karten, die Migrationen darstellen. Stellen Sie sie in einer Collage zusammen. Prüfen Sie, wie hier jeweils Migrationen dargestellt werden und was die kartografische Darstellung leisten bzw. nicht leisten kann.

4 **Recherche:** Der Osnabrücker Historiker Professor Klaus Bade ist einer der führenden deutschen Migrationsforscher. Informieren Sie sich über seinen Lebenslauf und seine wichtigsten Werke und prüfen Sie, ob und wie sich Bade als Historiker in aktuelle Debatten über Migration eingeschaltet hat.

2 Zwangsmigrationen im Kontext des Zweiten Weltkrieges

Kompetenzen erwerben

Sachkompetenz:
- die geistige und politische Vorgeschichte der Zwangsmigrationen während des Zweiten Weltkrieges erläutern
- die deutschen und sowjetischen Ziele von Deportationen benennen
- die Auswirkungen auf die Betroffenen von Zwangsmigrationen beschreiben

Methodenkompetenz:
- historische und Geschichtskarten analysieren

Urteilskompetenz:
- die politische Lösung von Nationalitätenkonflikten durch „Austausch von Bevölkerung" beurteilen
- die doppelte Belastung von Polen durch Deportationen durch Deutsche und Sowjets erkennen und erörtern

Nation als ethnische Einheit

Die geistige und politische Vorgeschichte des „Jahrhunderts der Flüchtlinge" begann im 19. Jahrhundert, dem Jahrhundert der Nationalstaatsbildung und des Nationalismus. In vielen Staaten Europas wurde die Zugehörigkeit zur Nation vor allem in der zweiten Jahrhunderthälfte zunehmend ethnisch definiert: Der Einzelne konnte sich nach diesem Verständnis nicht entscheiden, zu einer Nation zu gehören, vielmehr gab es unveränderbare Merkmale wie Sprache und Abstammung, die eine Zugehörigkeit festlegten. Viele Staaten begannen Nationalitätenstatistiken zu führen, die eindeutige Zuordnungen der Menschen vornahmen, schon von Geburt an. Verbunden war dies auch mit einer Bewertung: Das Ideal war ein ethnisch homogener Nationalstaat, ethnische Minderheiten wurden als Problem wahrgenommen, als Gefahr für die nationale Einheit, weil ihre Loyalität infrage gestellt wurde. Lösungen für diese **„Minderheitenprobleme"** schienen zum einen die völlige Assimilation, also das Aufgehen der Minderheit in der Mehrheitsgesellschaft, zum anderen das Verschwinden der Minderheit durch mehr oder weniger freiwillige Auswanderung oder gar gewaltsame Vertreibung zu sein.

Die Zwischenkriegsjahre

Durch den Ersten Weltkrieg und seine Folgen radikalisierte sich dieses Verständnis. Die Abgrenzungen zum Gegner wurden schärfer, ethnische Minderheiten galten als potenzielle Unterstützer des Feindes. Überwachungen und Unterdrückungen, aber auch Massendeportationen wie etwa im Russischen (vor allem Juden und Deutsche) und Osmanischen Reich (Armenier) waren die Folge.

Nach dem Krieg entstanden durch die Bildung von insgesamt 14 neuen Staaten in Europa zahlreiche neue Grenzen und damit auch viele neue Minderheiten. Wanderungen von Hunderttausenden von Menschen waren eine Folge – so verließen mehr als eine Million Deutscher die durch den **Versailler Vertrag** abgetrennten Gebiete und zogen in das Reich; in den anderen Verliererstaaten wie z. B. in Ungarn sah es nicht anders aus.

In der internationalen Politik galt der „Austausch von Bevölkerung" – ein beschönigender Begriff, hinter dem sich zahlreiche schwere Schicksale verbargen – als legitimes, ja notwendiges Mittel, um Nationalitätenkonflikte zu beruhigen oder zu vermeiden. Am deutlichsten artikuliert und umgesetzt wurde dies im **Abkommen von Lausanne 1923**. Hier vereinbarten die Türkei und Griechenland nach kriegerischen Auseinandersetzungen eine Umsiedlung von Bevölkerungsteilen im jeweils anderen Land, also von Griechen aus Kleinasien und Türken aus Griechenland. Mehr als 700 000 Menschen verließen daraufhin ihre Heimat – nicht freiwillig, sondern zwangsweise; dies und das Ziel, tatsächlich alle Betroffenen zu erfassen und auszuweisen, war nicht zuletzt eine Forderung der an den Verhandlungen beteiligten Großmächte gewesen. Aber diese Bevölkerungsbewegungen waren nicht die einzigen Zwangswanderungen in Europa in der Nachkriegs-

M 1 „Was sich alle Völker wünschen …", französische Fotomontage, 1939.

Die Abbildung zeigt den französischen Ministerpräsidenten Daladier, wie er mit Hitler, Mussolini, Roosevelt und Chamberlain auf das neue Jahr anstößt.

1 Arbeiten Sie die Aussage der Fotomontage heraus.

zeit – nach der Russischen Revolution und im darauf folgenden Bürgerkrieg verließen mehr als zwei Millionen Flüchtlinge Russland und ließen sich zeitweise oder dauerhaft in Mittel- und Westeuropa nieder.

Schien sich in den späten 1920er- und frühen 1930er-Jahren eine Beruhigung in den Nationalitätenkonflikten und -bewegungen anzudeuten, so markiert das Münchner Abkommen 1938 den Beginn einer zweiten Welle von Zwangswanderungen: Durch die Vereinbarungen zulasten der Tschechoslowakei sollte ein Nationalitätenkonflikt entschärft werden; tatsächlich aber entstand sogar eine neue nationale Minderheit, denn in den abgetrennten und Deutschland zugewiesenen Gebieten lebten eben auch Tschechen und nicht nur Deutsche. Auch in anderen Teilen Europas wurden Zwangsmigrationen angestrebt bzw. durchgeführt: Hitler verhandelte mit Mussolini über die deutschsprachigen Bewohner Südtirols und Jugoslawien vereinbarte mit der Türkei die Umsiedlung von Muslimen.

Der Zweite Weltkrieg

Mit Beginn des Zweiten Weltkrieges kam es zu viel umfangreicheren Fluchtbewegungen, Deportationen und Vertreibungen. Hunderttausende von Menschen flüchteten zunächst vor den rasch vorrückenden deutschen Truppen, vor allem in Polen. Die im Hitler-Stalin-Pakt vereinbarte Besetzung und Aufteilung Polens zwischen Deutschland und der Sowjetunion bewirkte in beiden Teilen zahlreiche Umsiedlungen: Im Osten wurden über 300 000 Polen zwangsweise deportiert, wobei dies nur der Auftakt war für weitere umfangreiche Deportationen von Volksgruppen in der Sowjetunion, vor allem nach dem deutschen Überfall 1941. Nunmehr galten Deutsche, aber auch andere ethnische Gruppen als potenzielle Verräter und wurden daher weit in den Osten der UdSSR deportiert, was für viele Menschen den dauerhaften Verlust ihrer Heimat oder gar den Tod bedeutete.

Im von deutschen Truppen besetzten westlichen Teil Polens aber wurde eine noch viel größere ethnische „Flurbereinigung“ geplant. Hitler hatte bereits in einer Reichstagsrede im Oktober 1939 deutlich gemacht, dass es ihm um eine territoriale Neuordnung Europas anhand völkischer Grenzen ging. Polen war so das erste Opfer eines deutschen „Drangs nach Osten“, wie er schon seit dem 19. Jahrhundert in völkischen Kreisen propagiert wurde und der auf die Gewinnung von „Lebensraum“ für ein „Volk ohne Raum“ zielte. Da dieser Raum aber keineswegs unbesiedelt war, sollten nach den Vorstellungen der Nationalsozialisten zunächst die dort lebenden Menschen vertrieben werden. Die Vertreibung und Vernichtung der dort lebenden Juden war der erste Schritt, dem die Vertreibung von Polen aus den dem Reich angegliederten „Reichsgauen“ folgte, entweder ins „Generalgouvernement“ oder zur Zwangsarbeit im Reich. Gleichzeitig wurde mehr als eine halbe Million „Volksdeutsche“ aus Estland, Lettland, aus verschiedenen Ländern auf dem Balkan und aus Südtirol „Heim ins Reich“ geholt.

Planungen, die vor allem von der SS, unterstützt von Wissenschaftlern, vorangetrieben wurden, zielten aber auf einen noch viel umfangreicheren Bevölkerungsaustausch: Der sogenannte „Generalplan Ost“, der in mehreren Schritten, vor allem nach dem Überfall auf die

UdSSR, weiterentwickelt wurde, sah letztlich eine zwangsweise Umsiedlung von mehr als 45 Millionen Menschen vor, die entweder getötet, zur Arbeit für Deutschland gezwungen oder weit in den Osten hinter den Ural vertrieben werden sollten, um so Platz zu machen für deutsche Siedler, die die Gebiete nach und nach „germanisieren" sollten. Auf diese Weise sollte die deutsche Herrschaft über das östliche Europa gesichert werden. In einzelnen Regionen wurden solche Umsiedlungen auch schon vorgenommen, eine durchgreifende Umsetzung der Pläne scheiterte an der Entwicklung des Krieges – es kann aber kaum ein Zweifel daran bestehen, dass bei einem Erfolg der deutschen Kriegsführung solche Planungen umgesetzt worden wären.

Außerdem sorgten die Deportationen, Vertreibungen und Zwangsumsiedlungen durch Deutschland dafür, dass nach diesem „Vorbild" auch in anderen Regionen, vor allem auf dem Balkan, ethnische Gruppen vertrieben bzw. umgesiedelt wurden. Die Dobrudscha am Schwarzen Meer etwa, die vor dem Krieg ein multiethnisches und multikonfessionelles Gebiet gewesen war, wurde durch diverse Aus- und Umsiedlungen von türkischen, deutschen, bulgarischen, rumänischen und jüdischen Minderheiten innerhalb von wenigen Jahren zu einer ethnisch homogenen Region.

Webcode:
KH1110987-017

1 Beschreiben Sie die Lage von nationalen bzw. ethnischen Minderheiten in Europa im 19. und 20. Jahrhundert.
2 Ermitteln und diskutieren Sie den Umgang mit Minderheiten im deutschen Kaiserreich.
3 Recherchieren Sie, welche Staaten nach dem Ersten Weltkrieg neu gegründet wurden, und erläutern Sie mögliche Nationalitätenkonflikte.
4 Prüfen Sie anhand einer Untersuchung der Entwicklung in dem Vielvölkerstaat Österreich-Ungarn bis 1914, ob es Alternativen zu Assimilation und Vertreibung gegeben hat, die in die politische und gesellschaftliche Praxis umgesetzt werden konnten.
5 Diskutieren Sie den Sinn und die Notwendigkeit von „Nationalitätenstatistiken" und prüfen Sie, wie für heutige Statistiken die nationale Zugehörigkeit erhoben und dargestellt wird.

M2 Umsiedlung von Deutschen aus Litauen, Fotografie, 1941.
Der NS-Staat inszenierte die Ansiedlung von Auslandsdeutschen in den eroberten polnischen Gebieten als „Heimkehr ins Reich". Hier werden Umsiedler an der Grenzübergangsstelle Eydtkau in Ostpreußen mit dem Banner „Willkommen in Großdeutschland" empfangen.

Hinweise zur Arbeit mit den Materialien

Das Kapitel befasst sich zum einen mit den historischen Ursachen von ethnischen Zwangsmigrationen in der Anfangszeit des Zweiten Weltkrieges und geht dafür ins 19. Jahrhundert zurück. Zum anderen geht es um die Motive, Planungen und Auswirkungen der Vertreibungen und Deportationen mit dem Schwerpunkt auf Polen. Das Kapitel liefert hierzu Material und Arbeitsanregungen zu vier Schwerpunkten:

1. M 3 bis M 5 bieten **zeitgenössisches Material** (M 3) und **Deutungen und Erklärungen** von Historikern (M 4 und M 5) zu den Hintergründen ethnisch motivierter Zwangsmigrationen.
2. M 6 bis M 12 legen den Schwerpunkt auf die **von Deutschen vorangetriebenen Vertreibungen und Umsiedlungen** in der ersten Phase des Zweiten Weltkrieges. Dabei ermöglichen die Materialien zum einen die Analyse öffentlich geäußerter und geheimer **Motive** und Pläne, zum anderen zeigen sie die **Propaganda** für die Umsiedlung von Deutschen und ihre tatsächliche Situation in den Umsiedlungsgebieten.
3. M 13 weitet den Blick auf die **von der Sowjetunion vorangetriebenen Deportationen** und ermöglicht so den Vergleich zu den deutschen Motiven und Vorgehensweisen.
4. Die Materialien zum **Fall Zamość** (M 14 bis M 16) zeigen, mit welcher Radikalität und welchen Konsequenzen für die Betroffenen die deutschen Planungen umgesetzt wurden und weiter umgesetzt werden sollten, die Reaktionen von Umsiedlern sowie die Widerstände, denen sie vor Ort begegneten.

Am Ende des Kapitels finden sich **weiterführende Arbeitsanregungen** und die Möglichkeit, die im Kapitel erworbenen **Kompetenzen zu überprüfen** (S. 32 f.).
Da zahlreiche Deportierte zur Zwangsarbeit gezwungen wurden und das deutsche Vorgehen auch Vorbildcharakter für spätere Vertreibungen von Deutschen hatte, gibt es Bezüge zu den Kapiteln 3 und 4.

Hintergründe und Voraussetzungen

M 3 Der Hochschullehrer und Publizist Paul de Lagarde in seinem „Programm für die konservative Partei Preußens“ (1884)

Es ist zweifellos nicht statthaft, dass in irgendeiner Nation eine andere Nation bestehe: es ist zweifellos geboten, diejenigen, welche […] von jeher die Dekomposition befördert haben, zu beseitigen: es ist das Recht jedes Volkes, selbst Herr auf seinem Gebiete zu sein […].

Aus dem Gesagten folgt, dass die Juden als Juden in jedem europäischen Volke ein schweres Unglück sind. Es folgt für Deutschland, dass die Juden aus Deutschland entweder auswandern oder in ihm Deutsche werden müssen. Tritt nicht die eine oder die andere dieser Alternativen ein, so verjudet Deutschland, wozu es schon nicht bloß auf dem Wege ist. Denn die Verwesung schreitet schneller vorwärts als das Wachstum des Lebens, namentlich schneller als das Wachstum eines edlen Lebens. […]

Je schärfer wir unsern Charakter als Nation und die Charaktere aller in unserer Mitte duldbaren Einzelwesen ausbilden, desto weniger Platz bleibt in Deutschland für die Juden.

Paul de Lagarde, Deutsche Schriften. Zweite Auflage, J. F. Lehmanns Verlag, München 1934, S. 422 f.

1 Der Autor bezeichnet die Juden hier als „Nation“. Diskutieren Sie, inwiefern dies aus seiner Sicht berechtigt ist und welche Bedeutung ein solches Verständnis für den wachsenden Antisemitismus hat.

M 4 Der Osteuropahistoriker Jörg Baberowski über das Streben nach Ordnung in der Moderne (2006)

Das Streben nach Eindeutigkeit ist das Kennzeichen der Moderne. Es kommt aus dem Bedürfnis, Ordnung herzustellen. Unordnung herrscht, wenn Menschen von ihren Sinneseindrücken überwältigt werden, wenn sie die Welt, die sich ihnen eröffnet, nicht verstehen. Deshalb versuchen sie, das Unverstandene durch Klassifizierung in eine vertraute Ordnung zu bringen, in der sie sich selbst wiedererkennen. Klassifizieren aber heißt nicht nur, Wirklichkeit auf Begriffe zu bringen. Klassifizieren ist ein Akt des Einschließens und Ausschließens, es ist ein Gewaltakt, der an der Welt verübt wird, weil er die anderen zwingt, sich Zuschreibungen zu unterwerfen. Zugleich ist jede Klassifizierung eine Unterscheidung zwischen Ordnung und Chaos. Ordnung schafft Chaos, sie erzeugt jene Anarchie und Ambivalenz, die sie überwinden will. Deshalb kommt das Streben nach Ordnungen zu keinem Ende.

Nun ist das Streben nach Ordnung und der Definition des Anderen ein menschliches Bedürfnis, überall und zu jeder Zeit. Was aber das moderne Verlangen nach Ordnung auszeichnet, das ist sein Anspruch auf Eindeutigkeit und Ausschließlichkeit. Was aus der Ordnung herausfällt, verliert seine Gleichwertigkeit, es muss sich selbst zum Verschwinden bringen oder es wird aus der Welt geschafft. So kommt es, dass das moderne Streben nach Ordnung nicht mehr nur Ambivalenz, sondern auch Abfall verursacht, der beseitigt werden muss.

Jörg Baberowski, Ordnung durch Terror. Stalinismus im sowjetischen Vielvölkerreich, in: Isabel Heinemann, Patrick Wagner (Hg.), Wissenschaft – Planung – Vertreibung. Neuordnungskonzepte und Umsiedlungspolitik im 20. Jahrhundert, Franz Steiner Verlag, Stuttgart 2006, S. 145.

1 Nennen Sie historische Beispiele für das vom Autor genannte Streben nach Eindeutigkeit.

2 Diskutieren Sie kritisch den im letzten Satz des Textes verwendeten Begriff des „Abfalls".

M5 Der Historiker Philipp Ther über die Voraussetzungen „ethnischer Säuberungen" (2011)

Die Nationen wurden im späten 19. Jahrhundert als feststehende Gebilde betrachtet, die sich durch Herkunft und Abstammung definierten und in einem Kampf ums Überleben befanden. Außerdem war der moderne Nationalismus mit einer Territorialisierung des Denkens verbunden. Dies musste insbesondere in jenen Regionen Europas, in denen mehrere Nationalbewegungen aktiv waren und deren Zugehörigkeit umstritten war, zu tiefen Konflikten führen.

Sowohl die Nationsvorstellung des modernen Nationalismus als auch die Idee des Nationalstaats fußten auf einem Ideal der Homogenität. Lange Zeit glaubten insbesondere die liberalen Eliten in Europa, dass sich Homogenität durch Assimilation an die jeweilige Mehrheits- oder Titularnation[1] auf quasi natürlichem Wege ergeben werde. Als diese Erwartung sich nicht erfüllte, griffen die Nationalstaaten und die nationalisierenden Imperien zu Zwangsmaßnahmen, die vom Oktroi der Schulsprache bis zu einer nationalisierenden Bevölkerungspolitik reichte. Die Versuche, bereits bestehende oder potenzielle Minderheiten zu unterdrücken, wirkten jedoch weitgehend kontraproduktiv. Die versuchte Zwangsassimilation förderte letztlich nur den Widerstand von Gruppen, die nicht der Titularnation angehörten.

Philipp Ther, Die dunkle Seite der Nationalstaaten. „Ethnische Säuberungen" im modernen Europa, Vandenhoeck & Ruprecht, Göttingen 2011, S. 65.

1 Titularnation meint eine Nation, die die Bezeichnung eines Staates bestimmt.

1 Erklären Sie, was der Autor mit „Territorialisierung des Denkens" meint, und klären Sie den Zusammenhang mit möglichen Nationalitätenkonflikten.

Motive, Zielsetzungen und Planungen

M6 Adolf Hitler im deutschen Reichstag am 6. Oktober 1939

Die Ziele und Aufgaben, die sich aus dem Zerfall des polnischen Staates ergeben, sind dabei, soweit es sich um die deutsche Interessensphäre handelt, etwa folgende:

1. Die Herstellung einer Reichsgrenze, die den historischen, ethnografischen und wirtschaftlichen Gegebenheiten gerecht wird.

2. Die Befriedung des gesamten Gebietes im Sinne der Herstellung einer tragbaren Ruhe und Ordnung.

3. Die absolute Gewährleistung der Sicherheit nicht nur des Reichsgebietes, sondern der gesamten Interessenzone.

4. Die Neuordnung, der Neuaufbau des wirtschaftlichen Lebens, des Verkehrs und damit aber auch der kulturellen und zivilisatorischen Entwicklung.

5. Als wichtigste Aufgabe aber: eine neue Ordnung der ethnografischen Verhältnisse, das heißt eine Umsiedlung der Nationalitäten so, dass sich am Abschluss der Entwicklung bessere Trennungslinien ergeben, als es heute der Fall ist.

In diesem Sinne aber handelt es sich nicht um ein Problem, das auf diesen Raum beschränkt ist, sondern um eine Aufgabe, die viel weiter hinausgreift. Denn der ganze Osten und Südosten Europas ist zum Teil mit nichthaltbaren Splittern des deutschen Volkstums gefüllt. Gerade in ihnen liegt ein Grund und eine Ursache fortgesetzter zwischenstaatlicher Störungen. Im Zeitalter des Nationalitätenprinzips und des Rassegedankens ist es utopisch, zu glauben, dass man diese Angehörigen eines hochwertigen Volkes ohne weiteres assimilieren könne. Es gehört daher zu den Aufgaben einer weitschauenden Ordnung des europäischen Lebens, hier Umsiedlungen vorzunehmen, um auf diese Weise wenigstens einen Teil der europäischen Konfliktstoffe zu beseitigen. [...]

Welches sind nun die Ziele der Reichsregierung in Bezug auf die Ordnung der Verhältnisse in dem Raum, der westlich der deutsch-sowjetrussischen Demarkationslinie als deutsche Einflusssphäre anerkannt ist?

1. Die Schaffung einer Reichsgrenze, die – wie schon betont – den historischen, ethnografischen und wirtschaftlichen Bedingungen entspricht,

2. die Ordnung des gesamten Lebensraumes nach Nationalitäten, d. h. eine Lösung jener Minoritätenfragen, die nicht nur diesen Raum berühren, sondern die darüber hinaus fast alle süd- und südosteuropäischen Staaten betreffen,

3. in diesem Zusammenhang der Versuch einer Ordnung und Regelung des jüdischen Problems, [...]

6. die Herstellung eines polnischen Staates, der in seinem Aufbau und in seiner Führung die Garantie bietet, dass weder ein neuer Brandherd gegen das Deutsche Reich entsteht, noch eine Intrigenzentrale gegen Deutschland und Russland gebildet wird.

Verhandlungen des Reichstags, 4. Wahlperiode 1939, zit. nach: http://www.reichstagsprotokolle.de/Blatt2_n4_bsb00000613_00056.html und http://www.reichstagsprotokolle.de/Blatt2_n4_bsb00000613_00061.html (Download vom 13. Juni 2014)

1 Analysieren Sie die Rede Hitlers, indem Sie dabei vor allem die Situation berücksichtigen, in der Hitler sprach, sowie mögliche Adressaten dieser Rede. Achten Sie besonders auf schwammige, interpretationsbedürftige Aussagen Hitlers.

M7 Hitler im Reichstag, Fotografie vom 6. Oktober 1939

M8 Geheimerlass Hitlers „zur Festigung deutschen Volkstums" vom 7. Oktober 1939

Die Folgen von Versailles in Europa sind beseitigt. Damit hat das Großdeutsche Reich die Möglichkeit, deutsche Menschen, die bisher in der Fremde leben mussten, in seinen Raum aufzunehmen und anzusiedeln und innerhalb seiner Interessengrenzen die Siedlung der Volksgruppen so zu gestalten, dass bessere Trennungslinien zwischen ihnen erreicht werden. Die Durchführung dieser Aufgabe übertrage ich dem Reichsführer-SS nach folgenden Bestimmungen:

Dem Reichsführer-SS obliegt nach meinen Richtlinien:

1. die Zurückführung der für die endgültige Heimkehr in das Reich in Betracht kommenden Reichs- und Volksdeutschen im Ausland,

2. die Ausschaltung des schädigenden Einflusses von solchen volksfremden Bevölkerungsteilen, die eine Gefahr für das Reich und die deutsche Volksgemeinschaft bedeuten,

3. die Gestaltung neuer deutscher Siedlungsgebiete durch Umsiedlung, im Besonderen durch Sesshaftmachung der aus dem Ausland heimkehrenden Reichs- und Volksdeutschen.

Der Reichsführer-SS ist ermächtigt, alle zur Durchführung dieser Obliegenheiten notwendigen allgemeinen Anordnungen und Verwaltungsmaßnahmen zu treffen.

Zur Erfüllung der ihm in Absatz 1 Nr. 2 gestellten Aufgaben kann der Reichsführer-SS den infrage stehenden Bevölkerungsteilen bestimmte Wohngebiete zuweisen.

Hans Buchheim u. a., Anatomie des SS-Staates, 6. Aufl., Deutscher Taschenbuch Verlag, München 1994, S. 182 f.

1 Vergleichen Sie den Geheimerlass Hitlers mit seiner Rede einen Tag zuvor (M 6).

M9 Deutsche Planungen für den Osten (1941)

Der Reichsführer-SS Heinrich Himmler war mit dem Erlass (M 8) „Reichskommissar für die Festigung deutschen Volkstums" geworden. In seiner Dienststelle wurden umfangreiche Planungen für die „Germanisierung" des Ostens entwickelt. Der „Generalplan Ost" wurde mehrfach überarbeitet und vor allem nach dem Überfall auf die Sowjetunion nach Osten ausgedehnt. Kern der Planungen war die Vertreibung eines großen Teils der einheimischen Bevölkerung in den Gebieten und die Ansiedlung von deutschen Siedlern aus anderen Teilen Europas. Hauptplaner war der Agrarwissenschaftler Konrad Meyer, der seine Grundüberlegungen 1941 in einem Beitrag für eine Studentenzeitung darlegte.

Jenes Wort, dass ein Land dem gehöre, der ihm als Erster Gesittung brachte, wird vor allem durch die deutsche Ostpolitik der vergangenen Jahrhunderte widerlegt. Wäre dieser Satz wahr, dann müsste der gesamte Osten vom Baltikum bis zu den Karpaten heute deutsch sein; in Wirklichkeit aber wurden in diesem Raum nicht jene Gebiete ganz und eindeutig dem Deutschtum gewonnen, in die deutsche Gesittung und deutsche Arbeit getragen wurden, sondern nur jene, in denen deutsche Bauernfäuste den Pflug führten. Sogar die Provinzen, in denen länger als ein Jahrhundert die staatliche Macht Preußens aufgerichtet war, wurden nach dem Erwachen des dort überschichteten fremden Volkstums im Augenblick der Schwäche des Reiches dem deutschen Lebensraum wieder entrissen, weil man eben in all den früheren Jahren nicht daran gedacht hatte, dass erst ein Land dann wirklich dem eigenen Volkstum für ewige Zeiten gehört, wenn es bis in den letzten Winkel mit eigenem Volkstum gefüllt ist.

Diese – durch das geschichtliche Werden erhärtete und unwiderleglich gewordene – Tatsache ist für unsere Zukunftsarbeit im neuen deutschen Osten der eherne und unverrückbare Ausgangspunkt unseres Schaffens. Somit wird im Mittelpunkt der neuen deutschen Ostbewegung der deutsche Bauer stehen müssen, oder aber wir begeben uns von vornherein in die Gefahr, dass wieder eines späten Tages fremdes – heute unterworfenes und unterwürfiges – Volkstum die deutsche Gestaltung am deutschen Lebensraum im Osten zunichte macht. [...]

Wir sind uns wohl alle klar darüber, dass dieser wiedererworbene Osten einst unser Volk aufs reichste beschenken wird; denn unerschöpflich fruchtbar ist seine Scholle, ungeahnt groß sind die Kräfte, die hier auf Erschließung harren. [...]

Das Ziel einer planvollen Siedlungsstrategie wird es sein müssen, in großzügiger Gestaltung den Raum bis ins Kleinste restlos einzudeutschen. Wer heute noch mit dem Gedanken spielt, als dünne Herrenschicht von Großgrundbesitzern das polnische Volkstum überschichten zu können und damit der Eindeutschung Genüge zu leisten, der hat weder aus der Geschichte des Ostens noch aus dem erschütternden Erleben der volksdeutschen Passion des Herbstes 1939 gelernt. Wir müssen uns heute darüber im

Klaren sein, dass der Osten erst in dem Augenblick wirklich für alle Zeiten deutsch bleiben wird, in dem aus dem geschlossenen deutschen Siedlungsraum alles fremde Blut, das die einheitliche Geschlossenheit des grenzdeutschen Volkstums irgendwie gefährden könnte, restlos entfernt ist. Vor allem wird vom ersten Augenblick des Eindeutschungsvorgangs darauf zu achten sein, dass diese eindeutige Bereinigung der Volkstumslage im ländlichen Sektor so schnell wie möglich restlos durchgeführt wird. [...]

Dies Erfordernis einer vollkommenen Eindeutschung verbietet jede Verzettelung des Einsatzes von Menschen, Organisationskräften und Rohstoffen. Allein schon von der nüchternsten Überlegung aus gesehen, dass der notwendige Bedarf an Fachkräften und Materialien im Baugewerbe nicht ausreichen würde, um all den anderen uns nach Kriegsende sicher erstehenden Aufgaben gleich den Gesamtraum der neuen Reichsgebiete restlos einzudeutschen, erweist es sich als unumgänglich notwendig, die vorhandenen Kräfte siedlungsstrategisch so zu lenken und einzusetzen, dass zuerst die wichtigsten und völkisch umbrandetsten Landstriche restlos eingedeutscht und deutsch gestaltet werden. [...] Gelingt es uns, im neuen deutschen Osten wirklich eine totale Lösung zu finden, dann wird dieses nationalsozialistische Wirken eines Tages vom neuen Raum auf das Gesamtreich herüber strahlen und wird uns nach Jahrhunderten verfehlter Ostpolitik beweisen, wie schicksalhaft eng der deutsche Osten mit dem deutschen Gesamtschicksal verbunden ist. Durchführung und Methoden der deutschen Ostpolitik mögen sich den technischen und zivilisatorischen Gegebenheiten entsprechend ändern. Das Ziel muss aber für alle Zeiten dasselbe bleiben, den neuen deutschen Lebensraum mit dem Altreich organisch und eng zu verbinden, dass wirklich so die Voraussetzung für unser höchstes Ziel gegeben ist: Das erste wahrhaft germanische Reich aller Deutschen zu formen und in seinen Grundlagen unverrückbar fest zu gestalten.

Konrad Meyer, Siedlungs- und Aufbauarbeit im deutschen Osten, in: Münchner Studentenzeitung „Die Bewegung", Folge 8, 1941, zit. nach: http://gplanost.x-berg.de/wprim.html#KMeyer (Download vom 13. Juni 2014)

1 Arbeiten Sie Meyers Vorstellungen vom Osten und seiner Besiedlung heraus. Erörtern Sie, wie und warum er die Behandlung der Bewohner nur indirekt erwähnt.

2 Lesen Sie den im Internet verfügbaren Text des „Generalplan Ost" und prüfen Sie, inwiefern und wie hier Meyers Überlegungen in einen Plan umgesetzt wurden.

3 **Präsentation:** Recherchieren Sie Meyers Lebenslauf nach 1945 und stellen Sie ihn auf einem Plakat dar.

Auswirkungen der Zwangsmigrationen

M10 Auszüge aus Handzetteln für die Deutschen in Lettland, die zu einer Umsiedlung bewegt werden sollten (1939)

Warum fahren wir?
Weil der Führer uns ruft.
Warum ruft uns der Führer?
Weil er unsere Arbeitskraft und unsere Erfahrungen beim Wiederaufbau des schönen, von den Polen verwahrlosten Posener Landes braucht. [...]
Wir haben aber doch hier alles, was wir brauchen?
Aus einer gesicherten Existenz hätte uns der Führer nicht herausgerissen. Wenn er das tut, so hat er dazu seine Gründe, und er wird es besser wissen, ob das für uns nötig ist, als wir.
Verlieren wir aber doch nicht alles, was wir besaßen?
Wir müssen wohl vieles zurücklassen, doch werden wir dafür in der neuen Heimat auf das großzügigste entschädigt. Niemand, der hier besitzlich war, wird drüben leer ausgehen. [...]
Du willst nicht mit?
Dann nimm die Feder in die Hand und unterschreibe, was im Folgenden gesagt ist, mit Deinem Namen, damit Du auch weißt, wofür Du Dich entscheidest:

1) Ich sage mich mit meinen Kindern und Kindeskindern vom deutschen Volke los.

2) Ich verzichte darauf, jemals wieder als Deutscher zu gelten und damit auf jeden Schutz, den mir bisher das Deutsche Reich durch seine machtvolle Existenz gewährte.

3) Ich trenne mich von allem, was meines Blutes ist, weil ich meinen Besitz, meine Be-

ziehungen, mein sonstiges Auskommen – auch bei der Sicherheit, im Reiche in großzügigster Weise entschädigt zu werden – nicht lassen will, weil mir meine Habe lieber ist als mein Volk.

4) Ich will lieber einsam und allein bleiben, ohne Umgang mit deutschen Menschen, als meine Stellung verlassen.

Denn ich vertraue fremden Versprechungen mehr als meinem Volke. [...]

Kannst Du dieses unterschreiben, – so sage Dich los von uns, denn wenn Du das fertigbringst, will auch Dein Volk Dich nicht! [...]

Im neuen deutschen Osten ist Raum für alle, die etwas leisten wollen. Hier ist ein Riesenbedarf nach ordentlichen, tüchtigen deutschen Menschen. Und wer etwas leistet, hat Aufstiegsmöglichkeiten vor sich, die ihm in seiner alten Heimat versagt waren.

Dietrich A. Loeber (Hg.), Diktierte Option. Die Umsiedlung der Deutsch-Balten aus Estland und Lettland 1939–1941, Karl Wachholtz Verlag, Neumünster 1972, S. 170f., 173f., 176.

M 12 Erinnerungen von Frau Je. (Jg. 1916) in einem Interview an ihre Ansiedlung 1941 in annektierten polnischen Gebieten (2003)

Das war ein Dorf von sagen wir mal 800 bis 1 000 Familien. Und wir waren da etwa 20 Familien Umsiedler: aus dem Buchenland, aus Bessarabien, Lettland und wo sie hier herkamen. Aber wir waren verstreut. Wir waren unter diesen Menschen gesessen, in ihren Häusern, ihrem Vermögen. Ich war damals 24 Jahre alt, da wurden die Leute rausgetrieben aus ihrem Haus, in meiner Gegenwart. Sie wurden mit SS, die Gewehr hatten, und auch einfache Sturmmänner, die sie hinzugezogen haben, in meiner Gegenwart aus dem Hause rausgetrieben, und ich wurde da reingesetzt. Es war furchtbar für mich, ich hab so geheult, dass der SS-Mann gesagt hat: So! Wenn Sie so viel Mitleid haben mit den Polen, dann bringen wir Sie wieder zurück ins Lager. Da hab ich gesagt: Wenn ich's gewusst hätte, dass das auf diesem Wege

M 11 Ankunft deutscher Umsiedler im „Reichsgau Wartheland", undatierte Fotografie

1 Analysieren Sie die Aussage des Fotos.

geht, dann wär' ich gleich da geblieben, im Lager. [...]

Die haben eben gemerkt, dass wir sehr mitleidig sind und sehr drauf eingehen auf die Leute. Und das sollten wir ja nicht. Wir wollten (aber) so leben wie mit unseren Russen und mit unseren Völkern, mit denen wir zusammen waren – überhaupt ich, wo ich aus einem gemischten Dorf kam. [...] Ich bin eben (mit den Polen) umgegangen wie mit meinen Nachbarn zuhause und bin auch gut zurecht gekommen damit. Aber das sollte nicht so sein. [...]

Ich kannte ja das Land nicht. Wir kamen ja aus einem Land, wo alles gewachsen ist. Überall. Aber hier war das anders. Da musste ich mich von ihnen (den Polen) belehren lassen. Ich war eine Frau und hab mich belehren lassen. Mein Schwiegervater [...] hat sich aber nicht belehren lassen, und er hat den Kürzeren gezogen. So, und da konnte ich nicht mehr mit ihm zusammenarbeiten, weil er immer den Knecht korrigieren wollte. Und der war 36 Jahre alt und hat das Land genau gekannt, weil er da nicht weitab selber eine Wirtschaft gehabt hat. Und mir von aller Seite von den Polen gesagt wurde, dass die eine gute Wirtschaft hatten, und ich hab's selbst gesehen, er war ein guter Wirtschafter. Aber mein Schwiegervater wollte sich einfach von ihm nichts sagen lassen. [...]

Ich hatte viel mehr als in Bessarabien hier (in Polen) gekriegt. [...] Ich hatte ja (dort) nur drei Hektar. [...] Sie haben uns das übergeben als Eigentum. Aber wir haben uns nicht als Eigentümer gefühlt. Wir haben uns gefühlt als Fremde. Ich hab mich (jedenfalls) immer so gefühlt: Das gehört mir nicht, und ich bin nur Verwalter da drüber. Und so haben sich die meisten gefühlt, auch meine Eltern. Wir waren froh, wie die Flucht gekommen ist und wir da weggekommen sind.

Ute Schmidt, Die Deutschen aus Bessarabien. Eine Minderheit aus Südosteuropa (1814 bis heute), Böhlau Verlag, Köln 2003, S. 370–372.

1 Vergleichen Sie die Werbung (M 10) und die Wirklichkeit (M 12) von deutschen Umsiedlern, was ihre Ankunft in den neuen Siedlungsgebieten angeht.

M 13 Der Osteuropahistoriker Jörg Baberowski über „ethnische Säuberungen" in Ostpolen 1939/40 und Deportationen in den folgenden Jahren (2006)

Unmittelbar nach der Besetzung Ostpolens begannen die sowjetischen Sicherheitsbehörden mit der ethnischen Neuvermessung des eroberten Territoriums. Aus dem Grenzstreifen zwischen dem deutschen und dem sowjetischen Besatzungsgebiet wurden alle Bewohner polnischer Nationalität entfernt. Wo die Vormacht der Gutsbesitzer und Beamten gebrochen wurde, versuchten die Bolschewiki Ukrainer, Weißrussen und Juden gegen ihre polnischen Nachbarn aufzubringen. In manchen Regionen bewirkte die Hasspropaganda, dass Juden und weißrussische Bauern Lynchjustiz an polnischen Beamten und Gutsbesitzern übten. [...]

Gleichwohl blieb der Terror der Bolschewiki nicht auf die polnische Bevölkerung beschränkt. Unmittelbar nach der Besetzung wurden alle ausländischen Staatsbürger und Juden, die aus dem deutschen in den sowjetischen Besatzungsteil geflohen waren, registriert und später nach Zentralasien deportiert. Fast alle Juden, die während des Jahres 1940 aus dem sowjetisch besetzten Polen deportiert wurden, stammten aus dem deutschen Teilungsgebiet. Es half ihnen nicht, dass sie vor dem Terror der Nationalsozialisten geflüchtet waren. Wer aus dem „Ausland" kam, geriet in Verdacht, ein Unruhestifter und Spion zu sein, ganz gleich, welchen Ursachen sich seine Flucht verdankte. Fast 60 000 Juden fielen diesen Deportationen zum Opfer, mehr als 200 000 Polen, fast 10 Prozent der polnischen Bevölkerung im sowjetischen Besatzungsgebiet, verloren ihre Heimat.

Zwischen Mai und Juni 1941 setzten sich die Deportationen in den annektierten baltischen Provinzen, in Bessarabien und im finnisch-sowjetischen Grenzgebiet fort. Auch hier kam es den Bolschewiki darauf an, die intellektuellen Eliten in den eroberten Territorien auszuschalten. Und weil die Eliten gewöhnlich Angehörige der Titularnation waren, nahm der Terror stets auch den Charakter einer ethnischen Säuberung an. Zwischen Mai und Juni 1941 wurden mehr als 85 000 Menschen: vor allem Ukrainer, Letten, Esten, Litauer und Rumänen, nach Zentralasien und Sibirien deportiert. [...]

Bereits im Spätsommer 1941 wurden auf Befehl Stalins alle Deutschen, die an der Mittleren Wolga lebten, nach Kazachstan deportiert, ihre Republik aufgelöst. Zwischen November 1943 und Dezember 1944 ließen Stalin und Berija die Krimtataren und die Kaukasusvölker der Tschetschenen, Inguschen, Karatschaier, Balkaren, Kalmyken und Mescheten nach Zentralasien deportieren. [...]

Die Deportation der Tschetschenen und Inguschen begann am 23. Februar 1944. Schon sechs Tage später erhielt Stalin von Berija, der sich am Tatort aufhielt, eine Vollzugsmeldung. Es seien 478 479 Menschen in ‚Eisenbahnwaggons verladen' worden. [...] Der Überfall kam für die Opfer überraschend. [...]

Niemand blieb zurück, nicht einmal die Kommunisten konnten dem Terror entgehen. Nichts sollte an die Vertriebenen erinnern. Die autonome Republik der Tschetschenen und Inguschen verschwand ebenso wie die Republiken der Krimtataren und Wolgadeutschen. In die Häuser der Vertriebenen zogen russische Zuwanderer, Dörfer und Siedlungen erhielten slawische Namen, tschetschenische wurden durch russische Hinweisschilder ersetzt. Stalin selbst gab den Befehl, Kultstätten, Denkmäler und Friedhöfe, die an die Vertriebenen erinnerten, zu zerstören. Es schien, als hätten Tschetschenen, Krimtataren und Deutsche in ihrer Heimat niemals gelebt. Das Regime verewigte die Stigmatisierung am Ende der Vierzigerjahre, als es die Anweisung erließ, dass die Sondersiedler niemals in ihre Heimat zurückkehren dürften. Deutsche, Tschetschenen und Krimtataren trugen das Kainsmal des Feindes, sie waren Menschen zweiter Klasse, und sie blieben es über Jahrzehnte hinweg.

Jörg Baberowski, Ordnung durch Terror. Stalinismus im sowjetischen Vielvölkerreich, in: Isabel Heinemann, Patrick Wagner (Hg.), Wissenschaft – Planung – Vertreibung. Neuordnungskonzepte und Umsiedlungspolitik im 20. Jahrhundert, Franz Steiner Verlag, Stuttgart 2006, S. 164 f., 168 f.

1 Listen Sie die aufgeführten Volksgruppen auf und ermitteln Sie mithilfe von Geschichtskarten ihre regionale Herkunft.

2 Erörtern Sie die Gründe für die Maßnahmen gegen die kulturellen Einrichtungen der Volksgruppen.

3 **Gruppenarbeit:** Recherchieren Sie in Gruppen die heutige Situation dieser Volksgruppen und erstellen Sie jeweils ein Plakat zu Geschichte und Gegenwart jeder Gruppe.

4 Arbeiten Sie Gemeinsamkeiten und Unterschiede der Vertreibungen durch Deutschland und die Sowjetunion im Hinblick auf Motive, Vorgehensweisen und Auswirkungen heraus.

M 14 Die Praxis der versuchten Germanisierung: Der Fall Zamość

Der ehemalige polnische Kreis Zamość lag im Distrikt Lublin im seit 1939 deutsch besetzten „Generalgouvernement" und war 1942 nach wie vor polnisch und ukrainisch besiedelt. Hier sollte 1942/43 der Plan einer Germanisierung des Ostens erstmals systematisch umgesetzt werden, indem Volksdeutsche aus verschiedenen Teilen Europas hier angesiedelt werden sollten. Zuvor aber musste die ansässige Bevölkerung vertrieben werden, um Platz für die neuen Siedler zu machen. Die hier lebenden Juden waren bereits zum großen Teil getötet oder deportiert worden, nun wurden ab Ende 1942 nach und nach über hunderttausend Polen aus der Stadt Zamość und ca. 300 umliegenden Dörfern vertrieben und mussten ihren Besitz zurücklassen. Je nach Einteilung in verschiedene „Rassewertungsgruppen" sollten sie entweder „eingedeutscht" werden, was nur für wenige, insbesondere Kinder, galt, oder sie wurden zur Zwangsarbeit gepresst, getötet bzw. in sog. „Rentendörfer" verbracht, wo sie durch Aushungern sterben sollten. Manche Dörfer wurden komplett zerstört und deren Bewohner getötet. Allerdings war die Aktion, gemessen an den eigenen Zielsetzungen, ein großer Misserfolg; angesiedelt wurden nur ca. 10 000 Deutsche statt, wie geplant, 60 000, zahlreiche Polen entzogen sich durch Flucht der Erfassung und Umsiedlung und schlossen sich z. T. den Partisanen an.

Originalbeitrag des Autors.

M 15 **Ankunft von polnischen Bäuerinnen aus Zamość in Auschwitz, undatierte Fotografie**

M 16 **Bericht des Arztes Zygmunt Klukowski über die Ankunft der deutschen Ansiedler im Raum Zamość (1942/43)**

8. Dezember 1942
Es kommen Nachrichten aus den ausgesiedelten Dörfern. Die Deutschen treffen kaum jemanden in ihnen an. Interessant ist, dass die hierher gebrachten fremden Ankömmlinge – irgendwelche zigeunerhaften Typen von Volksdeutschen aus Bessarabien, die vor allem Russisch sprechen – aus den ihnen zugewiesenen Höfen zurück nach Zamość flüchten. Vor allem fürchten sie die Rache der Ausgesiedelten, außerdem finden sie dort gähnende Leere vor. Die Ausgesiedelten kehren manchmal in ihre Dörfer zurück und bedrohen die neuen Einwohner. [...]
17. Mai 1943
Ich habe die Gelegenheit genutzt und bin nach Zamość gefahren. [...] Wie anders als vor dem Krieg sieht bloß Zamość jetzt aus! Hakenkreuze, deutsche Aufschriften, auf Schritt und Tritt deutsche Läden, deutsche Ämter und viele Personen, die Deutsch sprechen. [...]
10. Juli 1943
Vor sechs Uhr in der Frühe fingen sie an, in der Stadt zu trommeln. Wir waren uns im Klaren, dass es etwas Wichtiges sein muss, wenn sie um eine so frühe Stunde eine öffentliche Ankündigung machen. Es stellte sich heraus, dass alle Einwohner ohne Ausnahme, unabhängig von Geschlecht und Alter, sich unverzüglich abmarschbereit auf dem Marktplatz einfinden sollten. [...] Wie viele aus der Stadt selbst abtransportiert wurden, ist schwer zu sagen. [...] Schon ab dem frühen Morgen tauchten auf den Straßen der Stadt neue Menschen auf – Männer in Zivilkleidung, mit Karabinern auf der Schulter und Frauen mit Kindern, die Deutsch sprachen. Sie schauten sich neugierig um und hielten nach den besten Häusern Ausschau. [...]
16. Juli 1943
Die Ansiedler nehmen alles von den Feldern, was sie kriegen können – zurzeit ist es Klee – nicht nur nachts, sondern am helllichten Tag, direkt den Mähern und den Landwirten, die die Arbeiter beaufsichtigen, vor den Füßen weg. [...]
2. Oktober 1943
Vor ein paar Tagen wurde auf den Dorfführer in Rozlopy geschossen. [...] Heute Abend wurde mit einem Schuss aus einem Karabiner sein Helfer, ein angesiedelter Deutscher, getötet. Als man ihn ins Krankenhaus brachte, war er schon tot. Die Deutschen sind so verhasst, dass das Weinen und Klagen der Mutter und der Frau des Getöteten kein Mitgefühl hervorrief.
14. Oktober 1943
[...] Die angesiedelten Deutschen machen sich immer mehr breit. [...] Aber man kann überall sehen, dass sich die Deutschen nicht allzu sicher fühlen. Die Dorfführer haben Angst, zuhause zu übernachten. Alle Angesiedelten sprechen ständig davon, dass sie so schnell wie möglich „nach Hause" möchten.

Zygmunt Klukowski, Zamojszczyzna, Bd. I: 1918–1943, Warszawa 2007, zit. nach: Zwangsumsiedlung, Flucht und Vertreibung 1939–1959. Atlas zur Geschichte Ostmitteleuropas, Bundeszentrale für politische Bildung, Bonn 2010, S. 165 f.

1 Beschreiben Sie die Begegnungen von Polen und Deutschen im Raum Zamość und differenzieren Sie nach Gruppen; berücksichtigen Sie dabei die Perspektive der Quelle. Diskutieren Sie, woran das Experiment Zamość gescheitert ist.

Geschichtskarten und historische Karten analysieren

Karten gehören zu unserem Alltag – ob in der alten Form als Straßenkarten in Reiseführern und Zeitungen oder technikbasiert in Navigationsgeräten und im Internet wie bei Google Maps oder OpenStreetMap. Meist werden dort aktuelle geografische Verhältnisse gezeigt. Für die Darstellung historischer Phänomene und Entwicklungen haben Karten eine wichtige Funktion: Sie können **Raumbeziehungen** visuell darstellen und so den **Zusammenhang zwischen räumlichen Bedingungen** (Lage von Staaten, Grenzen, Verkehrswegen) **und historischen Prozessen** verdeutlichen. Daher finden sich solche Karten in Schulbüchern, aber auch in wissenschaftlicher und populärer Literatur und in historischen Dokumentationen im Fernsehen.

Begrifflich und inhaltlich zu unterscheiden sind „Geschichtskarten" und „historische Karten". „**Geschichtskarten**" wollen (heute) ein Phänomen aus der Vergangenheit behandeln, also Geschichte in kartografischer Form darstellen. „**Historische Karten**" dagegen stammen aus der Vergangenheit und stellen – aus damaliger Perspektive – entweder die damalige Gegenwart oder eine Vergangenheit dar. Für die Geschichtswissenschaft sind Letztere Quellen, Erstere dagegen Darstellungen. Allerdings können Geschichtskarten mit der Zeit historische Karten werden – ein Geschichtsatlas aus den 1950er-Jahren z. B. ist heute eine historische Quelle, die es erlaubt, das Geschichtsverständnis dieser Zeit zu rekonstruieren.

Für die Darstellung von Geschichte in kartografischer Form gibt es bekannte Konventionen und Elemente, die für die Darstellungsabsicht eingesetzt werden können: Kartentitel, Legende, Farbgebung, verwendete Symbole und Zeichen, Schrift usw.

Bei der kritischen Analyse solcher Karten geht es nicht so sehr darum die dargestellten Informationen zu ermitteln, sondern vor allem die **Aussageabsicht der Karte**. Hierfür ist insbesondere der Kontext wichtig, also Fragen wie: Wer hat die Karte entworfen bzw. in Auftrag gegeben? In welchem Zusammenhang ist sie erschienen? An wen richtete sie sich?

Webcode:
KH1110987-027

Mögliche Arbeitsschritte für die Analyse

1. Leitfrage	– Welche (historischen oder gegenwärtigen) Aussagen will die Karte dem Betrachter vermitteln?
2. Analyse	– Erster Eindruck/Wirkung der Karte auf den Betrachter – Analyse der wichtigsten Kartenelemente: Titel, Maßstab, Legende, Farbgebung, verwendete Symbole, Schrift etc. – Ermittlung des Sachverhalts, also der Informationen, die die Karte liefert – Recherche der Kartenverfasser, Auftraggeber etc. – Analyse des Kontextes, in dem die Karte verwendet wird (einschl. möglicher Adressaten, an die sich die Karte wendet) – Ggf. Vergleich mit anderen Karten zum gleichen Thema
3. Beurteilung	– Welche Schwerpunktsetzungen, expliziten und/oder impliziten Wertungen sind erkennbar? – Was kann oder will die Karte nicht darstellen?

Übungsbeispiel

M1 Karte aus dem Buch „Landvolk im Werden“ von 1941/42

Konrad Meyer u. a., Landvolk im Werden. Material zum ländlichen Aufbau in den neuen Ostgebieten und zur Gestaltung des dörflichen Lebens, Deutsche Landbuchhandlung, Zweite Auflage, Berlin 1942.

M 2 Umsiedlung, Vertreibung und Deportation von 1938 bis 1944

Putzger Historischer Weltatlas, 103. Auflage, Cornelsen Verlag, Berlin 2001, S. 172.

Lösungshinweise zu beiden Karten

Leitfrage:
Wie und mit welcher zu ermittelnden Absicht wird jeweils das historische Phänomen Zwangsmigration dargestellt?

Analyse historische Karte (M 1):
- Dominant für den Betrachter sind die dicken schwarzen Pfeile, die die Umsiedlungen symbolisieren sollen.
- Karte von 1941
- Erschienen in dem Buch: Konrad Meyer u. a., Landvolk im Werden. Material zum ländlichen Aufbau in den neuen Ostgebieten und zur Gestaltung des dörflichen Lebens, Deutsche Landbuchhandlung, 2. Auflage, Berlin 1942.
- Das Buch richtet sich vor allem an „Landvolk und Jugend", genauer „an die deutsche Jugend und ihre nationalsozialistische Führung", und will die geplante Siedlung im „neuen Osten", die „Gestaltung des Ostraums zum deutschen Kulturraum" legitimieren.
- Es steht daher im Kontext der umfangreichen, oben erwähnten Planungen von SS und anderen Organisationen zur Neugestaltung des Ostens („Generalplan Ost").
- Die Karte gehört zu dem Beitrag von Wilhelm Zoch „Bodenständiges und rückgeführtes Bauernvolkstum in Ost und West" im Kapitel „Die völkischen Kräfte", in dem die verschiedenen Volksgruppen, die in der Karte dargestellt sind, aus NS-Perspektive mit ihrer Geschichte und ihrer gegenwärtigen wirtschaftlichen und politischen Situation vorgestellt werden.
- Der Kartentitel entspricht dem Titel des Beitrags, verbunden mit einer Erläuterung, dass es sich um den Stand vom 1. Januar 1941 handelt.
- Der Maßstab ist nicht angegeben, die Karte ist in Schwarz-Weiß gehalten, Schraffuren dienen der differenzierten Darstellung einzelner Gebiete sowie (ohne Erklärung) zur Abgrenzung des deutschen Reiches einschließlich der annektierten Gebiete.
- Topografisch wird vor allem das mittlere und östliche Europa dargestellt. Die Staaten (ohne das zerstörte Polen) sind aufgeführt, mit wenigen Flüssen und jeweils wenigen Städten.
- Die Legende beschränkt sich auf die drei schraffiert dargestellten Volksgruppen.
- Merkwürdig ist, dass in den Niederlanden (hier „Holland" genannt) nicht die Hauptstadt aufgeführt ist, sondern Utrecht. Möglicherweise hängt dies mit der Tatsache zusammen, dass Utrecht der Gründungsort der niederländischen nationalsozialistischen Bewegung war.
- Durch unterschiedliche Schraffuren werden drei Gruppen von „Volksdeutschen" dargestellt:
  1. „Bodenständiges Volkstum in den neuen Reichsgebieten": Eupen-Malmedy, Luxemburg, Elsass, „Deutsch-Lothringen" sowie die annektierten und ins Reich eingegliederten polnischen Gebiete.
  2. „Bereits umgesiedelte Volksgruppen": Estland, Lettland, Teile des Generalgouvernements, Narewgebiet, Wolhynien, Galizien, Buchenland, Bessarabien und Dobrudscha.
  3. „Volksgruppen, deren Umsiedlung noch bevorsteht": Südtirol, Litauen.
- Kleinere schwarze Flächen symbolisieren offenbar die deutschen Siedlungsgebiete in mehreren der unter 2 genannten Regionen.
- Große schwarze Pfeile zeigen die Wege der Umsiedler von den Herkunftsgebieten ins Reich, wobei alle Pfeile auf die annektierten polnischen Gebiete zielen. Auf den Pfeilen sind die Zahlen der Umsiedler festgehalten.

Beurteilung historische Karte (M 1):
- Die Karte stellt die Umsiedlungen der „Volksdeutschen" dar, die durch die Dominanz der Pfeile planmäßig, zielgerichtet und reibungslos erscheint. Die anderen Bevölkerungsgruppen, vor allem Polen und Juden, spielen keine Rolle; die annektierten polnischen Gebiete werden durch die flächige Schraffur als einheitlich „deutsche" Gebiete vermittelt. Der Kartentitel soll in doppelter Weise den Betrachter lenken: „Bauernvolkstum" vermittelt den Eindruck, als handle es sich ausschließlich um Bauern, was nicht der Fall war, „rückgeführt" suggeriert eine historische Deutung, wonach es sich gleichsam um die notwendige Korrektur eines historischen Fehlers handele.

Analyse Geschichtskarte (M 2):

- Der erste Eindruck ist eine verwirrende Vielfalt von bunten Pfeilen und Zeichen.
- Karte von 2001.
- Erschienen in: Putzger Historischer Weltatlas, 103. Auflage, Cornelsen Verlag, Berlin 2001, S. 172.
- „Der Putzger" ist der älteste und verbreitetste historische Schul-Atlas in Deutschland.
- Die Karte steht im Zusammenhang mehrerer Karten zum Zweiten Weltkrieg, verbunden mit Tabellen und Zeitleisten zu verschiedenen Themen (Auswanderung deutscher Juden, SS-Massaker an Juden in der UdSSR 1941 usw.).
- Der Kartentitel lautet „Umsiedlung, Vertreibung und Deportation von 1938 bis 1944".
- Der Maßstab ist 1:30 000 000, die Karte ist farbig gestaltet.
- Topografisch ist fast das ganze Europa dargestellt. Die Staaten sind aufgeführt, mit wichtigen Flüssen; Städte sind nicht verzeichnet.
- Die Legende ist in zwei Teile geteilt: „Umsiedlung und Vertreibung 1938–1944", wobei hier vor allem die diversen farbigen Pfeile erläutert werden, und „Judendeportation und -vernichtung 1941–1944" mit Erläuterungen zu den Zahlen getöteter Juden und der Darstellung von Lagern und Orten von Massentötungen.
- Inhaltliche Informationen:
  - Mit verschiedenfarbigen Pfeilen werden verschiedene Umsiedlungs- und Deportationsgruppen (Polen, Rumänen, Bulgaren, Volksdeutsche, Balten) und -wege dargestellt; außerdem werden die Zahlen der Betroffenen (in Tausend) sowie Jahreszahlen an den Pfeilen genannt.
  - Gelbe Pfeile zeigen die Deportationswege von Juden, die Zahlen von getöteten Juden sowie verschiedene Orte von Lagern und Massenerschießungen.

Beurteilung Geschichtskarte (M 2):

- Die Geschichtskarte stellt in einer Karte verschiedene Umsiedlungs- und Vertreibungs- sowie Tötungsvorgänge dar, wodurch ein Zusammenhang dieser Vorgänge hergestellt wird. Außerdem wird durch die Zahlen ein Eindruck vom Ausmaß der Betroffenen vermittelt.
- Gleichzeitig sind der gewählte Maßstab und die Komplexität der Vorgänge auch Hemmnisse für eine differenzierte Darstellung – so ist z. B. nicht erkennbar, wohin die Polen aus Ostpolen nach der Besetzung durch die Sowjetunion und die in der UdSSR lebenden Deutschen ab 1941 deportiert wurden (die Pfeile enden im westlichen Teil der UdSSR statt z. B. in Sibirien). Auch der Zusammenhang zwischen der Vernichtung der Juden und Vertreibung von Polen sowie der Ansiedlung von Volksdeutschen in ihrem bisherigen Siedlungsraum wird nicht deutlich.

Vergleich (M 1 und M 2):

- Unterschied: Der wesentliche Unterschied liegt in der zentralen Aussage der Karten, die nur mithilfe der Einbeziehung des Kontextes vollständig erfasst werden kann: Die historische Karte (M 1) ist Teil der nationalsozialistischen Argumentation zur „Umvolkung" des Ostens, die jüdische oder polnische Bevölkerung wird daher überhaupt nicht erwähnt. Dagegen will die Geschichtskarte (M 2) die umfangreichen Zwangsmigrationsvorgänge vieler verschiedener Volksgruppen darstellen, sodass die Umsiedlung der Deutschen nur als Teil eines Gesamtprozesses erscheint. Dies hängt auch damit zusammen, dass hier auf Bildungsprozesse über die NS-Zeit abgezielt wird und daher wissenschaftsgestützt historische Vorgänge dargestellt werden sollen.
- Gemeinsamkeit: Die Auswirkungen der Umsiedlungen auf die Betroffenen sind kartografisch kaum darstellbar. Die Karten suggerieren daher einen „problemlosen" Prozess; Vertreibungen, Zwangsmaßnahmen, Leiden, die häufig verschlungenen Wege (z. B. mit langen zwischenzeitlichen Lageraufenthalten) usw. sind nicht erkennbar. Dies verweist auf eine grundsätzliche Begrenztheit kartografischer Darstellungen. Allerdings bemüht sich die Geschichtskarte (M 2) durch die Einbeziehung der Judendeportation und -vernichtung darum, dies wenigstens ansatzweise mit zu behandeln.

Erarbeiten Sie Präsentationen

Thema 1
Ethnische Säuberungen
„Unter ethnischen Säuberungen wird hier angelehnt an die Definitionen der UNO und des Internationalen Gerichtshofs in Den Haag eine systematisch organisierte, mit Gewalt verbundene und in der Regel dauerhafte Zwangsaussiedlung einer durch ihre Ethnizität oder Nationalität definierten Gruppe bezeichnet." (Ther 2011, S. 7)

Der Begriff wurde vor allem im jugoslawischen Bürgerkrieg in den 1990er-Jahren geprägt und seitdem immer wieder im Kontext ethnischer Konflikte in verschiedenen Teilen der Welt verwendet.

Recherchieren Sie in Gruppen Fälle „ethnischer Säuberungen" in den vergangenen fünfundzwanzig Jahren und stellen Sie sie jeweils in einer Präsentation vor. Diskutieren Sie, ob der Begriff das jeweilige Phänomen angemessen beschreibt oder ob andere Begriffe, wie z. B. Genozid, treffender sind.

Literaturtipps
Philipp Ther, Die dunkle Seite der Nationalstaaten. „Ethnische Säuberungen" im modernen Europa, Vandenhoeck & Ruprecht, Göttingen 2011.

Detlef Brandes, Holm Sundhaussen, Stefan Troebst (Hg.), Lexikon der Vertreibungen. Deportation, Zwangsaussiedlung und ethnische Säuberung im Europa des 20. Jahrhunderts, Böhlau, Wien 2010.

M1 Muslimische Flüchtlinge aus Srebrenica in einer Turnhalle in Tuzla (Bosnien), Fotografie, 9. April 1993

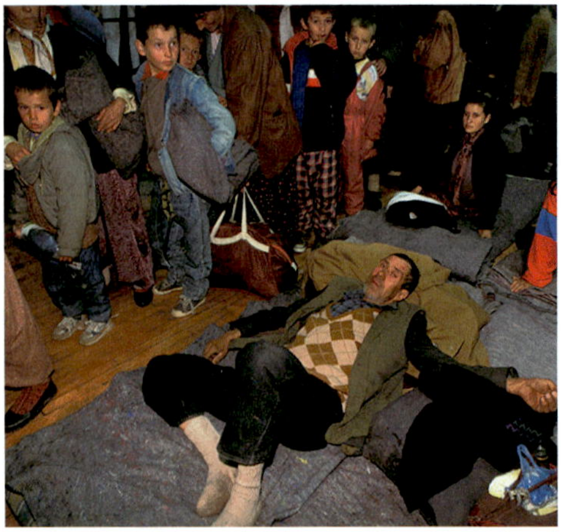

Thema 2
Polnische Sicht auf Zwangsmigrationen
Polen war durch den Hitler-Stalin-Pakt und die nachfolgende Besetzung durch Deutschland und die Sowjetunion sozusagen doppelt betroffen. Deportationen von Millionen Polen in drei Richtungen waren eine der Folgen: innerhalb des Deutschen Reiches (vor allem zur Zwangsarbeit), aus den annektierten Gebieten ins sog. „Generalgouvernement" sowie aus Ostpolen in die Sowjetunion.

Recherchieren Sie Erinnerungen von polnischen Zeitzeugen und stellen Sie wesentliche Zitate in Form einer Collage zusammen.

Literaturtipps
Hans-Jürgen Bömelburg, Renate Stößinger, Robert Traba (Hg.), Vertreibung aus dem Osten. Deutsche und Polen erinnern sich, Borussia, Olsztyn 2000.

Gerhard Besier u. a. (Hg.), Deutsche und Polen während und nach dem Zweiten Weltkrieg, LIT Verlag, Berlin 2007 (beide Bücher mit vielen Erinnerungsberichten).

M2 Ausstellung „Erinnerung bewahren, Sklaven- und Zwangsarbeiter des Dritten Reiches aus Polen 1939–1945", Fotografie, 2008.
Die Ausstellung, die 2008 im Dokumentationszentrum Prora auf Rügen gezeigt wurde, wurde von der Stiftung Polnisch-Deutsche Aussöhnung in Zusammenarbeit mit der Stiftung „Topographie des Terrors" organisiert und stellt Fotos und Briefe der Zwangsarbeiter Dokumenten des NS-Regimes gegenüber.

Webcode:
KH1110987-032

Überprüfen Sie Ihre Kompetenzen

M 3 Karte aus dem Putzger-Schulatlas von 1930

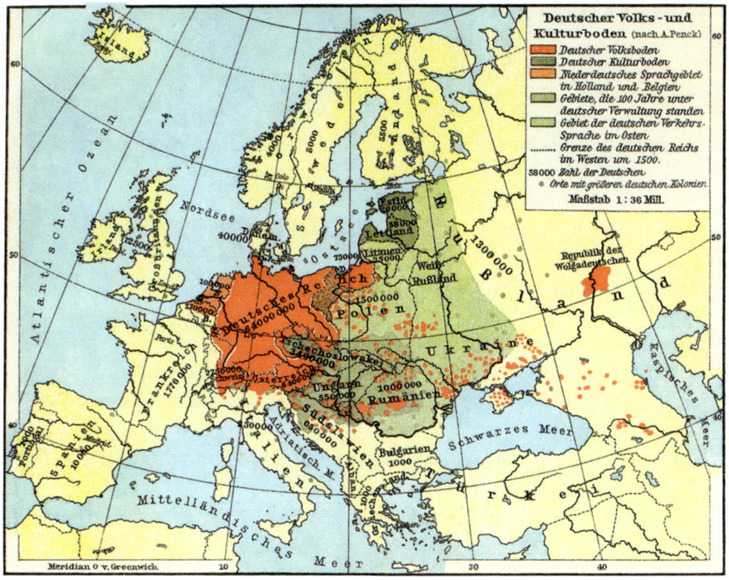

Sachkompetenz

1 Erläutern Sie den Zusammenhang zwischen dem Nationalismus des 19. Jahrhunderts und den Zwangsdeportationen im Zweiten Weltkrieg.

2 Beschreiben Sie die Zielsetzungen deutscher und sowjetischer Deportationspolitik im Zweiten Weltkrieg und benennen Sie Gemeinsamkeiten und Unterschiede.

Methodenkompetenz

3 Analysieren Sie die Karte M 3.

Urteilskompetenz

4 Stellen Sie eine Tabelle zusammen, in der Sie die Argumente für und gegen einen „Austausch von Bevölkerungen" als politische Lösung für (potenzielle) Nationalitätenkonflikte gegenüberstellen, und fällen Sie ein begründetes Urteil.

5 Erörtern Sie die Bedeutung der Flucht- und Deportationserfahrungen von Polen für das Verhältnis zu Deutschland und der Sowjetunion nach 1945.

Zentrale Begriffe

Deportation
Ethnische Säuberung
Generalplan Ost
Minderheit
Nation
Nationalitätenkonflikt

3 Zwangsarbeiter und Kriegsgefangene: Ausländereinsatz in der Kriegswirtschaft des „Dritten Reiches"

Kompetenzen erwerben

Sachkompetenz:
- Ausmaß und wirtschaftliche Bedeutung von Zwangsarbeit in der Kriegswirtschaft des „Dritten Reiches" bestimmen
- Herkunft der Zwangsarbeiter und ihre Hierarchisierung beschreiben
- Lebens- und Arbeitsbedingungen der Zwangsarbeiter analysieren

Methodenkompetenz:
- Statistiken auswerten

Urteilskompetenz:
- Interessen und Rolle des NS-Staates bei der Beschäftigung von Zwangsarbeitern erklären und mit demokratischen Systemen vergleichen
- in der Debatte um die Entschädigung von Zwangsarbeitern begründet Stellung beziehen

Massenerscheinung Zwangsarbeit

Das nationalsozialistische Deutschland beschäftigte in den Jahren des Zweiten Weltkrieges **rund 13 Millionen Zwangsarbeiter**. Gegen Kriegsende war etwa jede vierte Arbeitskraft im Deutschen Reich ein Kriegsgefangener oder „Fremdarbeiter", wie die ausländischen Zivilbeschäftigten genannt wurden, die vom NS-Staat nach Deutschland verschleppt und zur Arbeit gezwungen wurden. Tatsächlich wäre die NS-Kriegswirtschaft ohne diese Millionen von Zwangsarbeiter nicht in der Lage gewesen, den Krieg bis 1945 fortzusetzen.

Ebenfalls zu den Zwangsarbeitern sind diejenigen Menschen zu zählen, die in den deutsch besetzten oder kontrollierten Gebieten zur Beschäftigung gezwungen wurden. Ihre Zahl wird in der Forschung auf mindestens 10 Millionen geschätzt. Viele von ihnen wurden nach dem Einsatz in den besetzten Gebieten ins Reich deportiert und sind somit auch in der Zahl von 13 Millionen enthalten. Setzt man die Zahl der ausschließlich in den vom Deutschen Reich besetzten oder kontrollierten Gebieten arbeitenden Menschen mit etwa 7 Millionen an, dann haben insgesamt über 20 Millionen Menschen Zwangsarbeit für das nationalsozialistische Deutschland geleistet.

Literaturtipps

Alltag Zwangsarbeit 1938–1945. Katalog zur gleichnamigen Dauerausstellung, hg. v. Dokumentationszentrum NS-Zwangsarbeit der Stiftung Topographie des Terrors durch Christine Glauning u. Andreas Nachama, Berlin 2013.

Zwangsarbeit. Die Deutschen, die Zwangsarbeiter und der Krieg. Begleitband zur Ausstellung im LWL-Industriemuseum Zeche Zollern, hg. v. Volkhard Knigge u. a. im Auftrag der Stiftung Gedenkstätten Buchenwald und Mittelbau-Dora, Essen 2012.

Diese beiden Kataloge bieten sowohl einen guten und lesbaren Überblick über die NS-Zwangsarbeit als auch umfangreiches Bildmaterial.

Begriffsbestimmung der „Zwangsarbeit"

Als Zwangsarbeiter bezeichnen Historiker heute vor allem jene **ausländischen Arbeitskräfte**, die als Zivilisten, Kriegsgefangene oder KZ-Häftlinge zur Arbeit ins Deutsche Reich deportiert wurden. Sie lebten und arbeiteten ohne Rechte in einer ihnen feindlichen Umgebung. Sie konnten weder ihr Arbeitsverhältnis selbst auflösen noch Einfluss auf die Umstände ihres Arbeitseinsatzes nehmen. Fern von ihrer Heimat und ihren Angehörigen waren sie isoliert und der staatlichen Gewalt völlig ausgeliefert. Meist wurden sie in Gemeinschaftsunterkünften untergebracht, die streng kontrolliert und reglementiert wurden und oft nur für den Arbeitseinsatz verlassen werden durften.

Nach den Bestimmungen der Genfer Konvention von 1929, einem zwischenstaatlichen Abkommen und wesentlichen Bestandteil des humanitären Völkerrechts, durften **Kriegsgefangene** zu bestimmten Arbeiten herangezogen werden. In der Bundesrepublik wurde im Rahmen der Debatte um die Verabschiedung des Gesetzes zur Errichtung der Stiftung „Erinnerung, Verantwortung und Zukunft" im Jahre 2000 daraus gefolgert, dass ehemalige Kriegsgefangene keine Ansprüche auf Entschädigung geltend machen können. Im Folgenden wird jedoch der Sammelbegriff „Zwangsarbeiter" auch auf Kriegsgefangene angewandt. Die Definition des Begriffes folgt damit historisch-politischen, nicht juristischen Kriterien.

Machtzentralen der NS-Zwangsarbeit
Zahlreiche staatliche Dienststellen und NS-Einrichtungen organisierten im Gebiet des Deutschen Reiches und Europas die Zwangsarbeit. Weitergehende Kompetenzen erhielten dafür auch z. B. Arbeitsämter oder das Rüstungsministerium. Die entscheidenden Anweisungen kamen jedoch aus NS-Sonderbehörden wie dem Reichssicherheitshauptamt (RSHA) oder dem „Generalbevollmächtigten für den Arbeitseinsatz" (GBA). Diese Behörde leitete Fritz Sauckel.

Wer leistete Zwangsarbeit?

Die größte Gruppe, die unter dem NS-Regime Zwangsarbeit leistete, waren die **Kriegsgefangenen**. In erster Linie sowjetische und – nach dem Sturz Mussolinis im Juli 1943 – italienische Kriegsgefangene mussten für die deutsche Rüstungsindustrie und in der Landwirtschaft arbeiten. Insgesamt handelte es sich um ca. 4,6 Millionen Männer. Hinzu kamen die sogenannten **Fremdarbeiter**, ca. 8,4 Millionen Männer und Frauen, die als Zivilarbeiter und -arbeiterinnen aus den von deutschen Truppen besetzten Gebieten ins Deutsche Reich gebracht wurden. Sie waren zwar nicht in umzäunten (Gefangenen-)Lagern untergebracht, sondern in „Gemeinschaftsunterkünften", doch auch sie durften ihren Arbeitsplatz und Aufenthaltsort nicht verlassen, unterlagen also dem staatlichen Zwang. Innerhalb dieser Gruppe hatten die polnischen Beschäftigten und die „Ostarbeiter" genannten sowjetischen zivilen Arbeiter mit den schlechtesten Lebensbedingungen zu kämpfen.

Im Verlauf des Zweiten Weltkrieges zogen die NS-Behörden auch **Strafgefangene** aus Gefängnissen und Strafgefangenenlagern zunehmend zur Zwangsarbeit in der deutschen Kriegswirtschaft heran. Ihre Gesamtzahl wird auf 200 000 geschätzt. Bereits seit 1938 verpflichtete das NS-Regime Juden zur Zwangsarbeit. Fast alle diese **„Arbeitsjuden"**, die in Lagern und Gettos lebten, wurden später in den Konzentrationslagern (KZs) ermordet. Ab Herbst 1944 mussten überdies ihre nichtjüdischen Angehörigen, sogenannte „Halbjuden und jüdisch Versippte" Zwangsarbeit verrichten. Im deutschen Reichsgebiet leisteten insgesamt ca. 110 000 Juden und Jüdinnen außerhalb der KZs Zwangsarbeit, jenseits der Reichsgrenzen war die Zahl noch höher. Seit 1943 setzten die Nationalsozialisten zudem fast alle **KZ-Häftlinge** als Zwangsarbeiter in der Rüstungsindustrie ein, vermutlich um die 1 Million Männer und Frauen.

Herkunft der Zwangsarbeiter

Das nationalsozialistische Deutschland hatte sich als eines der ersten Industrieländer von der Weltwirtschaftskrise zu Beginn der 1930er-Jahre erholt. Dank umfangreicher, mit Krediten finanzierter Arbeitsprogramme konnte 1936 die für die NS-Propaganda so wichtige Vollbeschäftigung in einigen zentralen Branchen verkündet werden. Im Folgejahr klagten bereits viele Unternehmer über einen **Mangel an Arbeitskräften**. Mit Beginn des Zweiten Weltkrieges verschärfte sich der Mangel. Zum einen wurden viele junge Männer von der Wehrmacht eingezogen. Nur eine Minderheit blieb als unabkömmliche Industriearbeiter in kriegswichtigen Betrieben. Zum anderen wurde die Produktion von Kriegsgütern noch gesteigert. Den Bedarf der Industrie konnte und wollte das NS-Regime aus ideologischen Gründen nicht vollständig mit Frauen decken – die Frau gehörte nach der nationalsozialistischen „Weltanschauung" an den heimischen Herd. Dennoch zog die NS-Führung besonders seit 1943 auch deutsche Frauen in stärkerem Maße durch Dienstverpflichtung zur Beschäftigung in der Industrie heran.

Wichtiger für die deutsche Rüstungswirtschaft war die Rekrutierung von Arbeitskräften aus den deutsch besetzten und kontrollierten Gebieten. Die rund 13 Millionen **Zwangsarbeiter und -arbeiterinnen**, die zwischen 1939 und 1945 im Deutschen Reich arbeiteten, kamen aus 20 Ländern. Den größten Teil rekrutierte das Deutsche Reich aus der **Sowjetunion**. Mehrere Millionen Kriegsgefangene und zivile „Ostarbeiter" wurden seit Mitte 1941 nach Deutschland deportiert. Die zweitgrößte Gruppe bildeten die **Polen** mit 1,5 Millionen Zivilarbeitern und 500 000 Kriegsgefangenen. Der NS-Staat überführte zudem über 1,5 Millionen Franzosen und 160 000 jugoslawische Kriegsgefangene serbischer Nationalität unmittelbar in ein Zwangsarbeitsverhältnis. Die meisten der 725 000 italienischen Militärinternierten des Jahres 1943 gelangten ebenfalls unter Zwang in den deutschen Arbeitseinsatz. Das galt auch für die von Deutschland dienstverpflichteten Niederländer und Belgier. Insgesamt stammten die Zwangsarbeiter aus allen europäischen Ländern, die im Laufe des Krieges von den Deutschen besetzt worden waren. Hinzu kamen noch mehrere Hunderttausend ausländische Häftlinge sowie Juden aus Hunderten von KZ-Haupt- und Außenlagern.

Hierarchie der Zwangsarbeiter

Die Lebens- und Arbeitssituationen der verschiedenen Zwangsarbeitergruppen wichen zum Teil erheblich voneinander ab. Das gilt für den Bereich der Verpflegung, der Unterkunft oder der Arbeitszeiten ebenso wie für die sicherheitspolizeilichen Vorschriften, denen sie unterworfen waren. Die Hierarchie der Zwangsarbeiter beruhte vor allem auf den **Kriterien „Rasse"* und „Volkstumszugehörigkeit"** der NS-Ideologie. Die Westarbeiter waren schlechter als die Deutschen, aber deutlich besser als die Arbeiter aus dem Osten gestellt. Die französischen Zivilarbeiter standen an der Spitze aller westlichen Länder (Belgien, Niederlande). Darauf folgten die Beschäftigten aus den teilweise mit Deutschland verbündeten oder von ihm abhängigen südosteuropäi-

„Rassenlehre"
Bezeichnung für die pseudo-wissenschaftliche Anwendung der biologischen Unterscheidung von menschlichen Gruppen ähnlicher erblicher Merkmale (z. B. der Hautfarbe) auf das gesellschaftlich-politische Leben; dabei wird die Höher- bzw. Minderwertigkeit verschiedener „Rassen" unterstellt. Der auf das 19. Jh. zurückgehende Rassismus (Sozialdarwinismus) erfuhr im nationalsozialistischen Antisemitismus mit der systematischen Verfolgung und Vernichtung der Juden seine bisher fürchterlichste Konsequenz.

schen Staaten (Ungarn, Rumänen, Slowenen, Griechen, Serben, Kroaten), unter denen wiederum die Arbeiter aus der Tschechoslowakei, die Polen und ganz unten die Arbeiter aus der Sowjetunion sowie seit 1943 die italienischen Militärinternierten rangierten. Die jüdischen Zwangsarbeiter bildeten eine eigene Kategorie unterhalb dieser Stufenleiter.

Die rechtliche und menschliche Abwertung der Zwangsarbeiter schlug sich auch in Abzeichen auf der Kleidung nieder. Seit 1940 hatten polnische Arbeiter und Arbeiterinnen ein viereckiges gelbes Abzeichen mit dem Buchstaben „P" zu tragen, ihre sowjetischen Kollegen mussten seit 1942 die Kennzeichnung „Ost" auf ihrer Kleidung vorweisen. Sie durften damit noch schlechter behandelt werden als Polen.

Situation nach dem Zweiten Weltkrieg

Nach Kriegsende veränderte sich die rechtliche Stellung und Lebenssituation der Zwangsarbeiter und KZ-Häftlinge sowie der Osteuropäer, die entweder freiwillig in Deutschland gearbeitet hatten oder 1944 vor der Sowjetarmee geflohen waren: Die westlichen Alliierten USA, Großbritannien und Frankreich führten 1945 für Zivilpersonen nichtdeutscher Staatsangehörigkeit, die nach Deutschland verschleppt, vertrieben oder geflohen waren, den verwaltungstechnischen Begriff **„Displaced Persons"** (DP) ein. In den drei westlichen Besatzungszonen gab es etwa 6,5 bis 7 Millionen DPs. Sie erhielten besondere Hilfe und Unterstützung – in der Sowjetischen Besatzungszone wurde ihnen dieser „Status" allerdings vorenthalten. Während die Menschen aus westlichen Nationen rasch in ihre Heimatländer zurückkehren konnten, galt das für die meisten Osteuropäer und besonders für die jüdischen Überlebenden – ca. 50 000 bis 75 000 Personen – nicht. Diese DPs wurden in eigens eingerichteten Lagern untergebracht (ehemaligen Kasernen, Arbeitersiedlungen, Hotels usw.). Seit Juni 1950 waren deutsche Behörden für die Betreuung zuständig. Aus DPs wurden nun „heimatlose Ausländer".

1 Beschreiben Sie das Ausmaß der ausländischen Zwangsarbeit in Deutschland während des Zweiten Weltkrieges.
2 Erläutern Sie den Begriff „Zwangsarbeiter".
3 Zeigen Sie, wer im Deutschen Reich Zwangsarbeit leistete und woher diese Zwangsarbeiter kamen.
4 Charakterisieren Sie die hierarchische soziale Ordnung, in die der NS-Staat die Zwangsarbeiter presste.

M1 Russische Zwangsarbeiterin in einer deutschen Rüstungsfabrik, Fotografie, um 1943

Webcode:
KH1110987-037

Hinweise zur Arbeit mit den Materialien

Die Statistiken M 2 und M 3 bieten die Möglichkeit, das **Ausmaß der ausländischen Zwangsarbeit** zu bestimmen. Der Auszug aus den Erinnerungen eines ehemaligen Zwangsarbeiters (M 4) gewährt einen kleinen Einblick in die **Methoden der Nationalsozialisten bei der Verschleppung von Zwangsarbeitern** ins Deutsche Reich. M 5 bis M 7 ermöglichen eine genauere Kenntnis der Lebens- und Arbeitsbedingungen von Zwangsarbeitern. Außerdem vermitteln diese Texte Wissen über das Denken und Handeln der Nationalsozialisten bei der Organisation von Zwangsarbeit. M 8 beschäftigt sich mit einer bestimmten Gruppe von Zwangsarbeitern, den **KZ-Häftlingen**, und ihren Existenzbedingungen. Die Bildquellen M 1 und M 9 vermitteln einen konkreten Blick auf die Lebensumstände der Zwangsarbeiter und auf ihre Darstellung in der NS-Propaganda.
Am Ende des Kapitels finden sich **weiterführende Arbeitsanregungen** und die Möglichkeit, die im Kapitel erworbenen **Kompetenzen zu überprüfen** (S. 52 f.).

M 2 Ausländische Arbeitskräfte in der deutschen Kriegswirtschaft 1939 bis 1944[1]

Landwirtschaft						
	1939	**1940**	**1941**	**1942**	**1943**	**1944**
Deutsche	10 732 000	9 684 000	8 939 000	8 969 000	8 743 000	8 460 000
Zivile Ausländer	118 000	412 000	769 000	1 170 000	1 561 000	1 767 000
Kriegsgefangene	–	249 000	642 000	759 000	609 000	635 000
Alle Ausländer	118 000	661 000	1 411 000	1 929 000	2 230 000	2 402 000
Ausländer in % aller Beschäftigten	1,1 %	6,4 %	13,6 %	17,7 %	20,3 %	22,1 %
Nicht-Landwirtschaft						
	1939	**1940**	**1941**	**1942**	**1943**	**1944**
Deutsche	28 382 000	25 207 000	24 273 000	22 568 000	21 324 000	20 144 000
Zivile Ausländer	183 000	391 000	984 000	1 475 000	3 276 000	3 528 000
Kriegsgefangene	–	99 000	674 000	730 000	954 000	1 196 000
Alle Ausländer	183 000	490 000	1 659 000	2 205 000	4 230 000	4 724 000
Ausländer in % aller Beschäftigten	0,6 %	1,9 %	6,4 %	8,9 %	16,5 %	18,9 %
Gesamtwirtschaft						
	1939	**1940**	**1941**	**1942**	**1943**	**1944**
Deutsche	39 114 000	34 891 000	33 212 000	31 537 000	30 067 000	28 604 000
Zivile Ausländer	301 000	803 000	1 753 000	2 645 000	4 837 000	5 295 000
Kriegsgefangene	–	348 000	1 316 000	1 489 000	1 623 000	1 831 000
Alle Ausländer	301 000	1 151 000	3 069 000	4 134 000	6 460 000	7 126 000
Ausländer in % aller Beschäftigten	0,8 %	3,2 %	8,5 %	11,6 %	17,7 %	19,9 %

Quelle: Ulrich Herbert, Geschichte der Ausländerpolitik in Deutschland. Saisonarbeiter, Zwangsarbeiter, Gastarbeiter, Flüchtlinge, C. H. Beck, München 2001, S. 145.

1 Stichtag: jeweils 1. Mai, Gebiet: „Großdeutsches Reich“

M3 Weibliche Erwerbstätigkeit während des Krieges in Deutschland (in Mio.)

Jahr[1]	Insgesamt	Beschäftigte deutsche Frauen in der gewerblichen Wirtschaft	in % aller Beschäftigten
1939	14,6	2,75	25,1
1940	14,4	2,66	26,5
1941	14,1	2,70	26,0
1942	14,4	2,60	26,0
1943	14,8	2,74	25,7
1944	14,8	2,70	25,0

Quelle: Ulrich Herbert, Geschichte der Ausländerpolitik in Deutschland. Saisonarbeiter, Zwangsarbeiter, Gastarbeiter, Flüchtlinge, C.H. Beck, München 2001, S. 144.

1 Stichtag: jeweils 1. Mai

1 Analysieren Sie die Statistiken M2 und M3:
a) Bestimmen Sie den Anteil der Frauen an der Erwerbstätigkeit während des Krieges.
b) Zeigen Sie die Möglichkeiten und Grenzen weiblicher Beschäftigung unter der nationalsozialistischen Herrschaft auf.
c) Analysieren Sie den Anteil der ausländischen Arbeitskräfte an der deutschen Kriegswirtschaft. Unterscheiden Sie dabei zwischen zivilen Ausländern, Kriegsgefangenen und der Gesamtzahl der ausländischen Arbeitskräfte. Untersuchen Sie auch den Anteil der ausländischen Arbeit in Landwirtschaft, dem nicht-landwirtschaftlichen Gewerbe und der gesamten deutschen Kriegswirtschaft.

2 Erörtern Sie, ob die deutsche Kriegswirtschaft ohne ausländische Arbeitskräfte den Zweiten Weltkrieg bis 1945 hätte fortsetzen können.

M4 Der ehemalige Zwangsarbeiter Stanislaw Masny schreibt in seinen Erinnerungen über seine Verhaftung und Deportation 1944 (2005)

Das Pech wollte es, dass ich an dem für mich tragischen Freitag, dem 19. Mai 1944, [...] in den Paderewski-Park fuhr, um mich ein bisschen vom alltäglichen Tumult zu erholen. Ich setzte mich gemütlich auf eine hinter Büschen versteckte Bank [...]. Nach knapp zwanzig Minuten hörte ich Schüsse und Gebrüll in deutscher Sprache. Schnell wurde mein verborgener Platz in den Büschen entdeckt, und mit Tritten und Schlägen mit dem Gewehrkolben trieb man mich zum Tor auf der Seite des Rondo Waszyngtona. Dort teilten die Gendarmen die Leute ein. Unter den Zusammengetriebenen sah ich einen Kameraden aus der Berufsschule. Wir hatten die gleichen Dokumente: Kennkarten, Schulbescheinigungen und Bescheinigungen, dass wir ein Berufspraktikum in der deutschen Fabrik „Brunnwerke“ absolvieren. Wir machten aus, dass, falls einer von uns freigelassen wird, er die Eltern des anderen informiert. Und so kam es. Ihn schickten sie zu der Gruppe, die freigelassen wurde, und mich luden sie zusammen mit den anderen Festgehaltenen auf Lastwagen und brachten uns in die Skaryszewska-Straße. [...] Die Skaryszewska-Straße war allen Warschauern bekannt, weil die Deutschen in einem Gebäude, das vor dem Krieg eine Schule gewesen war, einen Sammelpunkt organisierten. Hier wurde die Abfahrt der Transporte zur Zwangsarbeit nach Deutschland organisiert. [...] Am Dienstag, dem 23. Mai, lud man uns auf Autos und brachte uns zum Ostbahnhof.

Stiftung „Polnisch-Deutsche Aussöhnung“, Warschau, zit. nach: Michael Wildt, Nationalsozialismus: Krieg und Holocaust, in: Informationen zur politischen Bildung/izpb, 3/2012, S. 58.

1 Charakterisieren Sie mithilfe von M4 die Rekrutierung der zivilen ausländischen Arbeitskräfte für die deutsche Kriegswirtschaft.

M5 Aus einem Vortrag eines Direktors der Fieseler-Flugzeugwerke über Ausländerbeschäftigung in Deutschland (1943)

Der größte Vorteil der Ausländerbeschäftigung [...] liegt darin, dass wir nur Befehle zu erteilen brauchen, kein Widerspruch erfolgt, kein Verhandeln notwendig ist. [...] Der Ausländer ist sofort zur Stelle, wenn er für Überstunden und Sonntagseinsatz benötigt wird. [...] Viel überflüssige Schwarzarbeit ist in Fortfall gekommen und eine nahezu hundertprozentige Anwesenheit des Ausländers am Arbeitsplatz der Fall. Selbst die Abortzeit mit zehn Minuten wird kontrolliert, überwacht und bei Übertretung bestraft. Der Arbeitsbeginn ist pünktlich, da die Ausländer zum größten Teil abgeholt werden; Fehlzeiten wegen Besorgungen auf Behörden und in den Geschäften kommen kaum infrage. Der Arbeitszeitanteil ist im Ganzen ein größerer als bei deutschen Gefolgschaftsmitgliedern. Die Entlastung deutscher Männer an gesundheitsschädlichen Plätzen […] ist eingetreten und von erheblichem Wert.

Zit. nach: Ulrich Herbert, Fremdarbeiter. Politik und Praxis des „Ausländer-Einsatzes" in der Kriegswirtschaft des Dritten Reiches, J. H. W. Dietz Nachf., Bonn 1985, S. 279.

1 Arbeiten Sie die wesentlichen Gründe für den Einsatz ausländischer Zwangsarbeiter für die NS-Kriegswirtschaft heraus.

M6 Der Historiker Werner Abelshauser über die Behandlung russischer Zwangsarbeiter im Ruhrbergbau (1942)

Erneut wurden die ersten Hoffnungen enttäuscht, weil der Gesundheitszustand der Neuankömmlinge „sehr zu wünschen übrig" ließ und ihre Eingewöhnung länger dauerte, als angenommen worden war. Unter den Werksführern des Ruhrbergbaus […] stießen in dieser Lage zwei konträre Positionen aufeinander, wie die russischen Bergleute zu behandeln seien. Die einen vertraten den Standpunkt, „dass man notfalls die Russen durch körperliche Züchtigung zur Arbeit anhalten müsse", während andere auf Leistungsanreize setzten und „alle vermeidbaren psychologischen Belastungen in der Behandlung der Ostarbeiter möglichst schnell abgebaut" sehen wollten. In dieser prekären Situation musste der Arbeitsbesprechung, die der Leiter der Deutschen Arbeitsfront, Robert Ley, mit Werkführern des Ruhrbergbaus am 4. Oktober 1942 in Essen abhielt, grundsätzliche Bedeutung zukommen, zumal die anwesenden Werksführer Ley explizit baten, „Unklarheiten darüber, wie die Russen zu behandeln sind", auszuräumen. [Ley] war, wie so oft bei solchen Gelegenheiten, offenbar angetrunken und führte den Essener Direktoren umso drastischer vor Augen, worum es wirklich ging: „Die Kohle muss geholt werden, so oder so." Das Soll müsse erfüllt werden, „wenn nicht mit Ihnen, dann gegen Sie, meine Herren." Wer nicht mitziehe, müsse damit rechnen, dass ihn der Führer rücksichtslos durch einen anderen Werksleiter ersetze. Das Problem müsse gelöst werden, „denn hinter uns kommt nichts mehr, da ist alles aus". […] Paul Pleiger, Generaldirektor der Reichswerke „Hermann Göring" und als Vorsitzender der Reichsvereinigung Kohle für die Erfüllung des Förderziels in besonderer Weise verantwortlich, stimmte in die allgemeine Scharfmacherei ein […]. Im Übrigen setze er auf die Wirkung des „kleinen, aber feinen" Konzentrationslagers, das er zur „Disziplinierung" seiner 65 000 Bergleute einrichten ließ. […]

Ley und Pleiger vertraten in dieser Frage allerdings innerhalb des polykratischen Systems des NS-Rüstungsapparates nicht die Mehrheitsmeinung. […] (Der Generalbevollmächtigte für den Arbeitseinsatz) Sauckel hatte zuvor in mehreren Erlassen betont, „dass jede Misshandlung der Russen zu unterbleiben" habe, im Gegenteil alles vermieden werden müsse, „was die Arbeitslust der Russen irgendwie beeinträchtigen könne".

Werner Abelshauser, Rüstungsschmiede der Nation? Der Kruppkonzern im Dritten Reich und in der Nachkriegszeit 1933 bis 1951, in: Lothar Gall (Hg.), Krupp im 20. Jahrhundert, Siedler Verlag, Berlin 2002, S. 411 ff.

M7 Aus dem Bericht des Gesandtschaftsrates im Auswärtigen Amt über die Lage in einigen Ostarbeiterlagern in Berlin (16. August 1943)

Trotz der den Ostarbeitern offiziell zustehenden Rationen ist einwandfrei festgestellt worden, dass die Ernährung in den Lagern folgendermaßen aussieht: Morgens einen halben Liter Kohlrübensuppe. Mittags im Betrieb, einen Liter Kohlrübensuppe. Abends einen Liter Kohlrübensuppe. Zusätzlich erhält der Ostarbeiter 300 g Brot täglich. Hinzu kommen wöchentlich 50 bis 75 g Margarine, 25 g Fleisch oder Fleischwaren, die je nach der Willkür der Lagerführer verteilt oder vorenthalten werden. […] Große Mengen von Lebensmitteln werden verschoben. Diese den Ostarbeitern bestimmten Lebensmittel werden von den anderen ausländischen Arbeitern aufgekauft und an die Ostarbeiter für Wucherpreise verkauft. [...] Die größte Geißel der Lager aber bildet die Tuberkulose, die sich auch unter den Minderjährigen sehr stark ausbreitet. Im Rahmen der sanitären und gesundheitlichen Lage, in der sich die Ostarbeiter befinden, muss unterstrichen werden, dass es den deutschen und russischen Ärzten von den Betriebskrankenkassen verboten wird, irgendwelche Medikamente den Ostarbeitern zu verabfolgen. Die an Tuberkulose Erkrankten werden nicht einmal isoliert. Die Erkrankten werden mit Schlägen gezwungen, ihrer Arbeit nachzugehen, weil die Lagerbehörden die Zuständigkeit der behandelnden Ärzte anzweifeln. [...] Die Ernährungslage, der gesundheitliche Zustand und die materielle Not tragen sicherlich nicht dazu bei, die „Moral" des Ostarbeiters zu stärken. Er befindet sich in einer allgemeinen Apathie, in der er vom Leben nichts mehr erhofft. So werden z. B. Frauen mit genagelten Brettern ins Gesicht geschlagen. Männer und Frauen werden wegen des leichtesten Vergehens nach Ablage der Oberkleidung im Winter in betonierte kalte Kerker gesperrt und ohne Essen gelassen. Aus „hygienischen" Rücksichten werden Ostarbeiter im Winter auf dem Hof des Lagers aus Schläuchen mit kaltem Wasser begossen. Hungrige Ostarbeiter werden wegen einiger gestohlener Kartoffeln vor den versammelten Lagerinsassen auf die unmenschlichste Art und Weise hingerichtet.

Zit. nach: Ulrich Herbert, Geschichte der Ausländerpolitik in Deutschland. Saisonarbeiter, Zwangsarbeiter, Gastarbeiter, Flüchtlinge, C.H.Beck, München 2001, S. 159.

1 Untersuchen Sie anhand von M 5 bis M 7 die Behandlung der ausländischen Zwangsarbeiter durch die deutschen Vorgesetzten sowie die konkreten Lebens- und Arbeitsumstände der ausländischen Arbeitskräfte in der deutschen Kriegswirtschaft.

2 Nehmen Sie Stellung zur Rolle des Staates bei der Beschäftigung von Zwangsarbeitern.

M8 Der Historiker Jan Erik Schulte über den Arbeitseinsatz von KZ-Häftlingen (2012)

Als die ersten Konzentrationslager errichtet wurden, spielten sie ökonomisch eine untergeordnete Rolle. Zwar wurden Gefangene zur Erhaltung und zum Betrieb der Lager herangezogen. Die Arbeiten, zu denen die Häftlinge zwangsverpflichtet wurden, dienten jedoch vornehmlich dazu, deren Widerstand zu brechen. [...] Die SS erkannte jedoch frühzeitig, dass KZ-Gefangene auch produktiv eingesetzt werden konnten. [...]

Unter [Oswald] Pohl als Verwaltungschef der SS wurden seit 1938 die wirtschaftlichen Unternehmungen zusammengeführt. [...]

Vor dem Hintergrund des Rüstungsbooms und der daraus resultierenden Arbeitskräfteknappheit musste selbst die SS die Neueinweisungen [von Häftlingen] ökonomisch rechtfertigen. Zu diesem Zweck ging Himmler 1938 eine Kooperation mit Albert Speer ein, der im Namen Hitlers als Generalbauinspektor die Neugestaltung Berlins plante und absehbar mit Schwierigkeiten bei der Beschaffung von Baustoffen zu kämpfen hatte. Himmler versprach, Ziegel und Natursteine zu liefern, Speer wollte für die Anschubfinanzierung der hierfür zu errichtenden Betriebsstätten sorgen. [...]

Das Leben und die Gesundheit der Gefangenen spielten bei der Abmachung keine Rolle. Beim Aufbau und Betrieb der Anlagen, insbesondere in den Steinbrüchen der speziell für diese Arbeiten neu errichteten KZ Flossenbürg in der Oberpfalz sowie Mauthausen nahe Linz, wurden die Häftlinge unter zum Teil mörderischen Bedingungen zur Arbeit gezwungen. [...]

Mit Beginn des Zweiten Weltkrieges am 1. September 1939 wurden zunächst polnische Staatsbürger und dann die Angehörigen anderer eroberter Staaten in die Konzentrationslager verschleppt. Um die Gefangenen aufzunehmen, ließ Himmler neue Lager errichten. [...]

In allen Lagern richtete Pohl SS-Betriebe ein, in denen KZ-Insassen zur Arbeit gezwungen wurden. Im März 1942 unterstellte Himmler folgerichtig die Konzentrationslager dem kurz zuvor zum SS-Wirtschafts-

Verwaltungshauptamt (WVHA) zusammengefassten Behördenkonglomerat Pohls. […]

Seit 1943 forderten private Wirtschaftsbetriebe immer mehr KZ-Häftlinge an. Zwar wurden sie auch verstärkt in SS-Unternehmen eingesetzt. So arbeiteten 1943 und 1944 allein in den Handwerksbetrieben der Deutsche Ausrüstungswerke GmbH weit über 15 000 Gefangene. Die Mehrzahl der KZ-Zwangsarbeiter stand aber der privaten Industrie zur Verfügung. Die Liste der Unternehmen, die Häftlinge ausbeuteten, liest sich wie ein „Wer ist Wer" der deutschen Wirtschaft. Krupp, Rheinmetall, Siemens, Bosch, Volkswagen, BMW, Daimler-Benz, Heinkel, Messerschmitt und Dutzende weiterer Firmen gehörten dazu, nicht zuletzt die I. G. Farbenindustrie AG, deren Werk in Monowitz von Häftlingen aus Auschwitz aufgebaut wurde.

Infolge der Forderungen der Rüstungsunternehmen und da die SS weiterhin eine wichtige Rolle in der Kriegswirtschaft spielen wollte, wurden immer mehr Menschen in die Konzentrationslager verschleppt und an Hunderten Betriebsstätten KZ-Außenlager errichtet. […] Dieser Anstieg beruhte im Wesentlichen auf der Ausbeutung der Gefangenen als Zwangsarbeiter in der Rüstungsindustrie.

Im selben Zeitraum, als die kriegswirtschaftliche Bedeutung der Arbeitskraft von KZ-Häftlingen langsam erkannt wurde, baute die SS in Auschwitz und Lublin-Majdanek Vernichtungseinrichtungen auf, in denen Menschen systematisch ermordet wurden. In Auschwitz-Birkenau hielt die Lager-SS noch an der Fiktion des Arbeitseinsatzes fest, indem sie oberflächlich nach Arbeitsfähigen und Arbeitsunfähigen unterschied. Doch nur wenige wurden für Arbeiten ausgewählt. Die meisten der seit 1942 aus rassistischen Gründen nach Auschwitz Verschleppten starben unmittelbar nach ihrer Ankunft in den Gaskammern. […]

Die Vernichtungsaktionen wurden auch dann nicht völlig aufgegeben, als in der letzten Kriegsphase der KZ-Arbeitseinsatz nochmals wichtiger wurde. […] Durch den Vormarsch alliierter Truppen wurden seit 1944 auch KZ-Standorte befreit. Vorher hatte die Lager-SS allerdings alle irgendwie marschfähigen Gefangenen evakuiert. […] Während der „Todesmärsche" starben so noch Hunderttausende KZ-Insassen.

Jan Erik Schulte, KZ-System als Wirtschaftsfaktor, in: Damals – Das Magazin für Geschichte, Nr. 2/2012: Die SS. Macht des Schreckens, S. 23 ff.

1 Untersuchen Sie mithilfe von M 8 den Arbeitseinsatz von KZ-Häftlingen in der deutschen Kriegswirtschaft:
a) Arbeiten Sie verschiedene Phasen des Arbeitseinsatzes von KZ-Häftlingen heraus.
b) Beschreiben Sie die Lebens- und Arbeitsbedingungen sowie die Lebensperspektive der KZ-Häftlinge.

2 Beurteilen und bewerten Sie zusammenfassend die Situation und Lebensperspektiven der ausländischen Zwangsarbeiter im nationalsozialistischen Deutschland. Vergleichen Sie die Arbeitsbedingungen im NS-Staat mit den Arbeitsbedingungen in einem Land, in dem die Menschen- und Bürgerrechte gelten.

M9 „Europa arbeitet in Deutschland", Propagandabroschüre, Berlin 1943.
Die Abbildung zeigt die Rückseite der Propagandabroschüre von F. Didier, „Europa arbeitet in Deutschland. Sauckel mobilisiert die Leistungsreserven".

M 10 Ukrainische Frauen und Männer besteigen einen bewachten Zug nach Deutschland, Fotografie, Juli 1943.
Der Fotograf Walter Hollnagel dokumentierte als Bildberichterstatter des Reichsverkehrsministeriums sowohl den Kriegsalltag als auch Land und Leute in den besetzten Gebieten.

1 Diskutieren Sie auf Basis der Bilder M 9 und M 10 Propaganda und Wirklichkeit der Zwangsarbeit.

2 Weiterführender Arbeitsauftrag:
Präsentieren Sie die Diskussion um die Entschädigung der Zwangsarbeiter und -arbeiterinnen.
Die Zwangsarbeiter und -arbeiterinnen mussten am längsten von allen NS-Opfern auf Entschädigungszahlungen warten. Die Unternehmen, die von der Zwangsarbeit profitiert hatten, weigerten sich jahrzehntelang beharrlich, Entschädigungen zu zahlen. Auch die Bundesregierung wies Entschädigungsforderungen zurück, weil solche Zahlungen erst im Rahmen eines allgemeinen Friedensvertrages zu regeln seien. Erst als in den 1990er-Jahren in den USA Sammelklagen ehemaliger Zwangsarbeiter gegen deutsche Firmen drohten, lenkten Industrie und Bundesregierung ein. Sie suchten nun nach einem Verfahrensweg für Entschädigungsleistungen. Im Jahre 2000 wurde nach langen und zähen Verhandlungen die Stiftung „Erinnerung, Verantwortung und Zukunft" gegründet, deren Stiftungskapital in Höhe von zehn Milliarden DM zur Hälfte von der Industrie, zur Hälfte aus Steuermitteln bezahlt wurde.

Literaturtipps:

Arnd Walgenbach, Artikel „Zwangsarbeiter-Entschädigung", in: Torben Fischer, Matthias N. Lorenz (Hg.), Lexikon der „Vergangenheitsbewältigung" in Deutschland. Debatten- und Diskursgeschichte des Nationalsozialismus nach 1945, transcript, Bielefeld 2007, S. 323 f.

Stuart E. Eisenstat, Unvollkommene Gerechtigkeit. Der Streit um die Entschädigung der Opfer von Zwangsarbeit und Enteignung, Bertelsmann, München 2003.

Matthias Arning, Späte Abrechnung. Über Zwangsarbeiter, Schlussstriche und Berliner Verständigung, Fischer, Frankfurt/M. 2001.

Klaus Körner, „Der Antrag ist abzulehnen". 14 Vorwände gegen die Entschädigung von Zwangsarbeitern. Eine deutsche Skandalgeschichte 1945–2000, Konkret, Hamburg 2001.

Ulrike Winkler, Stiften gehen: NS-Zwangsarbeit und Entschädigungsdebatte, PapyRossa, Köln 2000.

Das Frauenkonzentrationslager Ravensbrück

M 1 Bildtafel mit Fotos der Opfer aus der Ausstellung der Mahn- und Gedenkstätte Ravensbrück

Literaturtipp
Katalog zur ständigen Ausstellung mit zahlreichen Bild- und Schriftquellen sowie vielen Biografien: Alyn Beßmann, Insa Eschebach (Hg.), Das Frauen-Konzentrationslager Ravensbrück. Geschichte und Erinnerung, Metropol Verlag, Berlin 2013.

Entstehung und Bedeutung

Das Konzentrationslager Ravensbrück, das als „Hölle der Frauen" in die Geschichte der Konzentrationslager (KZ) einging, war **das zentrale Frauenkonzentrationslager** des nationalsozialistischen Deutschland. Es entwickelte sich im Laufe der Zeit zu einem regelrechten Lagerkomplex. Das KZ lag etwa 90 km nördlich von Berlin in einem Ortsteil des Luftkurortes Fürstenberg am Ufer des Schwedt-Sees. Die SS ließ das Lager 1938/39 durch Häftlinge des KZ Sachsenhausen errichten; eröffnet wurde es im Mai 1939.

Nach Ravensbrück verschleppten die Nationalsozialisten aber nicht nur ca. 120 000 Frauen und Kinder aus über 30 Ländern, sondern auch ca. 20 000 Männer. Die männlichen Häftlinge brachte das NS-Regime in einem abgetrennten, kleineren **Männer-KZ** unter, das seit April 1941 zum Lagerkomplex gehörte. Ebenfalls zum KZ Ravensbrück zählten seit Sommer 1942 das **„Jugendschutzlager" Uckermark** für weibliche Jugendliche sowie die vornehmlich in der zweiten Kriegshälfte eingerichteten **70 Außenlager**. Der Lagerkomplex umfasste außerdem ab 1940 einen Industriehof mit den Textilbetrieben der SS-eigenen „Gesellschaft für Textil- und Lederverwertung mbH" (Texled), ab August 1942 Fertigungshallen des Elektrokonzerns Siemens & Halske sowie ab Dezember 1944 das dazugehörige „Siemenslager".

Die Zahl der in Ravensbrück umgekommenen und ermordeten sowie für eine Vernichtung selektierten Frauen lag zwischen 20 000 und 30 000. Die Frauen starben an Hunger, Krankheiten oder durch medizinische Experimente. Häftlinge, die als behindert oder arbeitsunfähig galten, wurden in der **Aktion 14 f 13** ebenso ermordet wie jüdische Häftlinge. Das geschah in der **Gaskammer** der „Heil- und Pflegeanstalt Bernburg" und seit Ende 1944 in einer Baracke neben dem Krematorium des Frauenkonzentrationslagers.

Kurz vor der Befreiung des KZ Ravensbrück am 27. und 28. April 1945 trieb die SS in großer Eile mehr als 10 000 Häftlinge zu Evakuierungs- bzw. Todesmärschen zusammen. Der Tod der Häftlinge wurde dabei billigend in Kauf genommen. Die sowjetischen Truppen trafen am 28. April nur noch 3 500 Kranke und Kinder im Lager an.

Häftlingsgruppen

Die meisten Häftlinge waren ohne Gerichtsurteil in Haft genommen worden. Die Gründe für ihre Einweisung ins KZ Ravensbrück waren vielfältig. Viele waren **politische Gefangene**, d. h., sie hatten im Deutschen Reich Widerstand gegen die nationalsozialistische Herrschaft geleistet oder in ihren Heimatländern gegen die deutsche Besetzung gearbeitet oder Zwangsarbeit verweigert. Ihre Zahl nahm im Verlauf des Krieges zu. Zu den Lagerinsassen gehörten außerdem die sogenannten **„rassisch" Verfolgten** (Juden, Sinti und Roma) sowie **gesellschaftliche Außenseiter**, die als „Asoziale" oder „Kriminelle" herabgewürdigt wurden. Darüber hinaus gab es in Ravensbrück Kinder und

Jugendliche bzw. mit ihren Müttern eingelieferte Säuglinge sowie Männer.

Die Frauen des KZ Ravensbrück stammten aus über 30, in der Regel europäischen Ländern. Ihre **nationale Zugehörigkeit** verteilte sich folgendermaßen: In den Jahren 1938/39 bis 1945 kamen etwa 36% der Frauen aus Polen, 21% waren aus dem Gebiet der Sowjetunion ins Deutsche Reich verschleppt worden, 18 % stammten aus Deutschland und Österreich (u. a. Zeugen Jehovas, die als „Bibelforscher" bezeichnet wurden, oder „Asoziale"), 8% aus Ungarn, 6% aus Frankreich, 3% aus der Tschechoslowakei, jeweils etwas über 2% aus den Benelux-Staaten und dem ehemaligen Jugoslawien. Die Anzahl der „rassisch" verfolgten Frauen lag wahrscheinlich höher, als es die auf lückenhafter Quellenbasis ermittelten Zahlen (13,4% Jüdinnen; 3,4% Sinti und Roma) aussagen.

Lageralltag

Während des Krieges nahm die Zahl der Gefangenen im Frauenlager ständig zu. War das KZ 1940 noch mit etwa 3000 Frauen belegt, lebten bei Kriegsende fast zehnmal so viele Frauen im Hauptlager. Mit dem Anstieg der Häftlingszahlen verschlechterten sich auch die Lebensbedingungen. Erhielten die Insassen in den ersten beiden Jahren noch eine erträgliche **Verpflegung**, nahmen ab 1941 die Qualität und die Menge der zugeteilten Nahrungsmittel stetig ab. Gegen Kriegsende waren die Häftlinge völlig ausgemergelt, viele starben an Unter- und Mangelernährung. Hinzu kam die schlechtere Ausstattung mit **Kleidung**. Unzureichende oder zerrissene Kleidung war dafür verantwortlich, dass die Frauen erbärmlich froren. Auch die **hygienischen Bedingungen** wurden immer unerträglicher. Die Baracken waren verdreckt und voller Ungeziefer. Seife entwickelte sich zur seltenen Kostbarkeit. Unter diesen Umständen breiteten sich Krankheiten rasch aus, Seuchen bedrohten das Leben der Frauen.

Der Alltag der Frauen und Männer des KZ Ravensbrück wurde zum einen durch **Zwangsarbeit** geprägt. Die SS zog die Gefangenen sowohl für den Auf- und Ausbau des Lagers als auch für dessen Unterhalt heran. Nicht nur Männer mussten sich um den Lagerausbau kümmern, auch weibliche Häftlinge wurden für Bau- und Transportarbeiten eingesetzt. Die Frauen wurden überdies zu hauswirtschaftlichen Tätigkeiten im Lager, zur Gartenarbeit oder zur Arbeit in SS-Betrieben wie der „Texled" sowie in der Verwaltung eingeteilt. Ab 1942 setzte die SS die Häftlinge zunehmend in der Kriegsproduktion ein. So ließ die Firma Siemens & Halske unmittelbar neben dem Lager einen großen elektrotechnischen Betrieb errichten, in dem die Gefangenen Waffenteile herstellen mussten. In der Rüstungsproduktion arbeiteten auch die Häftlinge in den zahlreichen Außenlagern, z. B. bei den Munitionsfabriken in Fürstenhagen und Grüneberg oder bei Volkswagen und Heinkel.

Die Überlebenschancen der Gefangenen hingen entscheidend von der Art ihrer Arbeit im überfüllten Lager ab. **Funktionshäftlinge*** besaßen den Vorteil, dass sie sich auf Kosten anderer Gefangener Vorteile verschaffen und so ihr Überleben sichern konnten. Einige von ihnen halfen jedoch auch ihren Mithäftlingen.

Funktionshäftlinge
Bezeichnung für Gefangene mit einer bestimmten Stellung in der „Häftlingsselbstverwaltung". Hierzu gehörte etwa der von der SS bestimmte Lagerälteste. Er stand an der Spitze der Häftlingsselbstverwaltung und setzte mit Genehmigung der SS die Blockältesten in den einzelnen Baracken ein. Die Aufrechterhaltung der Ordnung im Block sowie die Verteilung von Kleidung und Lebensmitteln gehörten zu ihren Aufgaben. Für die Häftlings-Arbeitskommandos waren die Kapos (abgeleitet vom französischen *caporal*) zuständig, die den SS-Kommandoführern unterstanden.

M2 **Außenansicht des Frauenlagers Ravensbrück, Blick von der Kommandantur auf die Lagerstraße mit Baracken, Fotografie, 1940/41**

Rettung von Häftlingen aus Ravensbrück
Etwa 7 000 Häftlinge aus dem Konzentrationslager Ravensbrück verdanken ihre Rettung den Bemühungen des Grafen Folke Bernadotte. Er war Vizepräsident des Schwedischen Roten Kreuzes und konnte dem Reichsführer-SS Heinrich Himmler bestimmte Zusagen abringen. Der letzte Transport war ein Güterzug mit 3 960 überwiegend polnischen Frauen, der Ravensbrück am 25. April 1945 in Richtung Dänemark/Schweden verließ.

Webcode:
KH1110987-046

Die andere Seite des Alltags bildeten die allgegenwärtigen Schikanen der SS. Tägliche Zählappelle, extreme **militärische Ordnung und Härte** und brutale Strafen waren an der Tagesordnung. Arbeit wurde von den KZ-Aufsehern als Straf- und Erziehungsmaßnahmen eingesetzt, die der Demütigung dienten. Bis Ende 1942 mussten im Männerlager alle Arbeiten im Laufschritt erledigt werden.

„Jugendschutzlager" Uckermark

Die von den Nationalsozialisten gewählte Bezeichnung „Jugendschutzlager" war ein verharmlosender Begriff. Tatsächlich griff die Polizei mit der Einrichtung von „Jugendschutzlagern" für „asoziale" und „kriminelle" Jugendliche unmittelbar in die Zuständigkeiten von Jugendfürsorge und Justiz ein. Im „Jugendschutzlager" Uckermark, das das Reichspolizeiamt 1942 in der Nähe von Ravensbrück einrichtete, lebten etwa 1 200 von der Polizei verhaftete junge Frauen im Alter zwischen 16 und 21 Jahren. Viele stammten aus Fürsorgeeinrichtungen und galten wegen ihres widerständigen Verhaltens als „unerziehbar". Nach nationalsozialistischer Weltanschauung wurzelte solch abweichendes Verhalten in „minderwertigen Erbanlagen". Die Ravensbrücker SS-Kommandantur, die das „Jugendschutzlager" mitverwaltete, sollte sie mit militärischem Drill, Zwangsarbeit und Misshandlungen disziplinieren und von ihren kriminellen Prägungen befreien.

1 Erläutern Sie Entstehung und Bedeutung des Konzentrationslagers Ravensbrück.
2 Charakterisieren Sie Häftlingsgruppen, Lageralltag und Zwangsarbeit im KZ Ravensbrück und dem „Jugendschutzlager" Uckermark.
3 Erörtern Sie am Bespiel des Konzentrationslagers Ravensbrück Ursachen und Folgen der Verschleppung von Menschen ins Konzentrationslager sowie die Bedeutung der Zwangsarbeit für das NS-Regime.

Hinweise zur Arbeit mit den Materialien

Die Statistiken M 3 und M 4 gewähren Einblicke in die **Entwicklung und Zusammensetzung** der Häftlingszahlen des KZ Ravensbrück. Mit der Ernährungslage im Ravensbrücker Lagerkomplex beschäftigt sich der Bericht der französischen Ärztin in M 5. Mithilfe dieser Aussagen lässt sich die Lebenssituation im KZ Ravensbrück analysieren. Das gilt auch für die Zeichnung M 6, in der eine Gefangene den Streit zwischen Häftlingen um feste Schuhe dokumentiert, und die Erinnerungen von Margarete Buber-Neumann (M 9). Die Zwangsarbeit und der Arbeitseinsatz der KZ-Insassen können anhand von M 7 untersucht werden. Die Bilder M 8 und M 10 sollen dazu anregen, über das Gedenken an die Vergangenheit der von den Nazis verschleppten Zwangsarbeiterinnen und Zwangsarbeiter in Ravensbrück zu reflektieren.

M 3 Anzahl und Zusammensetzung der weiblichen Häftlinge im KZ Ravensbrück[1]

Datum	21.05.39	07.01.40	24.06.40	01.01.41	12.07.41	26.02.42	22.04.42
laufende Häftlings-Nr.	1 421	2 602	ca. 4 000	5 338	ca. 6 600	9 621	10 581
Gesamtzahl	974	2 002	3 199	4 316	4 939	7 216	6 331
Politische	114 (12 %)	265 (13 %)	884 (28 %)	1 430 (33 %)	1 783 (36 %)	3 537 (49 %)	3 691 (58 %)
Bibelforscherinnen[2]	388 (40 %)	465 (23 %)	501 (16 %)	520 (12 %)	534 (11 %)	575 (8 %)	544 (8 %)
„Rassenschande"[3]	95 (10 %)	102 (5 %)	141 (4 %)	166 (4 %)	200 (4 %)	252 (3 %)	128 (2 %)
„Kriminelle"	119 (12 %)	162 (8 %)	210 (7 %)	288 (6 %)	355 (7 %)	477 (7 %)	267 (4 %)
„Asoziale"	240 (24 %)	583 (29 %)	1 033 (32 %)	1 504 (35 %)	1 666 (34 %)	1976 (27 %)	1 317 (21 %)
„Arbeitsscheu-Reich"[4]		394 (20 %)	389 (12 %)	382 (9 %)	379 (7 %)	376 (5 %)	375 (6 %)
Andere[5]	18 (2 %)	31 (2 %)	41 (1 %)	26 (0,6 %)	22 (0,4 %)	18 (0,2 %)	11 (0,2 %)
Jüdinnen	137 (14 %)	181 (9 %)	281 (9 %)	375 (9 %)	440 (9 %)	699 (10 %)	499 (8 %)

Quelle: Bernhard Strebel, Ravensbrück – das zentrale Frauenkonzentrationslager, in: Ulrich Herbert, Karin Orth u. Christoph Dieckmann (Hg.), Die nationalsozialistischen Konzentrationslager, Bd. 1, Fischer Taschenbuch, Frankfurt/M. 2002, S. 221.

1 Die Statistik beruht auf bruchstückhaft erhaltenen Gefangenen-Stärkemeldungen.
2 Angehörige der Zeugen Jehovas
3 Es handelte sich fast ausschließlich um Jüdinnen, deren Ehen oder Beziehungen zu nichtjüdischen Männern durch die Nürnberger „Rasse-Gesetze" von 1935 unter Strafe gestellt worden waren.
4 u. a. Sinti und Roma
5 als „Schulungshäftlinge" und „Abschiebehäftlinge" geführte Gefangene

1 a) Untersuchen Sie, welche Tendenzen sich bezüglich Anzahl und Zusammensetzung der weiblichen Häftlinge im KZ Ravensbrück feststellen lassen.
b) Vergleichen Sie die in M 3 genannten Häftlingsgruppen mit der Einteilung der Gefangenen im Darstellungstext, S. 44 f. Nennen Sie Unterschiede und Gemeinsamkeiten.

M4 Die Entwicklung der Einlieferungen in das Frauen-KZ Ravensbrück[1]

Jahr	Anzahl der Einlieferungen
1939	1168
1940	2754
1941	ca. 3600
1942	ca. 7000
1943	ca. 10 000
1944	70579
1945	ca. 35 000

Quelle: Bernhard Strebel, Ravensbrück – das zentrale Frauenkonzentrationslager, in: Ulrich Herbert, Karin Orth u. Christoph Dieckmann (Hg.), Die nationalsozialistischen Konzentrationslager, Bd. 1, Fischer Taschenbuch, Frankfurt/M. 2002, S. 219.

1 Die Zugangslisten zum KZ Ravensbrück sind nur bruchstückhaft erhalten. Aus diesen unvollständigen Listen lassen sich diese Daten für den Zeitraum von Mai 1939 bis Ende Januar 1945 ablesen.

1 **a)** Untersuchen Sie mithilfe von M4 die Entwicklung der Häftlingszahlen im KZ Ravensbrück.
b) Setzen Sie die Entwicklung der Häftlingszahlen in Bezug zum Verlauf des Zweiten Weltkrieges und den Bedürfnissen der deutschen Kriegswirtschaft. Formulieren Sie Hypothesen.

M5 Die französische Ärztin und Ravensbrück-Überlebende Dr. Don Zimmel-Gazel über die Ernährungslage im KZ Ravensbrück (1949)

Die Lebensmittelration, die ich grob auf 900 bis 1000 Kalorien pro Tag geschätzt habe, ist seit Dezember 1944 beträchtlich herabgesetzt worden. Keine Graupensuppe am Abend, keine gekochten Kartoffeln mehr, welche den Arbeiterinnen zugestanden worden waren; das Kommissbrot mit schwarzer Kruste, versehen mit Sägespänen aus Holz; aufgeteilt zwischen 7, 8 oder gar 10 Personen; keine Marmelade, kein Kunsthonig mehr. Die Suppenration am Mittag betrug einen halben Liter; keine Spur von Fetten in der Suppe. Am Abend bei der Rückkehr von der Arbeit erhielt man dann einen viertel Liter Sud gebrannter Eicheln, ähnlich dem am Morgen. Diese Diät wurde verabreicht an Organismen, die wahrhaftig keinerlei Vorräte, weder an Fetten noch an Glykogenen[1], hatten, da die Organismen die Diät von 900 Kalorien bereits seit Monaten und Jahren auszuhalten hatten.

Zit. nach: Bernhard Strebel, Ravensbrück – das zentrale Frauenkonzentrationslager, in: Ulrich Herbert, Karin Orth u. Christoph Dieckmann (Hg.), Die nationalsozialistischen Konzentrationslager, Bd. 1, Fischer Taschenbuch, Frankfurt/M. 2002, S. 229.

1 Glykogene: wasserlösliches Reserve-Kohlehydrat, als Speicherstoff für den tierischen und menschlichen Organismus von gleicher Bedeutung wie die Stärke bei Pflanzen

1 Charakterisieren Sie die Ernährungssituation der weiblichen Zwangsarbeiterinnen im KZ Ravensbrück.

M6 „Möchten Sie uns vielleicht Ihre Schuhe verkaufen?", Zeichnung von Georgia Peet-Tanewa, 1942/43, Buntstift auf Papier, nach einer Kopie der Mahn- und Gedenkstätte Ravensbrück, Verbleib des Originals unbekannt

1 **a)** Beschreiben Sie die Darstellung der Gefangenen des KZ Ravensbrück und stellen Sie die zentrale inhaltliche Aussage dar.
b) Erörtern Sie, ausgehend von der Zeichnung, die Situation der Häftlinge im Lager und ihre Beziehungen zueinander.

M7 Der Historiker Bernhard Strebel über den Arbeitseinsatz der Häftlinge im KZ Ravensbrück (2002)

Unter den Häftlingen besonders gefürchtet war die Schneiderei I, ein moderner Großbetrieb, in dem die Frauen in zehn- bis zwölfstündigen Tages- und Nachtschichten ein sich ständig erhöhendes „Pensum“ zu erfüllen hatten. Konnten die Frauen das überhöhte Pensum nicht erreichen, drohten ihnen schwere körperliche Misshandlungen durch das SS-Aufsichtspersonal. Dabei wurden die Frauen nicht selten dafür geprügelt, dass die in Dauerbetrieb befindlichen Maschinen immer häufiger ihren Dienst versagten und nur noch notdürftig repariert werden konnten. Berüchtigt – nicht nur aufgrund des geforderten Pensums – war auch die bis Ende 1943 bestehende Strohschuhflechterei, in der Strohüberschuhe für die Waffen-SS hergestellt wurden. Die Arbeit verursachte Verletzungen an den Händen und als Folge von Infektionen eitrige Ekzeme; zudem stieg durch die hohe Staubentwicklung die Gefahr, an Lungentuberkulose zu erkranken. Der Einsatz in der Strohschuhflechterei diente der SS auch als Mittel der zusätzlichen Drangsalierung besonders verfolgter Gruppen, wie der Sinti und Roma und der aus Lidice verschleppten Frauen. […]

Die trotz steigender Produktion ab 1943 rückläufige Zahl der in der Texled eingesetzten Häftlinge lässt sich zum einen mit der zunehmenden Mechanisierung der Betriebe (vor allem der Schneiderei und der Kürschnerei) mit modernen Maschinen erklären, zum anderen mit dem verstärkten Einsatz von weiblichen Häftlingen aus Ravensbrück in der Rüstungsindustrie, mit dem sich der Arbeitseinsatz der weiblichen Häftlinge entscheidend zu ändern begann.

Den Anfang machte die Firma Siemens & Halske, die Ende August 1942 erstmals weibliche Gefangene des KZ Ravensbrück in unmittelbarer Nachbarschaft des Lagers einsetzte. 1943 bestanden die Fertigungsstätten aus 20 Fabrikationshallen, die im Dezember 1944, als bereits 2 000 bis 3 000 Häftlinge dort beschäftigt waren, um sechs Wohnbaracken, das sogenannte „Siemenslager“, erweitert wurden. Eine weitere Fertigungsbaracke befand sich ab 1944 auf dem Gelände des „Jugendschutzlagers“ Uckermark, wo etwa 100 jugendliche Häftlinge arbeiten mussten. Auch im Fall Siemens findet sich der firmeninterne Verweis, dass die zu verrichtenden Arbeiten in das Gebiet der Feinmechanik gehörten und deshalb für Frauen besonders geeignet seien. Während die „technische Arbeitskontrolle“ durch Zivilarbeiter der Firma Siemens vorgenommen wurde, lag die „disziplinarische Aufsicht“ ausschließlich in den Händen von SS-Aufseherinnen. Die enge Verflechtung der Siemensbetriebe mit dem Frauen-KZ zeigt sich außerdem daran, dass das „Siemenslager“ zwar eine eigene „Krankenstube“, aber keine eigenständige Lager- und Arbeitsverwaltung besaß und es dort weder einen Lagerführer (lediglich einen Betriebsleiter mit dem verhältnismäßig niedrigen Rang eines SS-Hauptscharführers) noch eine Oberaufseherin gab.

Ab 1943 setzte sich eine andere Variante durch. Anstatt die Produktionsstätten direkt neben oder in die Nähe der KZs zu verlagern, begann die SS damit, zahlreiche Außenlager in der unmittelbaren Nähe von Rüstungsbetrieben zu errichten: Damit wurde Ravensbrück zum Stammlager und zu einer Drehscheibe und Durchgangsstation für das schnell wachsende System von Außenlagern für weibliche KZ-Häftlinge, dessen offensichtlich enormes Ausmaß bis auf Regionalstudien zu einzelnen Außenlagern noch weitgehend unerforscht ist. […]

Neben diesen Ravensbrück durchgehend unterstellten Außenlagern wurden weibliche Häftlinge aus Ravensbrück auch in großer Zahl in Außenlager überführt, die zunächst Ravensbrück unterstanden, im Herbst 1944 aber Buchenwald, Sachsenhausen, Flossenbürg und Mauthausen zugeordnet wurden (insgesamt über 13), oder in größtenteils danach errichtete Außenlager, die von Anbeginn anderen Stammlagern unterstellt waren (zusammen über 40). Unvollständige Unterlagen des ITS[1] belegen allein die Verlegung von über 31 000 weiblichen Häftlingen in den Jahren 1944/45 in Außenlager der KZ Buchenwald und Flossenbürg. In Außenlager des KZ Neuengamme wurden im Zeitraum von Juni bis September 1944 über 4 300 weibliche Häftlinge aus Ravensbrück verlegt.

Einen – wenn auch indirekten – Eindruck vermittelt auch die Zahl der im „Arbeitseinsatz“ beschäftigten Häftlinge. Dort wurden die Listen für die Transporte in die Außenlager zusammengestellt. Anfangs erledigten ausschließlich SS-Angehörige die anfallenden Arbeiten. Erst im August 1942 wurde dort erstmals eine Gefangene (Ilse Hunger) eingesetzt. 1944/45 arbeiteten dann 50 bis 60 weibliche Häftlinge in Tages- und Nachtschichten im „Arbeitseinsatz“.

Bernhard Strebel, Ravensbrück – das zentrale Frauenkonzentrationslager, in: Ulrich Herbert, Karin Orth u. Christoph Dieckmann (Hg.), Die nationalsozialistischen Konzentrationslager, Bd. 1, Fischer Taschenbuch, Frankfurt/M. 2002, S. 232–234.

1 ITS: Internationaler Suchdienst des Roten Kreuzes

1 Erläutern Sie mithilfe von M 7 Ursachen, Verlauf und Folgen der Arbeitssituation der Häftlinge im KZ Ravensbrück.

2 Erörtern Sie, ausgehend von M 7, die Bedeutung der Zwangsarbeit im NS-Regime für die Gefangenen sowie das NS-Herrschafts- und Wirtschaftssystem.

M9 Margarete Buber-Neumann über ihre Häftlingszeit in Ravensbrück (1977)

Ein Transport nach dem anderen verließ das Lager, und in grausiger Regelmäßigkeit kamen die Kleider der Getöteten zurück. Als die „Erbkranken“ vernichtet waren, wurden neue Listen angefertigt, diesmal mit den Namen aller jüdischen Häftlinge. Für Milena[1] und mich gab es nur die eine Deutung, doch, es mag unglaublich klingen, unsere jüdischen Mithäftlinge, mit denen wir über die Listen sprachen, auf die wir mit zerrissenen Herzen blickten, versuchten uns davon zu überzeugen, dass man sie bestimmt nur in ein anderes Lager bringen würde. Wieso denn in den Tod?! Das wäre doch Wahnsinn! Sie seien doch junge, starke, arbeitsfähige Menschen! Zum ersten Transport gehörte eine jüdische Ärztin, die uns fest versprochen hatte, im Saum ihres Häftlingskleides eine Nachricht über das Ziel der Reise und ihrer aller Schicksal zu senden. Wir fanden den Zettel und lasen: „Sie haben uns nach Dessau

M8 Verbrennungsofen im Krematorium des KZ Ravensbrück, Fotografie, 2010.
Im Frühjahr 1943 wurde auf dem Gelände des Konzentrationslagers ein eigenes Krematorium errichtet und in Betrieb genommen. Es ist heute Teil der Mahn- und Gedenkstätte Ravensbrück, die neben den sanierten Gebäuden des Lagerkomplexes eine 2013 neu konzipierte Hauptausstellung umfasst.

transportiert. Wir müssen uns auskleiden. Lebt wohl!"

Die ersten anderthalb Jahre in Ravensbrück konnte man, verglichen mit den Schrecken, die nun über uns hereinbrachen, nahezu als Idyll bezeichnen. Nach den Krankentransporten riss das Grauen nicht mehr ab. Es folgten standrechtliche Erschießungen von polnischen Frauen und Mädchen. Abends beim Zählappell, wenn Totenstille über dem Lager lag, erschoss man die Opfer hinter der Lagermauer. Andere Ereignisse steigerten die Panik, Versuchsoperationen an zum Tode Verurteilten, Tötung von Kranken durch Evipaninjektionen[2]. Alle Schwachen und Schwerkranken mussten damit rechnen, umgebracht zu werden. Doch erst im Winter 1944/45 wurde aus Ravensbrück, dem ehemaligen „Musterlager", ein Vernichtungslager, und wir erlebten den Höhepunkt der Schrecken. Es wurde eine Gaskammer gebaut. Man vollzog, wie es in einer Veröffentlichung der SS hieß, „die Ausmerzung aller rassenbiologisch minderwertigen Elemente und die radikale Beseitigung jeder unverbesserlichen politischen Gegnerschaft, die sich grundsätzlich weigert, die weltanschauliche Basis des nationalsozialistischen Staates [...] anzuerkennen".

Margarete Buber-Neumann, Milena. Kafkas Freundin, Ullstein Taschenbuch, 3. Auflage, Frankfurt/M. 1992, S. 260 f.

1 Milena Jesenska (1896–1944): tschechische Journalistin und Freundin Kafkas
2 Evipan: Betäubungsmittel, das heute nicht mehr verwendet wird

1 Beschreiben Sie auf der Basis von Margarete Buber-Neumanns Erinnerungen die Entwicklung des KZ Ravensbrück vom Konzentrationslager zum Vernichtungslager.

2 Nehmen Sie Stellung zu dem von der Autorin verwendeten Begriff „Musterlager".

M 10 Ravensbrück-Denkmal auf dem Friedhof Père Lachaise in Paris, Fotografie, undatiert.

Das Denkmal, das am 23. April 1955 auf dem Pariser Friedhof Père Lachaise eingeweiht wurde, entwarf Émile Morlaix. Bereits 1951 hatte der französische Verband „Amicale de Ravensbrück" auf der Grabfläche die Asche von Frauen beisetzen lassen, deren Leichname im Ravensbrücker Krematorium verbrannt worden waren.

1 Beschreiben und interpretieren Sie das Denkmal M 10.

2 **Diskussion:** Diskutieren Sie, wie Sie sich heute an das KZ Ravensbrück erinnern wollen oder sollten. Beziehen Sie dabei die besondere Funktion der „Stätten des Terrors" (siehe M 8) mit ein.

Erarbeiten Sie Präsentationen

Thema 1
Migration und Zwangsarbeit in der Kriegswirtschaft des „Dritten Reiches"
Der nationalsozialistische Staat beschäftigte während des Zweiten Weltkrieges Millionen von Zwangsarbeitern. Die Mehrheit waren Ausländer, die in einer europaweiten Migration nach Deutschland verschleppt und zur Arbeit gezwungen wurden.

Bereiten Sie eine Präsentation vor, in der Sie das Verhältnis von Zwangsarbeit und Migration veranschaulichen. Klären Sie dazu zunächst die Begriffe „Zwangsarbeit" und „Migration". Stellen Sie mithilfe von Kapitel 3 die Beziehungen zwischen Zwangsarbeit und Migration in der NS-Zeit dar.

Literaturtipp
Kerstin von Lingen/Klaus Gestwa, Einleitung. Zwangsarbeit als Kriegsressource. Systematische Überlegungen zur Beziehungsgeschichte zwischen Krieg und Zwangsarbeit, in: dies. (Hg.), Zwangsarbeit als Kriegsressource in Europa und Asien, Schöningh, Paderborn 2014, S. 15–54.

Thema 2
Häftlingsarbeit in den Konzentrationslagern des „Dritten Reiches": Zwangsarbeit oder Terrorarbeit?
Erarbeiten Sie einen Vortrag über die Rolle der Häftlingsarbeit in den Konzentrationslagern. Nutzen Sie für die Analyse die von Wolfgang Sofsky (M 1) eingeführten Begriffe „Zwangsarbeit" und „Terrorarbeit". Diskutieren Sie die Frage, inwieweit der erzwungene Arbeitseinsatz in den Konzentrationslagern eine Sonderrolle innerhalb der Zwangsarbeit im NS-Staat einnahm.

M 1 Der Soziologe Wolfgang Sofsky über Zwangsarbeit und Terrorarbeit, 1993

Mit Zwangsarbeit ist die Arbeit im Lager keinesfalls zu verwechseln. Bei Zwangsarbeit ist der Zwang ein Mittel zur Arbeit, im Lager jedoch war die Arbeit ein Mittel der Unterdrückung und des Terrors. Sie sollte demütigen, quälen, die Widerstandskraft brechen, die Menschen ausmergeln und zerstören. Wer Zwangsarbeiter oder Sklaven beschäftigt, hat noch ein gewisses Interesse daran, sie bei Kräften zu halten. Sie werden ernährt, eingekleidet und so untergebracht, dass sie sich erholen können. Im Lager hingegen zerstörte die Arbeit die Lebenskraft ganz und gar. Die Ökonomie der KZs war eine Ökonomie der Verschwendung menschlicher Arbeitskraft. An deren Reproduktion war das Personal trotz gegenteiliger Anweisungen während der totalen Kriegswirtschaft kaum interessiert. Die Häftlinge arbeiteten nicht, um zu produzieren. Sie arbeiteten, um zu sterben.

Gewiss erfüllte die Arbeit auch ökonomische Aufgaben. Die Lager waren selbst aufzubauen und instand zu halten. In den Steinbrüchen sollten Baumaterialien gewonnen, in den Mooren Ödflächen kultiviert werden. Die Häftlinge arbeiteten für SS-Unternehmen, für zahllose Privatfirmen und für die Rüstungsprojekte der interministeriellen Sonderstäbe. […] All dies soll keineswegs bestritten werden. Doch die Umstellung auf ökonomische Rationalität wurde erst in der letzten Kriegsphase ernsthaft betrieben, nachdem alle Reservearmeen ausländischer Zwangsarbeiter ausgeschöpft waren, und sie scheiterte letztlich an der eingeübten Praxis des Terrors in den Lagern. Die Arbeits- und Lebensbedingungen widersprachen jeder wirtschaftlichen Kalkulation. Auf die Erhaltung der Arbeitskraft brauchte keine Rücksicht genommen zu werden. Denn das Sachverhältnis der Arbeit war von vornherein durch das Machtverhältnis überformt. Absolute Macht hat es stets in der Hand, den Kalkül ökonomischer Nützlichkeit hinter sich zu lassen und die menschliche Arbeitskraft zu entwerten. Ihre Ökonomie ist von grundlegend anderer Art als die kapitalistische Rationalität. Es ist eine Ökonomie der Strapaze und Schikane, der souveränen Verschwendung, der Plackerei und Tortur. Absolute Macht entreißt die Arbeit ihrer produktiven Sachlichkeit und setzt ihre destruktive Kraft frei. Terror zielt nicht auf Ausbeutung, sondern auf den Untergang […].

Wolfgang Sofsky, Die Ordnung des Terrors. Das Konzentrationslager, S. Fischer, Frankfurt/M. 1993, S. 33 f.

Webcode:
KH1110987-052

Überprüfen Sie Ihre Kompetenzen

M2 **„Unsere Insel", Zeichnung von Květa Hniličková, 1944/45, Bunt- und Bleistift auf Papier.**
Die Klappkarte war ein Geschenk der in Prag geborenen Květa Hniličková an die aus Leipzig stammende Ilse Hunger.

Sachkompetenz

1 Beschreiben Sie die Grundzüge der Zwangsarbeit in der Kriegswirtschaft des „Dritten Reichs". Gehen Sie dabei auf Ursachen, Durchführung und Folgen sowie die handelnden Personen ein.

2 Forscher bezeichnen den Einsatz von Zwangsarbeitern während der NS-Herrschaft häufig als „mörderische Sklavenarbeit" und „Staatssklaverei". Erörtern Sie, inwieweit diese Begriffe die Verhältnisse angemessen beschreiben.

Methodenkompetenz

3 Interpretieren Sie das Bild in M2. Beschreiben Sie zunächst die dargestellten Personen und Tiere. Erklären Sie in einem zweiten Schritt ihre symbolische Bedeutung. Formulieren Sie schließlich eine Gesamtaussage, die die Zeichnerin vermitteln will.

Urteilskompetenz

4 „Zwangsarbeit war häufig eine Begleiterscheinung militärischer Auseinandersetzungen; sie zählt wegen der gnadenlosen Härte der Arbeits- und Lebensbedingungen, die den Zwangsarbeitern als ‚Sklaven des Krieges' zugemutet wurden, nicht selten zu den dunkelsten Kapiteln der Kriegsgeschichte." Überprüfen und diskutieren Sie diese These der Historiker Kerstin von Lingen und Klaus Gestwa am Beispiel des Zweiten Weltkrieges.

5 In der Allgemeinen Deklaration der Menschenrechte aus dem Jahre 1948 wird in Artikel 4 der Begriff „Zwangsarbeit" nicht ausdrücklich erwähnt, sondern als Unterform der Sklaverei genannt. Diskutieren Sie diese Vorgehensweise. Nennen Sie Argumente und Gegenargumente für sie.

Zentrale Begriffe

Aktion 14f13
Antisemitismus
Displaced Persons
Fremdarbeiter
Funktionshäftling
Juden
Konzentrationslager (KZ)
Kriegsgefangene
„Rasse"
„Rassenlehre"
Todesmärsche
Zwangsarbeiter
Zwangsmigration

4 Flucht und Vertreibung 1944–1948: Motive, Ereignisse, Folgen

Kompetenzen erwerben

Sachkompetenz:	– die Ursachen für Flucht und Vertreibung der Deutschen und anderer Bevölkerungsgruppen benennen – die Phasen von Flucht und Vertreibung unterscheiden
Methodenkompetenz:	– schriftliche Quellen interpretieren
Urteilskompetenz:	– die Auswirkungen politischer Entscheidungen über Grenzen und über nationale Homogenität auf die betroffenen Menschen in Ostmitteleuropa beurteilen – Verantwortlichkeiten für die Vertreibungen gegeneinander abwägen

Flüchtlinge und Vertriebene

„Flüchtlinge und Vertriebene" war und ist in Deutschland meist eine Sammelbezeichnung für alle diejenigen Deutschen im Osten, die im und nach dem Ende des Zweiten Weltkrieges ihre Heimat verloren haben. Allerdings verschleiert diese Bezeichnung, dass sich dahinter sehr **unterschiedliche Ursachen und menschliche Schicksale** verbergen. Außerdem verdeckt die Konzentration auf die deutschen Betroffenen die Tatsache, dass es sich in diesem Zeitraum um **riesige Zwangsmigrationsbewegungen im östlichen und südöstlichen Europa** handelte, die auch viele andere Bevölkerungsgruppen (vor allem Polen, Ukrainer und Ungarn) betrafen, auch wenn die Deutschen zahlenmäßig die größte Gruppe stellten.

Flucht und Vertreibung am Ende des Krieges

Die großen Bewegungen begannen mit dem Vordringen der Roten Armee im Osten, die im **August 1944** in Ostpreußen die deutsche Grenze erreicht hatte und im **Januar 1945** mit einer Großoffensive einen Zusammenbruch der deutschen Ostfront bewirkte. Eine Folge war, dass zahlreiche Deutsche vor den Truppen in den Westen flüchteten, meist auf dem Landweg, aber auch über die Ostsee. Dass viele dies viel zu spät taten und daher z. T. auf ihrer Flucht von der Roten Armee oder den zurückweichenden deutschen Truppen überholt wurden, lag an den lokalen und regionalen NS-Behörden, die häufig sinnlose Durchhalteparolen ausriefen und eine frühzeitige Evakuierung der Bevölkerung verhinderten. Entschieden die etwa vier Millionen Flüchtlinge noch größtenteils selbst über ihre Flucht, den Zeitpunkt und den Weg – allerdings nicht immer aus freien Stücken –, so begann im **Frühjahr 1945** ein Prozess der Vertreibung von Deutschen aus den bisherigen Siedlungsgebieten in der Tschechoslowakei und in Polen. Dass bei diesen **„wilden Vertreibungen"**, die vielfach gewaltförmig verliefen, Rache für das durch Deutschland erfahrene Leid als Motiv für die Behandlung der Deutschen sowohl in der ansässigen Zivilbevölkerung als auch bei den Soldaten eine Rolle spielte, ist nicht zu leugnen. Allerdings lagen den Zwangsmigrationen der Deutschen auch politische Vorstellungen über eine **ethnische Entmischung** zugrunde, die bereits in Kapitel 1 und 2 ausführlicher behandelt wurden. Die Alliierten waren sich schon seit 1943 prinzipiell einig über ein solches Ziel. So sollte der wieder entstehende polnische Nationalstaat ethnisch möglichst homogen sein, weshalb neben den Vertreibungen der Deutschen auch 1944, also noch während des Krieges, durch die von Moskau eingesetzte polnische Führung **„Evakuierungsverträge"** mit den drei westlichen Sowjetrepubliken geschlossen wurden, die eine gegenseitige Aussiedlung der jeweiligen nationalen Minderheiten (Ukrainer, Weißrussen, Litauer) vorsahen. Der Hintergrund dieser Umsiedlungen war die beabsichtigte **„Westverschiebung" Polens** – die Sowjetunion wollte die Gebiete, die ihr im Hitler-Stalin-Pakt zugefallen waren, nicht mehr hergeben, und die westlichen Alliierten akzeptierten diese massive Grenzverschiebung. Viele der im Osten ausgesiedelten Polen („Repatrianten") mussten daher nach Zentralpolen oder in die Gebiete ziehen, aus denen die Deutschen gerade vertrieben worden waren – Vertreibung und Ansiedlung gingen wie schon bei früheren Zwangsmigrationen Hand in Hand, wobei die durch den Krieg und die deutsche Besatzung weitgehend zerstörten Aufnahmegebiete in Polen darauf überhaupt nicht vorbereitet waren.

M1 Stalin, Truman und Churchill auf der Potsdamer Konferenz, Fotografie, August 1945

Potsdam und die Folgen

Anknüpfend an die bisherigen alliierten Planungen beschlossen die Siegermächte auf der **Potsdamer Konferenz im Juli/August 1945** u. a. die ausnahmslose Umsiedlung der verbliebenen Deutschen aus Polen und der Tschechoslowakei. Dies sollte organisiert geschehen, da die Aufnahme von Millionen Menschen in den Besatzungszonen kaum noch zu bewältigen war. Alleine 1946 wurden so ca. drei Millionen Deutsche ausgesiedelt. Gewaltexzesse waren jetzt eher die Ausnahme, auch wenn Massaker und Pogrome weiterhin vorkamen. Leid und Tod aber waren sowohl unter den Deutschen als auch unter den zwangsumgesiedelten anderen Bevölkerungsgruppen weiterhin verbreitet, nicht nur durch Gewalt, sondern auch durch Mangelernährung, Seuchen, harte Winter und völlig unzureichende Transport- und Aufnahmebedingungen.

Webcode:
KH1110987-055

1 Gliedern Sie den Prozess von Flucht und Vertreibung der Deutschen in zeitliche Phasen und benennen Sie Ursachen für die jeweilige Phase.

2 „Vertriebene", „Flüchtlinge", „Umsiedler", „Repatrianten", „Zwangsmigranten": Erörtern Sie, inwiefern mit den Begriffen Wertungen bzw. Gefühle verbunden sind, und begründen Sie Ihre Einschätzung. Diskutieren Sie, für welche genannten Situationen welcher Begriff angemessen ist, und begründen Sie Ihre Entscheidung. Beziehen Sie auch die Perspektiven der Betroffenen mit ein.

Hinweise zur Arbeit mit den Materialien

Das Kapitel befasst sich mit Flucht und Vertreibung zwischen 1944 und 1948, wobei es sowohl um die Deutschen als auch um die anderen betroffenen Völker sowie Perspektiven geht. Das Kapitel liefert Material und Arbeitsanregungen zu drei Schwerpunkten:

1. M2, M3 und M6 ermöglichen die Erarbeitung der **Rahmenbedingungen für Flucht und Vertreibung der Deutschen**, indem sie diese Prozesse in die permanenten Zwangsumsiedlungen seit 1939 in Polen einordnen sowie die politischen Absichten und Begründungen der Alliierten thematisieren. M4 zeigt, wie die Vertreibung vor Ort vorangetrieben wurde.
2. M5 verdeutlicht das **Ausmaß von Flucht und Vertreibung von Deutschen und Polen** in vergleichender Perspektive zwischen 1944 und 1948.
3. M7 und M8 liefern die Grundlage für eine **Urteilsbildung** – M7 mit einer zeitgenössischen Kritik aus jüdisch-britischer Perspektive, M8 mit der Einschätzung einer tschechisch-deutschen Historikerin zur Wahrnehmung der Vertreibung der Deutschen aus tschechischer Perspektive früher und heute.

Am Ende des Kapitels finden sich **weiterführende Arbeitsanregungen** und die Möglichkeit, die im Kapitel erworbenen **Kompetenzen zu überprüfen** (S. 74 f.).

M2 Polen als Schauplatz von Bevölkerungsverschiebungen 1939–1956 (2005)

Polen in seinen Vor- und Nachkriegsgrenzen wurde Schauplatz der größten Bevölkerungsverschiebungen in der jüngeren Geschichte Europas. Viele Bevölkerungsgruppen mussten den Verlust der Heimat hinnehmen:

- Flucht von Polen u. a. der Regierung, der Armeeführung, des katholischen Primas, über Rumänien nach Westeuropa 1939
- Flucht von Polen (vor allem Juden) in die sowjetische Zone 1939/40
- Flucht von Polen aus der sowjetischen Zone in das Generalgouvernement 1939/40
- Verschleppung von Polen (darunter viele Juden) und Ukrainern nach Sibirien, in das russische Polargebiet und nach Kasachstan; Erschießung von mindestens 20 000 Angehörigen der polnischen Elite, die als Offiziere in sowjetische Gefangenschaft geraten waren, durch den Geheimdienst NKWD (u. a. bei Katyn) 1939–41
- Deportation von Juden in Gettos sowie Konzentrations- und Vernichtungslager, Massenerschießungen von Juden 1939–44
- Vertreibung von Polen aus den ans Reich angeschlossenen Gebieten ins Generalgouvernement 1939–43
- Deportation von Polen in Konzentrationslager der NS, Erschießung von Tausenden von Angehörigen der polnischen Elite durch die SS 1939–44
- Deportation von Polen zur Zwangsarbeit ins Reichsgebiet 1939–44
- Ansiedlung von Deutschen aus dem Baltikum, vom Balkan, aus der Sowjetunion im Warthegau und im Gebiet Zamość 1941–44
- Vertreibung von Polen aus dem Gebiet um Zamość 1942/43
- Flucht von Polen aus Wolhynien und Ostgalizien ins Generalgouvernement 1943/44
- Verschleppung von Polen und Ukrainern in die Tiefen der Sowjetunion 1944–47
- Verschleppung von Deutschen in die Sowjetunion 1945–48
- Flucht, Vertreibung und Zwangsaussiedlung der Deutschen aus den Gebieten östlich von Oder und Neiße 1945–48
- Deportation von Deutschen in polnische Arbeitslager 1945/46
- Rückkehr von polnischen Soldaten, Emigranten, Zwangsarbeitern aus Deutschland und Westeuropa nach Polen 1945/46
- Ausreisewelle von polnischen Juden nach Palästina und in die USA 1945–48
- „Repatriierung“ von Polen aus Ostpolen 1945–49
- Deportation von antikommunistischen Polen und Ukrainern in polnische Arbeitslager 1945–54
- Zwangsumsiedlung von Ukrainern aus Südostpolen in die Sowjetunion oder in

die Oder-Neiße-Gebiete 1946/47 (Aktion „Weichsel“)
- Spätaussiedler aus den Oder-Neiße-Gebieten in die Bundesrepublik und DDR (Familienzusammenführung) ab 1956
- Polnische Rückkehrer aus Sibirien und Kasachstan ab 1956

Thomas Urban, Der Verlust. Die Vertreibung der Deutschen und Polen im 20. Jahrhundert, Bundeszentrale für politische Bildung, Bonn 2005, S. 10 f.

1 Arbeiten Sie die Zusammenhänge der unterschiedlichen Bevölkerungsverschiebungen heraus.
2 Diskutieren Sie die Auswirkungen, die die Erfahrungen 1939 bis 1944 für die Situation in Polen 1944/45 hatten.

M3 Der britische Premierminister Winston Churchill in einer Rede zur Zukunft Polens vor dem Unterhaus am 15. Dezember 1944

Natürlich würde ein Bevölkerungsaustausch im Osten und Norden die Folge sein. Die Umsiedlung von mehreren Millionen Menschen müsste vom Osten nach dem Westen oder Norden durchgeführt werden, ebenso wie die Vertreibung der Deutschen – denn das wurde vorgeschlagen: völlige Vertreibung der Deutschen – aus den Gebieten, die Polen im Westen und Osten gewinnt. Denn die Vertreibung ist, soweit wir in der Lage sind, es zu überschauen, das befriedigendste und dauerhafteste Mittel. Es wird keine Mischung der Bevölkerung geben, wodurch endlose Unannehmlichkeiten entstehen, wie zum Beispiel im Fall von Elsass-Lothringen. Reiner Tisch wird gemacht werden. Mich beunruhigt die Aussicht des Bevölkerungsaustausches ebensowenig wie die großen Umsiedlungen, die unter den modernen Bedingungen viel leichter möglich sind als je zuvor.

Der Bevölkerungsaustausch, der nach dem letzten Kriege zwischen Griechenland und der Türkei stattfand, war in vieler Hinsicht erfolgreich und hat zu freundschaftlichen Beziehungen zwischen der Türkei und Griechenland geführt. Der Austausch, der zuerst unmöglich schien und von dem man sagte, er würde das türkische Anatolien vieler notwendiger Dienste berauben, und Griechenland könne bei seiner Größe und seiner Bevölkerung niemals die zusätzliche Bevölkerung assimilieren und ernähren – ich sage, dieser Austausch löste Probleme, die früher Anlass zu ständigen Reibungen, Kriegen und Kriegsgerüchten gegeben hätten.

Winston S. Churchill, Reden in Zeiten des Kriegs. Ausgewählt, eingeleitet und erläutert von Klaus Körner, Europa Verlag, Hamburg 2002, S. 233.

1 Analysieren Sie die Rede, indem Sie Churchills Argumente für den „Bevölkerungsaustausch“ herausarbeiten und beurteilen.
2 **Rede verfassen:** Entwerfen Sie eine Erwiderungsrede, die sich kritisch mit Churchills Argumenten auseinandersetzt.

M4 Sonderbefehl für die deutsche Bevölkerung der Stadt Bad Salzbrunn, Plakat, 14. Juli 1945

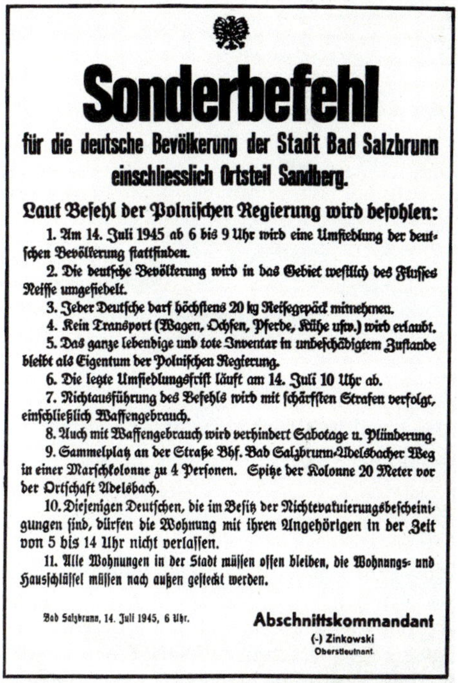

Sonderbefehl
für die deutsche Bevölkerung der Stadt Bad Salzbrunn einschliesslich Ortsteil Sandberg.

Laut Befehl der Polnischen Regierung wird befohlen:

1. Am 14. Juli 1945 ab 6 bis 9 Uhr wird eine Umsiedlung der deutschen Bevölkerung stattfinden.
2. Die deutsche Bevölkerung wird in das Gebiet westlich des Flusses Neisse umgesiedelt.
3. Jeder Deutsche darf höchstens 20 kg Reisegepäck mitnehmen.
4. Kein Transport (Wagen, Ochsen, Pferde, Kühe usw.) wird erlaubt.
5. Das ganze lebendige und tote Inventar in unbeschädigtem Zustande bleibt als Eigentum der Polnischen Regierung.
6. Die letzte Umsiedlungsfrist läuft am 14. Juli 10 Uhr ab.
7. Nichtausführung des Befehls wird mit schärfsten Strafen verfolgt, einschließlich Waffengebrauch.
8. Auch mit Waffengebrauch wird verhindert Sabotage u. Plünderung.
9. Sammelplatz an der Straße Bhf. Bad Salzbrunn-Adelsbacher Weg in einer Marschkolonne zu 4 Personen. Spitze der Kolonne 20 Meter vor der Ortschaft Adelsbach.
10. Diejenigen Deutschen, die im Besitz der Nichtevakuierungsbescheinigungen sind, dürfen die Wohnung mit ihren Angehörigen in der Zeit von 5 bis 14 Uhr nicht verlassen.
11. Alle Wohnungen in der Stadt müssen offen bleiben, die Wohnungs- und Hausschlüssel müssen nach außen gesteckt werden.

Bad Salzbrunn, 14. Juli 1945, 6 Uhr.

Abschnittskommandant
(-) Zinkowski
Oberstleutnant

1 Informieren Sie sich über die Lage des Ortes, in dem das Plakat aufgehängt wurde. Ordnen Sie das Plakat in die im Darstellungstext genannten Phasen der Vertreibung ein.

M5 Flucht und Vertreibung von Deutschen und Polen zwischen 1944 und 1948

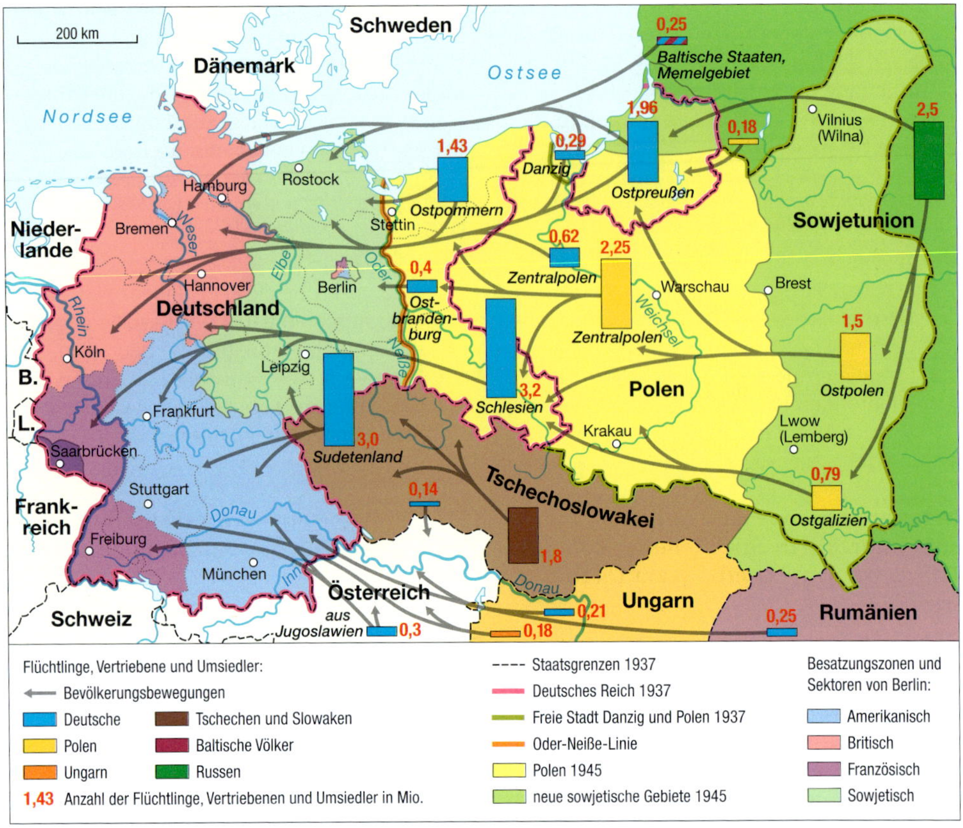

1 Tabelle erstellen: Werten Sie die Karte aus, indem Sie in einer Tabelle Gruppe, Zahl der Flüchtlinge, Herkunfts- und Zielgebiet aufführen. Recherchieren Sie die jeweiligen Zeiträume von Flucht und Vertreibung und tragen Sie diese in eine weitere Spalte der Tabelle ein.

M6 Ergebnisse der Potsdamer Konferenz (2. August 1945)

IX. Polen

[...]

b) [...] Die Häupter der drei Regierungen [Sowjetunion, USA, Großbritannien] stimmen darin überein, dass bis zur endgültigen Festlegung der Westgrenze Polens, die früher deutschen Gebiete östlich der Linie, die von der Ostsee unmittelbar westlich von Swinemünde und von dort die Oder entlang bis zur Einmündung der westlichen Neiße und die westliche Neiße entlang bis zur tschechoslowakischen Grenze verläuft, einschließlich des Teiles Ostpreußens, der nicht unter die Verwaltung der Union der Sozialistischen Sowjetrepubliken in Übereinstimmung mit den auf dieser Konferenz erzielten Vereinbarungen gestellt wird, und einschließlich des Gebietes der früheren Freien Stadt Danzig, unter die Verwaltung des polnischen Staates kommen und in dieser Hinsicht nicht als Teil der sowjetischen Besatzungszone in Deutschland betrachtet werden sollen. [...]

XIII. Ordnungsmäßige Überführung deutscher Bevölkerungsteile

Die Konferenz erzielte folgendes Abkommen über die Ausweisung Deutscher aus Polen, der Tschechoslowakei und Ungarn:

Die drei Regierungen haben die Frage unter allen Gesichtspunkten beraten und erkennen an, dass die Überführung der deutschen Bevölkerung oder Bestandteile derselben, die in Polen, Tschechoslowakei und Ungarn zurückgeblieben sind, nach Deutschland durchgeführt werden muss. Sie stimmen darin überein, dass jede derartige Überführung, die stattfinden wird, in ordnungsgemäßer und humaner Weise erfolgen soll. Da der Zustrom einer großen Zahl Deutscher nach Deutschland die Lasten vergrößern würde, die bereits auf den Besatzungsbehörden ruhen, halten sie es für wünschenswert, dass der alliierte Kontrollrat in Deutschland zunächst das Problem unter besonderer Berücksichtigung der Frage einer gerechten Verteilung dieser Deutschen auf die einzelnen Besatzungszonen prüfen soll. Sie beauftragen demgemäß ihre jeweiligen Vertreter beim Kontrollrat, ihren Regierungen so bald wie möglich über den Umfang zu berichten, in dem derartige Personen schon aus Polen, der Tschechoslowakei und Ungarn nach Deutschland gekommen sind, und eine Schätzung über Zeitpunkt und Ausmaß vorzulegen, zu dem die weiteren Überführungen durchgeführt werden könnten, wobei die gegenwärtige Lage in Deutschland zu berücksichtigen ist. Die tschechoslowakische Regierung, die Polnische Provisorische Regierung und der Alliierte Kontrollrat in Ungarn werden gleichzeitig von obigem in Kenntnis gesetzt und ersucht werden, inzwischen weitere Ausweisungen der deutschen Bevölkerung einzustellen, bis die betroffenen Regierungen die Berichte ihrer Vertreter an den Kontrollausschuss geprüft haben.

Dietrich Rauschning (Hg.), Rechtsstellung Deutschlands. Völkerrechtliche Verträge und andere rechtsgestaltende Akte, Deutscher Taschenbuch Verlag, o. O. o. J. (München 1985), S. 32, 34.

1 Setzen Sie sich vor dem Hintergrund der Situation im Jahr 1945 mit der Absicht der Alliierten auseinander, die Umsiedlung der deutschen Bevölkerung „in ordnungsgemäßer und humaner Weise" zu organisieren. Berücksichtigen Sie dabei die Versorgungslage, die Infrastruktur sowie die politische und mentale Situation.

M7 Victor Gollancz (1893–1967) über die Vertreibungen der Deutschen (1946/47)

Der jüdische Verleger und Sozialist Victor Gollancz, Sohn eines aus Polen nach England ausgewanderten Rabbiners, veröffentlichte 1946 in London unter dem Titel „Our threatened values" ein Buch, das sich an seine Landsleute richtete und 1947 in der Schweiz ins Deutsche übersetzt wurde.

Sofern das Gewissen der Menschheit jemals wieder empfindlich werden sollte, werden diese Vertreibungen als die unsterbliche Schande aller derer im Gedächtnis bleiben, die sie veranlasst oder sich damit abgefunden haben. Alles in allem etwa vierzehn Millionen Deutsche, einschließlich derer aus der Tschechoslowakei, wurden davon betroffen oder sollten noch davon betroffen werden; da viele die Ansicht zu vertreten scheinen, dass erwachsene Männer weder ein Herz zum Fühlen haben noch Schmerzen zu fühlen vermögen, mag ergänzend bemerkt sein, dass die Mehrheit sich aus Frauen, Greisen und Kindern zusammensetzt. Das Potsdamer Abkommen enthielt die ‚Anregung' oder ‚Empfehlung' (ich habe das genaue Wort vergessen und bin auch nicht daran interessiert, es nachzuschlagen), dass die Vertreibungen, die bereits begonnen hatten, ‚in ordentlichen und menschenwürdigen Formen' durchgeführt werden sollten. Da wurde nun endlich einmal der Menschlichkeit willkommener Lippendienst gezollt. Mehr als ein solcher aber konnte die Bestimmung auch nicht sein, und da es ja an genauen Plänen und Erläuterungen fehlte, fürchte ich, dass mehr als ein Lippendienst auch gar nicht beabsichtigt war. Dann geschah das Unvermeidliche. Potsdam wurde als Signal aufgefasst, nur rüstig weiterzumachen: die ‚Anregung' oder ‚Empfehlung' wurde ignoriert. Die Deutschen wurden vertrieben, aber nicht einfach mit einem Mangel an übertriebener Rücksichtnahme, sondern mit dem denkbar höchsten Maß von Brutalität. [...]

[Es folgen zahlreiche Auszüge aus britischen Zeitungen mit Berichten über Vertreibungen.]

Der Leser hat die Zitate zur Kenntnis genommen. Er mag sich nun selber fragen: Ist das Gerechtigkeit, – ich sage: Gerechtigkeit, nicht Vergeltung? Ist das Güte und Barmherzigkeit? Ist das Anerkennung der Rechte jedes Menschenwesens – kurz: ist das Ehrfurcht vor der Persönlichkeit? Wird das alles, durch die Macht des vorgelebten Beispiels, den inneren Gehalt der westlichen Werte leuchten lassen? Oder wird es die Wunde des Faschismus noch tiefer in die deutschen Herzen senken, mit dem Erfolg, dass unter diesen Eltern sterbender Kinder, unter diesen Kindern, die ihre Eltern verloren haben, in dieser ganzen trostlosen Gemeinschaft heimatlos Umherirrender und bei allen denen, die das Elend gesehen oder davon durch andere gehört haben, die Anzahl derer größer und größer werden wird, die da vermeinen, dass Brutalität die Norm des menschlichen Verhaltens ist, und dass ein Hitler die Wahrheit sagte, als er gegen die Heuchelei der Demokraten Klage führte? Wie gesagt, der Leser mag sich fragen, ob uns das alles dem Frieden oder Revanchekriegen näherbringt. Ob es der liberalen Demokratie den Weg bereitet oder aber dem harten, erbarmungslosen Totalitarismus.

Victor Gollancz, Unser bedrohtes Erbe, Atlantis Verlag, Zürich 1947, S. 156 f., 172 f., 219.

1 Stellen Sie Gollancz' Argumente gegen die Vertreibungen zusammen und nehmen Sie hierzu Stellung.

2 Diskutieren Sie, ob Gollancz' Bezugnahme auf den Nationalsozialismus gerechtfertigt ist. Berücksichtigen Sie dabei auch Gollancz' Herkunft und seine Zielgruppe.

3 **Referat:** Informieren Sie sich über den Autor und stellen Sie sein Leben, seine Arbeiten und seine Wirkung bis heute in einem Referat dar.

M8 Die in Prag geborene deutsch-tschechische Historikerin Eva Schmidt-Hartmann über die Vertreibung der Deutschen aus tschechischer Sicht (1985/95)

Odsun – es gibt keine äquivalente Bezeichnung für das Schicksal der Deutschen in der Tschechoslowakei nach dem Kriegsende 1945. Der Begriff, den die Tschechen dabei gewählt haben, ist auch nicht recht zu übersetzen; Vertreibung, Ausweisung, Aussiedlung oder Transfer entsprechen *Odsun* in Wirklichkeit nicht genug. [...] Es bildet ein Verb, das man im Deutschen mit wegschieben, verschieben, aufschieben übersetzt. [...] *Odsun* gehörte im Grunde nicht zum lebendigen Wortschatz der tschechischen Sprache, und es wird, seit den Ereignissen nach Kriegsende, für die man es beansprucht, eigentlich wie eine Neuschöpfung in der tschechischen Sprache gebraucht.

[...] Vielleicht muss man an den emotionalen Gehalt des Wortes erinnern, um seine Bedeutung besser auszumalen. *Odsun:* Das suggeriert nach seinem Klang eine alles überwältigende Schubkraft, die jeden Widerstand beiseiteräumt. So gesehen, war auch die Vertreibung der Deutschen in tschechischen Augen nicht zu vergleichen mit dem immer wieder einmal in Erinnerung gerufenen Bevölkerungsaustausch etwa zwischen der Türkei und Griechenland nach dem Ersten Weltkrieg. *Odsun* war kein Tausch. Es handelte sich auch nicht um die Rückführung einer verstreuten und angeblich zusammengehörenden Bevölkerung, wie sie Hitler praktizierte, als er die Südtiroler aus ihrer Heimat nach Deutschland überführen oder die Deutschen aus Bessarabien und der Ukraine in Westpolen ansiedeln wollte. Ja selbst die Vertreibung der Polen aus eben diesem Gebiet, dem sogenannten Warthegau, war etwas anderes als der *Odsun* der Deutschen, zweckgebunden nach einer infamen Planung. [...] Trotz der Ähnlichkeiten hat der *Odsun* seine Eigenheiten: Aus tschechischer Sicht wurden die Deutschen 1945 aus dem Lande gedrängt mit der Kraft des Sieges im soeben beendeten Krieg. Sie wurden aus ihrer eigenen Heimat und aus dem Staatsgebiet, dem sie in seinen wechselnden Formen jahrhundertelang zugehört hatten, im tschechischen Sinn und in der tschechischen Selbstrechtfertigung nun sozusagen mit einer irrationalen Naturkraft über die Grenzen abgeschoben, weggeschoben ohne Wenn und Aber. [...]

Anders als die geläufigen deutschen Übersetzungen lässt der Begriff auf keine implizierte Rechtfertigung schließen. Denn der Begriff „Vertreibung" ließe sich mit ethischen Kategorien in Einklang bringen, unbeschadet ihrer Einseitigkeit. Man vertreibt Schädlinge. Der Begriff „Aussiedlung" drückt dagegen einen gesetzlich legitimierten, also einen formaljuristischen Akt aus, und er unterdrückt dabei alle Anzeichen von Gewaltsamkeit, wie sie einer Vertreibung dem Begriff nach anhaften. […] Nichts von alledem ist im *Odsun* eingeschlossen. Es handelt sich vielmehr um einen wertneutralen Begriff, der allein das Vorhandensein einer überlegenen Kraft impliziert. Die Frage nach dem Warum oder dem Wohin wird nicht aufgeworfen. Wichtig ist allein die vorhandene Kraft. *Odsun* beinhaltet keine ethischen oder juristischen Konnotationen, und es besteht daher, ohne Verantwortlichkeit, auch keine Erinnerung an einen Täter, nicht an einen Vertreiber, nicht an die ausweisende Administration. […]

Solcher Logik folgend wird auf tschechischer Seite bis heute behauptet, dass es sich beim *Odsun* keineswegs um einen Akt der Rache gegen die Deutschen im Sinne einer Kollektivschuld gehandelt habe, dass die Vertreibung auch nicht ein Akt des gegen Einzelne gerichteten Unrechts war, kein Ausdruck eines gegen die Deutschen gerichteten Hasses – zusammengefasst, dass es sich um eine Entwicklung handelte, die man weder moralisch, rechtlich noch politisch bewerten dürfe. Bis heute berufen sich nämlich die tschechischen Verteidiger des *Odsun* immer wieder auf eine „historische Notwendigkeit", für die kein einzelner Verantwortung tragen könne.

Eva Schmidt-Hartmann, Menschen oder Nationen? Die Vertreibung der Deutschen aus tschechischer Sicht, in: Wolfgang Benz (Hg.), Die Vertreibung der Deutschen aus dem Osten. Ursachen, Ereignisse, Folgen, Aktualisierte Neuausgabe, Fischer Taschenbuch Verlag, Frankfurt/M. 1995, S. 178–180.

1 Analysieren Sie, wie nach Auffassung der Autorin in dem Begriff „Odsun" eine politische Haltung der Tschechen zur Vertreibung der Deutschen ausgedrückt wird.
2 Der Aufsatz erschien erstmals 1985. 1995, also nach dem Ende der kommunistischen Herrschaft in der Tschechoslowakei und in ganz Osteuropa, ergänzte die Autorin ihren Aufsatz mit einem kurzen Nachwort, in dem es heißt: „Die deutschen bzw. als sudetendeutsch deklarierten Haltungen kränkeln nicht weniger als die tschechischen an dem nach wie vor ungelösten Problem, ob und in welchem Ausmaß sich unsere Rechtsvorstellungen an einzelnen Menschen oder an historisch geprägten Kollektiven als Rechtssubjekte orientieren." Diskutieren Sie diese Aussage.

M9 Der Sturm (Die Vertriebenen), Gemälde von Felix Nussbaum, 1941

1 Informieren Sie sich im Internet über den Maler Felix Nussbaum und seine Erfahrungen mit Flucht und Vertreibung.
2 Diskutieren Sie, inwiefern das Bild allgemeine Vertreibungserfahrungen ausdrückt.

Umgang mit schriftlichen Quellen

Texte sind nach wie vor die wichtigsten Quellen des Historikers, um etwas über die Vergangenheit zu erfahren. Ein sachgemäßer Umgang mit schriftlichen Quellen gehört daher zu den grundlegenden Kompetenzen von jedem, der sich intensiver mit Geschichte befasst. Dabei ist zu berücksichtigen, dass es eine Vielzahl unterschiedlicher Gattungen von Texten gibt, die jeweils spezifische Aussagekraft haben – eine Zeitung als öffentliches Dokument etwa unterliegt ganz anderen Bedingungen und besitzt daher ein anderes Potenzial für die Rekonstruktion der Vergangenheit als ein privater Brief oder eine mittelalterliche Urkunde. Prinzipiell werden zwei Arten von Quellen unterschieden: **erzählende Quellen**, die zum Zweck der Überlieferung verfasst wurden, z. B. Chroniken, Geschichtsepen, Mono- und Biografien, sowie **dokumentarische Quellen**, z. B. Urkunden, Akten, Gesetzestexte und Zeitungen, die gesellschaftliche und private Ereignisse und Prozesse unmittelbar und meist unkommentiert wiedergeben. Schließlich kann eine schriftliche Quelle nie nur aus sich selbst heraus verstanden werden; vielmehr ist eine Analyse des historischen Kontextes erforderlich, die nur über die Kenntnisnahme von anderen Quellen und von Forschungsliteratur möglich ist.

Webcode:
KH1110987-062

Mögliche Arbeitsschritte für die Analyse

1. Leitfrage	– Auf welche historische Frage(n) soll die Quelle eine Antwort geben?

2. Analyse	*Formale Aspekte*
	– Klärung von Verständnisschwierigkeiten (unbekannte Wörter, Begriffe, Redewendungen), ggf. Verwendung von Hilfsmitteln wie Lexika, historischen Wörterbüchern, Glossaren etc.
	– Klärung grundlegender Informationen zur Quelle, für die ggf. weitere Recherchen erforderlich sind:
	  – Autor (Alter, Geschlecht, Schichtzugehörigkeit, Funktion, Weltanschauung etc.)
	  – Adressat
	  – Ort, Zeit und Umstände der Entstehung der Quelle
	  – Historischer Kontext der Quelle
	Inhaltliche Aspekte
	– Erfassung der Textaussagen im Hinblick auf die Fragestellung (hilfreich: Gliederung des Textes, Markieren von Schlüsselwörtern und -sätzen)
	– Analyse der Intentionen des Autors (einschl. Sprache: berichtend, appellierend, rechtfertigend, kritisierend, fordernd, gefühlsbetont, nüchtern etc.)
	– Zuverlässigkeit der Aussagen des Autors (zeitliche und räumliche Nähe zum berichteten Geschehen, Eigenschaften der Quellengattung)

3. Beurteilung	– Zusammenfassende Deutung – Ggf. Wirkung des Textes (zeitgenössisch und später) – Erkenntnisse im Hinblick auf die Ausgangsfrage

M 1 **Die Beneš-Dekrete (1945)**

Der tschechoslowakische Staatspräsident Edvard Beneš erließ gemeinsam mit seiner Regierung seit 1940 im Londoner Exil und dann nach dem Ende der deutschen Besatzung in Prag 1945 über 140 Dekrete, die Gesetzeskraft hatten. Darunter waren mehrere Dekrete, die vor allem die Deutschen betrafen und bis heute die politische Diskussion um die Vertreibung aus der Tschechoslowakei prägen.

Dekret (Nr. 5) vom 19. Mai 1945 über die Ungültigkeit einiger vermögensrechtlicher Rechtsgeschäfte aus der Zeit der Unfreiheit und über die nationale Verwaltung der Vermögenswerte der Deutschen, der Magyaren [= Ungarn], der Verräter und Kollaboranten und einiger Organisationen und Anstalten

§ 1 (1) Ausnahmslos alle Vermögensübertragungen und vermögensrechtlichen Rechtsgeschäfte ohne Rücksicht darauf, ob sie bewegliches oder unbewegliches, öffentliches oder privates Vermögen betreffen, sind ungültig, sofern sie nach dem 29. September 1938 unter dem Druck der Okkupation oder der nationalen, rassischen oder politischen Verfolgung vorgenommen wurden. [...]

§ 2 (1) Das im Gebiete der Tschechoslowakischen Republik befindliche Vermögen der staatlich unzuverlässigen Personen wird gemäß den weiteren Bestimmungen dieses Dekretes unter nationale Verwaltung gestellt. [...]

§ 3 Der nationalen Verwaltung sind alle Unternehmungen (Betriebe) und alle Vermögensmassen zu unterstellen, bei denen dies der stetige Gang der Erzeugung und des Wirtschaftslebens erfordern, insbesondere die verlassenen Unternehmen, Betriebe und Vermögensmassen oder solche, welche staatlich unzuverlässige Personen besitzen, verwalten oder aber gemietet oder gepachtet haben.

§ 4 Als staatlich unzuverlässige Personen sind anzusehen:

a) Personen deutscher oder magyarischer Nationalität.

b) Personen, die eine gegen die staatliche Souveränität, Selbstständigkeit, Integrität, die demokratisch-republikanische Staatsform, die Sicherheit und die Verteidigung der Tschechoslowakischen Republik gerichtete Tätigkeit entfaltet haben, die zu einer solchen Tätigkeit aufreizten oder andere Personen dazu zu verleiten suchten, und planmäßig auf irgendeine Weise die deutschen und magyarischen Okkupanten unterstützten. [...]

§ 6 Als Personen deutscher oder magyarischer Nationalität sind Personen anzusehen, die sich bei irgendeiner Volkszählung seit dem Jahre 1929 zur deutschen oder magyarischen Nationalität bekannt haben oder Mitglieder nationaler Gruppen, Formationen oder politischer Parteien geworden sind, die sich aus Personen deutscher oder magyarischer Nationalität zusammensetzen. [...]

Dekret (Nr. 12) vom 21. Juni 1945 über die Konfiskation und beschleunigte Aufteilung des landwirtschaftlichen Vermögens der Deutschen, Magyaren, wie auch der Verräter und Feinde des tschechischen und des slowakischen Volkes

Um dem Rufe der tschechischen und slowakischen Bauern und Landlosen nach einer konsequenten Verwirklichung einer neuen Bodenreform entgegenzukommen und geleitet von dem Streben, ein für allemal den tschechischen und slowakischen Boden aus den Händen der fremden deutschen und magyarischen Gutsbesitzer wie auch aus den Händen der Verräter der Republik zu nehmen und ihn in die Hände des tschechischen und slowakischen Bauerntums und der Landlosen zu geben, bestimme ich auf Vorschlag der Regierung:

§ 1 (1) Mit augenblicklicher Wirksamkeit und entschädigungslos wird für die Zwecke der Bodenreform das landwirtschaftliche Vermögen enteignet, das im Eigentum steht:

a) aller Personen deutscher und magyarischer Nationalität, ohne Rücksicht auf die Staatsangehörigkeit,

b) der Verräter und Feinde der Republik, gleichgültig welcher Nationalität und Staatsangehörigkeit, die diese Feindschaft vor allem während der Krise und des Krieges in den Jahren 1938 bis 1945 bekundet haben,

c) von Aktien- und anderen Gesellschaften und Korporationen, deren Leitung vorsätzlich und planmäßig der deutschen Kriegführung oder faschistischen und nazistischen Zielen gedient hat.

(2) Personen deutscher und magyarischer Nationalität, die sich aktiv am Kampf für die Wahrung der Integrität und die Befreiung der Tschechoslowakischen Republik beteiligt haben, wird das landwirtschaftliche Vermögen nach Absatz 1 nicht konfisziert. […]

§2 [Definition von Nationalität wie oben im Dekret Nr. 5, §6]

§3 (1) Als Verräter und Feinde der Tschechoslowakischen Republik sind zu betrachten:

a) Personen, die kollektiv oder individuell eine gegen die staatliche Souveränität, die Selbstständigkeit, die Integrität, die demokratisch-republikanische Staatsform, die Sicherheit und Verteidigung der Tschechoslowakischen Republik gerichtete Tätigkeit entfaltet haben, die zu einer solchen Tätigkeit aufreizten oder andere Personen dazu zu verleiten suchten und planmäßig und aktiv auf irgendeine Art die deutschen und magyarischen Okkupanten unterstützt haben. […]

§7 (1) Von dem durch den Nationalen Bodenfond verwalteten landwirtschaftlichen Vermögen ist Boden an Personen slawischer Nationalität als Eigentum zuzuteilen: [Es folgt eine Aufstellung.]

Dekret (Nr. 33) vom 2. August 1945 über die Regelung der tschechoslowakischen Staatsbürgerschaft der Personen deutscher und magyarischer Nationalität

§1 (1) Die tschechoslowakischen Staatsbürger deutscher oder magyarischer Nationalität, die nach den Vorschriften einer fremden Besatzungsmacht die deutsche oder magyarische Staatsangehörigkeit erworben haben, haben mit dem Tage des Erwerbs dieser Staatsangehörigkeit die tschechoslowakische Staatsbürgerschaft verloren.

(2) Die übrigen tschechoslowakischen Staatsbürger deutscher oder magyarischer Nationalität verlieren die tschechoslowakische Staatsbürgerschaft mit dem Tage, an dem dieses Dekret in Kraft tritt.

(3) Dieses Dekret erstreckt sich nicht auf die Deutschen und Magyaren, die sich in der Zeit der erhöhten Bedrohung der Republik […] bei der amtlichen Meldung als Tschechen oder Slowaken bekannt haben.

(4) Tschechen, Slowaken und Angehörige anderer slawischer Völker, welche sich in diesem Zeitraum durch Zwang oder besonders berücksichtigungswürdige Umstände genötigt, als Deutsche oder Magyaren bekannt haben, werden nicht nach diesem Dekret als Deutsche oder Magyaren angesehen, wenn der Minister des Inneren eine Bescheinigung über die nationale Zuverlässigkeit genehmigt […].

Dekret (Nr. 108) vom 25. Oktober 1945 über die Konfiskation des feindlichen Vermögens und die Fonds der nationalen Erneuerung […]

§7 […] (3) Bei der Zuteilung konfiszierten Vermögens sind vor allem zu berücksichtigen Teilnehmer am nationalen Widerstand und ihre hinterbliebenen Familienangehörigen, Personen, die durch Krieg, die nationale, rassische oder politische Verfolgung geschädigt wurden, Personen, die ins Grenzgebiet, welches sie zu verlassen gezwungen waren, oder aus dem Auslande in das Vaterland zurückkehren, und Personen, die infolge der Gebietsveränderungen ihren Wohnsitz in das übrige Gebiet der Tschechoslowakischen Republik verlegt haben.

Heiner Timmermann, Emil Voráček, Rüdiger Kipke (Hg.), Die Beneš-Dekrete. Nachkriegsordnung oder ethnische Säuberung: Kann Europa eine Antwort geben? LIT Verlag, Münster 2005, S. 576 f., 583, 598 f., 601, 614 f., 620.

M2 Der tschechische Staatspräsident Edvard Beneš, Fotografie, 21. Juni 1946

Lösungsansätze

1. Leitfragen:

- Welche Ziele wurden mit den Dekreten verfolgt?
- Welche Maßnahmen wurden ergriffen?
- Wie sind diese Ziele und Maßnahmen vor dem Hintergrund der historischen Situation und aus heutiger Sicht zu beurteilen?

2. Analyse

- Schwierige Begriffe oder Wörter sind (bis auf „magyarisch" für ungarisch) nicht vorhanden.
- Autor ist der Staatspräsident Edvard Beneš (1884–1948), wobei die Dekrete z. T. schon im Exil vorbereitet wurden und jeweils auch von den anderen Mitgliedern der Regierung unterzeichnet wurden. Beneš war ab 1935 Staatspräsident der Tschechoslowakischen Republik. 1938 trat er zurück und ging nach London, wo er eine Exilregierung gründete und von den Alliierten 1941 wieder als Staatspräsident anerkannt wurde.
- Als Präsident erließ Beneš Dekrete u. a. im Zeitraum von Mai 1945 bis zur Ernennung einer vorläufigen Nationalversammlung als Gesetze, die dann 1946 alle nachträglich von der Nationalversammlung bestätigt wurden. Soweit sie nicht zeitlich befristet waren, gingen die Dekrete dauerhaft in den Rechtsbestand des tschechoslowakischen Staates über und sind daher z. T. heute noch (formal) gültig.
- Als gesetzesgleiche Dekrete drückten sie einen politischen Willen der neuen politischen Elite aus und waren Grundlage für staatliches und Verwaltungshandeln.
- Zeitlich parallel zu dem Erlass der Dekrete (zumindest der von Mai bis August) liefen in der Tschechoslowakei die „wilden" Vertreibungen, in deren Verlauf weit über eine halbe Million Deutsche vertrieben wurden.
- Für den historischen Kontext muss mindestens die Geschichte seit 1938 berücksichtigt werden, weil diese historischen Erfahrungen die Einstellungen und Ziele der handelnden Politiker auch 1945 prägten: das Münchner Abkommen, die Zerschlagung der Tschechoslowakei, die deutsche Besetzung mit Mord und Terror an Tschechen und Slowaken sowie den hier lebenden Juden. Auch die Erfahrungen mit dem z. T. konflikthaften Zusammenleben verschiedener ethnischer Gruppen vor 1938 spielte eine Rolle. Was die Ungarn angeht, die in den Dekreten immer neben den Deutschen erwähnt werden: Ungarn hatte vom Münchner Abkommen profitiert, indem im Ersten Wiener Schiedsspruch von 1938 größere slowakische Gebiete an Ungarn abgetreten worden waren, aus denen dann ca. 100 000 Tschechen und Slowaken ausgesiedelt wurden.
- Textaussagen: Die vier aufgeführten Dekrete richten sich vor allem gegen Personen deutscher und ungarischer Nationalität sowie diejenigen, die als „Verräter", „Feinde" oder „Kollaboranten" bezeichnet werden. Sie regeln die Konfiszierung von Vermögen und landwirtschaftlichem Besitz dieser Gruppen sowie den Entzug der tschechoslowakischen Staatsbürgerschaft. Dabei wird in den Dekreten bei den Ungarn und Deutschen nicht ein individuelles aktives Handeln gegen die tschechoslowakische Republik vorausgesetzt, sondern es genügt, dieser Gruppe anzugehören, um als „staatlich unzuverlässig" angesehen zu werden. Ein zentrales Indiz hierfür ist das Bekenntnis zu der jeweiligen Nation bei einer Volkszählung seit 1929. Allerdings sind auch Ausnahmen vorgesehen für diejenigen, die sich aktiv für die Tschechoslowakische Republik eingesetzt haben. Verbunden mit den entschädigungslosen Enteignungen wird eine Bodenreform, indem das enteignete Land neu „an Personen slawischer Nationalität" verteilt wird.
- Die Sprache der Dekrete ist entsprechend ihres juristischen Charakters relativ nüchtern, spiegelt in ihrer Wortwahl („Verräter", „Krise", „Bedrohung", „Zeit der Unfreiheit" usw.) aber die spannungsreiche Situation 1945 und ihre Vorgeschichte wider.

3. Beurteilung:

- Keines der Dekrete legitimiert die Vertreibung der Deutschen, was in der öffentlichen Diskussion manchmal unterstellt wird; rechtliche Grundlage hierfür war ab August 1945 das Potsdamer Abkommen.
- Kurzfristig beförderten die Dekrete die Enteignung und Austreibung der Deutschen; innerhalb weniger Wochen nach Erlass des Dekretes Nr. 5 z. B. wurden ca. 10000 Betriebe nationalen Verwaltern unterstellt. Allerdings mussten trotz der scharfen Regelungen zur Staatsbürgerschaft nicht alle Deutschen den Staat verlassen – mehrere Hunderttausend blieben im Lande, sicher nicht alles antifaschistische Widerständler (siehe Dekret Nr. 33, § 1 Abs. 3), sondern auch Familienangehörige, benötigte Fachkräfte usw.
- Langfristig sorgten die Dekrete immer wieder für Kritik vor allem aus Kreisen der vertriebenen Deutschen. Insbesondere nach 1989 verstärkte sich diese Kritik. Im Zusammenhang mit der geplanten Aufnahme Tschechiens in die Europäische Union wurde die Forderung nach Aufhebung der Dekrete immer lauter. Begründet wurde dies nicht nur mit ihrem behaupteten Unrechtscharakter, sondern auch mit dem Vorwurf, dass sie aus Sicht der Kritiker den Menschenrechten und dem Wertekonsens der Europäischen Union widersprachen. Daher wurden von den europäischen Institutionen Gutachten von Völkerrechtlern eingeholt, die zu dem Schluss kamen, dass eine Aufhebung für die Aufnahme nicht erforderlich war. In Tschechien ist die Akzeptanz der Dekrete nach wie vor hoch – das Parlament bestätigte sie 2002 einstimmig, und in Umfragen waren lange Zeit zwei Drittel der Bevölkerung für die Beibehaltung; in jüngster Zeit allerdings sinkt dieser Anteil, vor allem in der jüngeren Generation.
- Kritisch diskutiert wird auch die Frage, ob die Dekrete eine „Kollektivschuld" der Deutschen behaupten. Tatsächlich legt die sehr pauschale Behandlung „der Deutschen" in den Dekreten diesen Verdacht durchaus nahe. Die Kriterien für die Nationalität (Bekenntnis in einer Volkszählung, Annahme der deutschen Staatsangehörigkeit nach 1938) sind durchaus fragwürdig; zum einen fand die letzte Volkszählung 1930 noch vor der nationalsozialistischen Machtübernahme statt, außerdem war in ihr gar kein Bekenntnis zu einer deutschen Nationalität möglich, zum anderen ist es fraglich, ob die Annahme der deutschen Staatsangehörigkeit nach 1938 immer völlig freiwillig geschah. Andererseits zeigen die Einbeziehung von Ungarn, Tschechen und Slowaken sowie die in den Dekreten eingeräumten Ausnahmen auch für die Deutschen, dass man kaum von einer „Kollektivschuld" sprechen kann, auch wenn der Nachweis „nationaler Zuverlässigkeit" in der Situation 1945 und angesichts der Tatsache, dass viele Deutsche bereits vertrieben worden waren, schwierig zu erbringen war.
- Deutlich ist, dass die Dekrete wie viele andere politische Äußerungen und Entscheidungen jener Jahre die Überzeugung widerspiegeln, dass die Schaffung der ethnischen Homogenität eines Staates Konflikte vermeiden hilft, wobei die Erfahrungen in der Tschechoslowakei mit der deutschen Minderheit und der brutalen NS-Besatzung, ähnlich wie in Polen, auch die Bereitschaft zu radikalem Vorgehen befördert haben. Gleichzeitig zeigen sie, wie stark in dieser Zeit in Kollektiven gedacht wurde.
- Zur Urteilsbildung gehört auch die Frage, welche Bedeutung den Dekreten heute noch eingeräumt wird. Juristische Bedeutung kommt ihnen nicht mehr zu, allenfalls eine symbolische und damit auch politische. In verschiedenen Erklärungen (z. B. der Deutsch-Tschechischen Erklärung von 1997) distanzierte sich auch die tschechische Politik von den Vertreibungen und den mit ihnen verbundenen Verbrechen, vonseiten der Vertriebenenverbände wird dies nach wie vor als unzureichend erachtet, hier fordert man weiterhin die Aufhebung der Dekrete. Sogar im tschechischen Präsidentschaftswahlkampf 2013 spielte die Beurteilung der Dekrete eine Rolle.

Wanderungen in der Geschichte am Beispiel Völkerwanderung

Migration als Strukturmerkmal von Geschichte

Migration ist kein Phänomen der Moderne, wie die Industrialisierung im 19. Jahrhundert oder die kriegerischen Ereignisse des 20. Jahrhunderts. Sie ist vielmehr so alt wie die Menschheit und gehört zum festen Bestandteil im **Lebenszyklus und der historischen Entwicklung**. Bereits vor einer Million Jahren sorgte Migration für die Besiedelung von Kontinenten und Regionen. Damals begann von Afrika ausgehend die Ausbreitung von Menschen auf den europäischen Kontinent. Kleine Gruppen verließen ihre Herkunftsgebiete und ließen sich in ökologisch ähnlich ausgestatteten Gebieten nieder, wo sie neue Siedlungen gründeten. Auch antike Gesellschaften wie Sumerer, Perser, Ägypter, Griechen oder Römer besaßen eine hohe Mobilität. Bekannter sind jedoch die Wanderungen der Goten, Vandalen, Burgunder, Franken, Angeln oder Sachsen während des Überganges von der Antike zum Mittelalter. Die Geschichtswissenschaft hat diese Wanderungsbewegungen **„Völkerwanderung“*** genannt, die zeitlich meist zwischen dem Vordringen der Hunnen nach Europa (um 375) und dem Zug der Langobarden nach Italien (568) angesiedelt wird.

Völkerwanderung
Wenige Epochen sind bei ihrer Erforschung stärker von ideologischen Wertungen geprägt worden als die Völkerwanderungszeit. Das gilt besonders für die Zeit vom 19. Jahrhundert bis zum Nationalsozialismus. Aus deutscher Sicht galten die wandernden Germanenvölker der dekadenten antiken Zivilisation als sittlich, für viele auch als „rassisch“ überlegen. „Romanische“ Betrachter hingegen sahen im Einfall der „Barbaren“ nicht deren Überlegenheit bestätigt, sondern sie beklagten einen für viele Jahrhunderte andauernden Niedergang der Kultur, den die „Barbaren“ verursacht hatten.

Ursachen und Formen der Völkerwanderung

Für den Aufbruch von Goten, Vandalen, Burgundern, Franken, Angeln oder Sachsen während der Völkerwanderungszeit gab es unterschiedliche Ursachen. Alle Gesellschaften nördlich der römischen Grenzen waren im Prinzip **Mangelgesellschaften** – z. B. mit regelmäßigen Hungersnöten. Das erklärt jedoch nicht allein die Wanderungen derartig vieler Menschen über einen so langen Zeitraum. Auch grundlegender **Klimawandel** kommt als alleinige Ursache nicht infrage. Ein wichtiges Motiv war die **Anziehungskraft der römischen Zivilisation**. Die Ansiedlung in unbekannten Regionen oder die Karriere als Soldat versprachen bessere Lebenschancen. Doch schon vor der Zeit der Völkerwanderung besaßen die Gruppen der „Barbaren“ vielfältige Kontakte zur römischen Welt. Migration und Remigration sowie die Übernahme von „Barbaren“ in die römische Armee verstärkten die Kenntnisse übereinander und schufen dadurch die Voraussetzungen für stärkere Migrationsbewegungen. Die Ränder der „barbarischen“ Gesellschaften entwickelten sich zunehmend zum Teil des römischen Imperiums. Das förderte die soziale Veränderung ihrer Gemeinschaften und regte weitere Menschen zur Migration an.

Bis zur Französischen Revolution war europäischen Denkern die Vorstellung fremd, ganze Völker hätten sich in der Spätantike auf die Wanderschaft begeben. Erst mit der Herausbildung des modernen Nationalbewusstseins im ausgehenden 18. Jahrhundert entstand der Begriff „Völkerwanderung“ und die damit verbundene Annahme von unruhigen und stürmischen Massenwanderungen während der Spätantike. Die moderne Geschichtswissenschaft hat dieses Bild korri-

Webcode
KH1110987-067

giert und versachlicht. Die Historiker sprechen heute von der **Ethnogenese** eines Volkes bzw. mehrerer Völker: Sie fragen, wie aus Gruppen, Sippen, Stämmen oder Ethnien Völker entstanden, die ein spezifisches Zusammengehörigkeitsgefühl verband. Migration gilt dabei als nur eine Möglichkeit der Verschmelzung von kleineren sozialen Einheiten zu überregionalen Verbänden bis hin zur Herausbildung von Großreichen.

Die Franken als Beispiel einer Ethnogenese

Historische Darstellungen über die Franken beginnen in der Regel mit ihren Einfällen in das Römische Reich im 3. Jahrhundert. Römische Quellen bezeichnen diese in Richtung Rhein vorrückenden germanischen Stämme erstmals als „Franken". Die Römer haben die Landnahme fränkischer Stammesgruppen in Gallien aber nicht nur gebilligt, sondern die Neuankömmlinge sogar in das Römische Reich integriert. Vertragliche Vereinbarungen zwischen Römern und Franken machten aus den fremden Migranten **Foederaten***, die unter römischer Oberherrschaft militärische Aufgaben in den römischen Provinzen übernahmen. Diese Eingliederung ins Heer förderte das friedliche Zusammenleben von Römern und Franken auf der Grundlage von Bündnissen. Also nicht nur ihre Landnahme in Gallien, sondern vor allem ihre Integration in den römischen Staat eröffnete den Franken die Chance zum Ausbau ihrer Macht.

Foederaten
Volksstämme auf dem Boden des Römischen Reiches, mit denen Rom einen Vertrag (*foedus*) geschlossen hatte

Die römische Kultur beherrschte zwar stark das gesellschaftliche Leben, aber fränkische Traditionen blieben daneben bestehen. So übernahmen die fränkischen Stämme viele Errungenschaften der römischen Zivilisation. Die **Romanisierung Galliens** schlug sich z. B. in der Entstehung eines dichten städtischen Netzes nieder. Von den Römern gebaute Straßen verbanden die Städte miteinander, römische Architektur veränderte das Landschaftsbild. Es handelte sich aber nicht um einen einseitigen Anpassungsprozess, sondern um kulturelle Wechselwirkungen mit dem Ergebnis der Herausbildung einer neuen Volksgruppe mit einer neuen gemeinsamen Identität. Den letzten Schritt auf dem Weg zur Verschmelzung von gallo-römischer und fränkischer Oberschicht bildete der **Übertritt des Frankenkönigs Chlodwig I. (481–511) zum Christentum**. Die folgende Christianisierung des Frankenreichs einschließlich der eroberten Gebiete förderte auch den Zusammenhalt des Reiches. Das merowingische Königtum wurde zur wichtigsten Integrationsklammer im Frankenreich, auch wenn andere Loyalitäten parallel existierten. Die Verbundenheit mit der eigenen Region, die sich aus dem seit dem 5. Jahrhundert entwickelten Stolz auf die *civitates* entwickelt hatte, prägte weiterhin das Loyalitätsgefühl der Menschen in der fränkischen Welt.

M 1 Chlodwig I., Holzstich einer Grabskulptur der Abtei Sainte Genevieve, Paris, 19. Jh.

1 Erläutern Sie den Satz „Migration ist so alt wie die Menschheit".
2 Nennen Sie die wichtigsten Ursachen der Migration in der Völkerwanderungszeit.
3 Untersuchen Sie die Ethnogenese der Franken in der Spätantike:
a) Klären Sie den Begriff der Ethnogenese.
b) Erläutern Sie am Beispiel der Prozesse der Romanisierung und Christianisierung Verlauf und Ergebnisse der Ethnogenese.

Hinweise zur Arbeit mit den Materialien

Die Karte M 2 ermöglicht zunächst einen **Überblick über den zeitlichen Rahmen und die verschiedenen Volksgruppen**, die während der Völkerwanderungszeit ihren Wohnsitz verändert haben. M 3 diskutiert die **Motive**, die zu diesen Migrationsbewegungen geführt haben, und setzt sich zudem mit der Problematik von Geschichtskarten über die Völkerwanderung auseinander. M 4 zeigt am Beispiel der Goten **Verlauf und Bedeutung** der Wanderungsbewegungen für die Menschen. Mithilfe von M 5 lassen sich **Kontinuität und Wandel** im Verhältnis zwischen „barbarischen" Gruppen und dem Römischen Reich analysieren. Das Bild M 6 veranschaulicht den rechtlichen Aspekt der Beziehungen zwischen Römern und Franken. M 7 gewährt Einblicke in die römisch-fränkischen Beziehungen seit dem 4. Jh.

M 2 Völkerwanderungen im 4. und 5. Jahrhundert n. Chr.

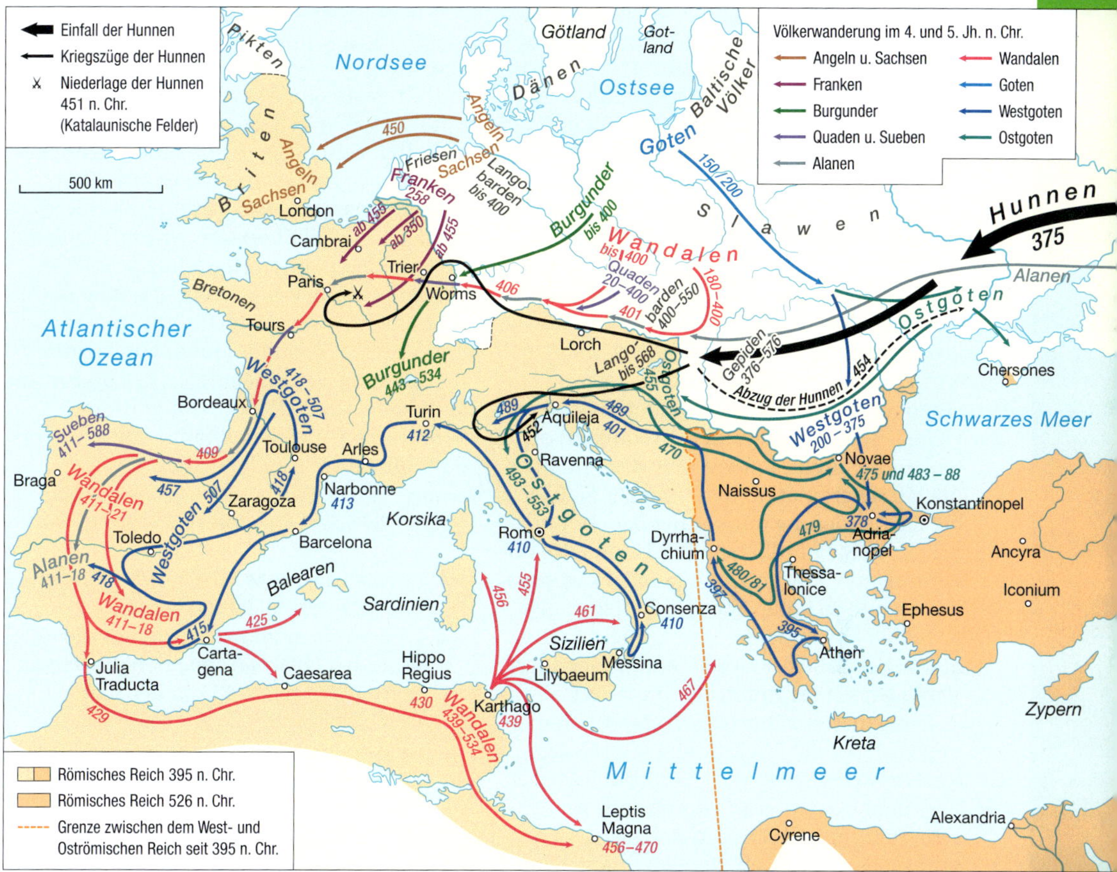

1 a) Erarbeiten Sie mithilfe der Karte M 2 und weiterer Literatur einen Überblick über die verschiedenen Wanderungsbewegungen der Völkerwanderungszeit. Erstellen Sie eine Zeittafel mit den wichtigsten Daten.
b) Präsentieren Sie Ihre Ergebnisse.

Literaturtipps:

Der Große Ploetz. Die Enzyklopädie der Weltgeschichte, 35., völlig neu bearb. Aufl., Vandenhoeck & Ruprecht, Göttingen 2008, S. 383–392.

Jochen Martin, Spätantike und Völkerwanderung, Oldenbourg, München 1995, S. 303–306.

M3 Der Historiker Bernhard Jussen über die Ursachen der Migration in der Völkerwanderungszeit (2014)

Denn die großen Bevölkerungsbewegungen verliefen nicht so, wie die Pfeile der Karten es suggerieren – nicht so zielgerichtet, nicht so kompakt, ja, nicht einmal so ähnlich. Mit heutigen Migrationsproblemen im Kopf sehen Historiker auch die früheren Migrationen in neuem Licht. Wie heute, so gab es auch seinerzeit sehr viele Gründe und sehr verschiedene Arten der Migration: dauerhafte Armutsmigrationen, Massenfluchten vor aggressiven Nachbarn, Plünderungsmigrationen ohne Besiedelungseffekte, militärische Anheuerung, Zwangsumsiedlung nach einer Niederlage gegen die römische Armee, nomadische Wanderung, Expertenmigration oder Migration infolge von Sklavenhandel, um nur die augenfälligsten zu nennen. Hier migrierten Individuen oder Familien, dort große, gut organisierte Gruppen von Kriegern samt Frauen, Kindern und Nichtkriegern ins Imperium (im 5. Jahrhundert etwa unter Führung der Goten Theoderich oder Alarich). Hier migrierte man kollektiv stoßartig und dort schleichend, gewissermaßen einsickernd über einen langen Zeitraum. Die einen (Goten, Vandalen) wanderten über weite Distanzen, die anderen (Franken) offenbar nur auf die andere Seite der – nicht überall scharf markierten – Grenze. So führte die Einwanderung fränkischer Bauern und Krieger in die nördlichen Randzonen des Imperiums zu völlig anderen Besiedelungssituationen und zu völlig anderen Beziehungen zwischen Zuwanderern und Einheimischen als die Vorstöße der Goten, Burgunder oder Vandalen tief ins Innere des Imperiums. […]

Das expansive römische Imperium hat einen Großteil der Migrationen selbst ausgelöst. Denn Imperien wie das römische waren […] nicht nur Unterdrückungssysteme. Sie schafften zugleich Frieden und Sicherheit in sehr großen Regionen, die sich durch bessere Entwicklungs- und Wohlstandschancen von ihrer Umgebung abhoben. Dies gilt auch für das römische Imperium der alten Welt. Sein Glanz und seine im Westen bis weit ins nichtrömische Gebiet ausstrahlende Aura und Interventionsfähigkeit, seine im Vergleich mit den nördlichen Nachbarregionen unerreichbar überlegenen Kulturleistungen und Repräsentationsformen zogen Mengen von Menschen aus den Nachbarregionen an. […]

Aus heutigen Gesellschaften sind wir gewohnt, dass nicht zuletzt Experten migrieren – Personen mit seltenen und gesuchten Kompetenzen. Auch in dieser Form muss die Migration in der fränkischen Welt gedacht werden. Für die frühen Jahrhunderte sind die einfachsten Beispiele fränkische Kriegsexperten, die ins Imperium migrierten. So finden wir Ende des 4. Jahrhunderts fünf Franken als Oberbefehlshaber (*magister militum*) im römischen Militär […].

Kurzum, in der aktuellen Geschichtswissenschaft ist kaum noch etwas übrig geblieben von jener Geschichte, die bis vor kurzem mithilfe von „Völkerwanderungskarten" erzählt wurde, schon gar nichts von der früher erzählten Geschichte eines zunehmend marode und wehrlos werdenden Imperiums, das von brandschatzenden und plündernden Horden […] überrannt wurde. Mit dem Wissen über heutige Migrationsprobleme – von gewaltsamen Vertreibungen über politische Fluchtbewegungen bis hin zu Armuts- und Wirtschaftsmigrationen, von kleinen Bevölkerungsverschiebungen […] bis hin zur allgegenwärtigen Expertenmigration – kommt man auch den Phänomenen vor anderthalb Jahrtausenden näher.

Bernhard Jussen, Die Franken. Geschichte, Gesellschaft, Kultur, C. H. Beck, München 2014, S. 17–19.

1 Arbeiten Sie aus M 3 die zentralen Ursachen und Arten der Migration heraus.

2 Erklären Sie, warum die modernen Kenntnisse über Ursachen und Arten der Migration das Bild zerstören könnten, das Geschichtskarten von der Völkerwanderungszeit entwerfen.

M4 Der Historiker Walter Pohl über die Bedeutung der Völkerwanderung für die Menschen am Beispiel der Goten (2008)

Was die Wanderungen für die Völker bedeuteten, hat [der Historiker] H. Wolfram am Beispiel der Goten im Detail untersucht. Daraus ergibt sich, dass gotische Wanderungen im Lauf der Zeit sehr unterschiedliche Formen annehmen konnten. Die Gutonen des 1./2. nachchristlichen Jahrhunderts lebten an der unteren Weichsel im Bereich der archäologisch feststellbaren Wielbark-Kultur, deren Siedlungsschwerpunkt sich vor ihrem Ende allmählich Richtung Südosten verlagerte, während manche ihrer Merkmale in der Cernjachov-Kultur des 3./4. Jahrhunderts in der heutigen Ukraine sichtbar werden: allmähliche Migration und kultureller Einfluss. Für das 3. Jahrhundert sind gotische Raubzüge zu Wasser und zu Land bis nach Griechenland und Kleinasien bezeugt, die aber zu keiner Ansiedlung führten. Nach 375 löste das Vordringen der Hunnen eine ungeordnete Fluchtbewegung zehntausender Menschen über die untere Donau auf römisches Gebiet aus. Viele von den zugewanderten Goten wurden als Bauern oder Sklaven angesiedelt. Andere wurden als Berufssoldaten römische Föderaten, Bündnispartner, und in die römische Heeresorganisation eingegliedert. Viele der gotischen Wanderungen des 5. Jahrhunderts waren Heerzüge solcher Föderatenarmeen, im römischen Auftrag oder in offener Rebellion, mit Familien und Anhang oder ohne. Schließlich expandierte das 418 gegründete Westgotenreich von Toulouse und bekam im Lauf der Zeit die gesamte Iberische Halbinsel unter Kontrolle.

All das sind Formen der „Völkerwanderung“, die aber kaum auf ein einziges Muster zu reduzieren sind. Nie, selbst 375 nicht, haben alle Bewohner den Ausgangsraum verlassen. Auch die Zahlen der jeweils wandernden Goten schwankten zwischen einigen Tausend und einigen Zehntausend. H. Wolfram hat die größten Armeen der Zeit auf 20 000 bis 30 000 Mann geschätzt, was für ein ganzes Volk höchstens 100 000 Menschen ergibt; manche Forscher gehen von noch geringeren Größenordnungen aus.

Walter Pohl, Artikel „Völkerwanderung“, in: Gert Melville, Martial Staub (Hg.), Enzyklopädie des Mittelalters, Bd. II, Wissenschaftliche Buchgesellschaft, Darmstadt 2008, S. 313 f.

1 Stellen Sie mithilfe von M 4 Verlauf und Folgen der Gotenwanderungen zusammen.

2 Erörtern Sie, ausgehend von M 4, inwieweit der Begriff „Völkerwanderung“ die Ereignisse, Vorgänge und Handlungen der Völkerwanderungszeit angemessen erfasst.

M 5 Die Historikerin Verena Postel über das rechtliche Verhältnis zwischen „Barbaren“ und Römischem Reich (2004)

Rom formulierte sein Verhältnis zu den sich neu formierenden germanischen *gentes*[1] in den Termini traditioneller römischer Außenpolitik. Es schloss Verträge mit barbarischen Königen und *gentes*, die, als *foedera amicitiae* bezeichnet, die völkerrechtliche Terminologie der Antike fortsetzten. Völkerrechtliche Freundschaftsverhältnisse unbefristeter Art waren als *amicitia* definiert worden. Sie beinhalteten eine wechselseitige Anerkennung der Partner, den Ausschluss feindlicher Handlungen und waren Voraussetzung diplomatischer Beziehungen, ohne die Gleichrangigkeit der Partner festzulegen.

Die Fortsetzung dieser Terminologie bedeutet zweierlei: Rom bestimmte weiterhin die Sprache der Politik, die Barbaren übernahmen die Formen politischer Kommunikation, andererseits schloss dieses Eintreten der Barbaren in den Horizont der römischen politischen Kultur jedoch keineswegs aus, dass sich die neuen *gentes* innerhalb des weiten Mantels der diplomatischen Beziehungen zu Rom zu voller Souveränität emanzipierten, wie es in der Folge in den Königreichen der West- und Ostgoten, Vandalen, Burgunder und Franken geschah. Im Jahre 466 etwa brach der Westgotenkönig Eurich das *foedus* mit Rom und regierte fortan als König eigenen Rechts.

Doch es war häufiger, dass die *amicitia* mit Rom beibehalten wurde, da sie den Frieden mit der Weltmacht garantierte. Für Ostgoten und Franken war außenpolitische *amicitia* mit einer zunächst überlegenen Macht ein Mittel der Emanzipation zu eigenständiger Königsherrschaft, das sie sogar später selbst im Umgang mit ihren weniger bedeutenden Vertragspartnern, etwa den Thüringern, praktizierten. [...]

Bei den Franken vollzog sich ein ähnlicher Emanzipationsprozess: *amicitia* zu Byzanz diente als Weg zu politischer Eigenständigkeit. Seit der Ernennung Chlodwigs zum Ehrenkonsul und der Überreichung des königlichen Ornats [...], mit der Kaiser Anastasius [...] im Jahre 508 die fränkische Reichsgründung legalisiert hatte, bestand *amicitia* zwischen Byzanz und den Frankenherrschern […]. In der Allianz gegen die Langobarden wurde diese *amicitia* in den 580er-Jahren in praktische Politik umgesetzt.

Die Geschichte der außenpolitischen Beziehungen im Frühmittelalter zeigt eindrucksvoll, wie die germanischen *gentes*, die bei ihrem Eindringen in den römischen Kulturkreis wie etwa auch im Bereich der schriftlichen Gesetzgebung römische Verfahrensweisen kennen lernten, sich zunächst in diese einbinden ließen, sie dann aber eigenständig nutzten und entsprechend ihrem wachsenden politischen Gewicht eigenen Zielen dienstbar machten. Es ergibt sich gleichsam eine Dreistufigkeit in der Anwendung außenpolitischer *amicitia*. Was Ostgoten und Franken von Byzanz gelernt hatten, wandten sie eine Ebene tiefer auf ihre eigenen zwischenstaatlichen Beziehungen zu Grenznachbarn an.

Das Paradigma *amicitia* blieb von der Antike bis ins hohe Mittelalter das maßgebliche Schema zur Regelung außenpolitischer Beziehungen sowohl zwischen gleichrangigen als auch zwischen ungleichen Partnern.

Verena Postel, Die Ursprünge Europas. Migration und Integration im frühen Mittelalter, Kohlhammer, Stuttgart 2004, S. 45 f.

---

1 lat. *gens, gentis* = Sippe, Geschlecht, Verwandtschaft, Stamm, Volksstamm, Volk, Gemeinschaft

---

1 Analysieren Sie mithilfe von M 5 Kontinuität und Wandel im Verhältnis zwischen barbarischen Stämmen und dem Römischen Reich.

M6 Chlodio und Aetius, Farblithografie aus Frankreich, um 1890.
Die Abbildung zeigt den Vertragsschluss von Chlodio, König der salischen Franken, mit dem römischen Heerführer Flavius Aetius nach der Niederlage der Franken gegen die Römer im Gebiet von Arras (heute nahe der französischen Stadt Lille) um 440/450. Die Farblithografie ist Teil einer Reihe von Sammelbildchen der französischen Könige. „Chlodion" wird auf der Karte als „zweiter König von Frankreich" bezeichnet.

1 Interpretieren Sie das Historienbild. Beziehen Sie dabei seinen Entstehungskontext mit ein.

M7 Die Historikerin Verena Postel über Franken und Römer im 4. Jh. (2004)

Fränkische Teilstämme wurden unter ihren eigenen Königen auf Reichsboden angesiedelt, als Reichsangehörige mit der Pflicht zum Heeresdienst, eine Vorstufe zu den ab 380/382 einsetzenden Ansiedlungsverträgen (*foedera*) mit den Goten. Diese Integrationspolitik, die Übernahme hoher Kommandostellen im Heer durch Franken, scheint erfolgreich gewesen zu sein, wie durch Grabfunde bestätigt wird. Spätestens seit Valentinian I. erfreuten sich Personen der germanischen Oberschicht als Anführer von Söldnerverbänden des mobilen Feldheeres besonderer Anerkennung seitens der römischen Militärverwaltung. [...] Franken kämpften für die Römer gegen ihre eigenen Stammesgenossen, wie das Beispiel des römischen Heermeisters Arbogast zeigt, eines Franken, der eine Strafexpedition gegen die Brukterer und Chamaven unternahm. Das *cingulum militiae* als Rang- und Amtsabzeichen der zivilen und militärischen Verwaltung war das sichtbare Zeichen der römischen Amtsgewalt (*potestas*), auf die gestützt auch den germanischen Offizieren und (später) Verwaltungsbeamten die Kompetenzen des römischen *iudex* zukamen: Regierung, Verwaltung des Sprengels und Gerichtsbarkeit. Die Franken haben auf diese Weise u. a. über das Militär die Grundlagen römischer Staatlichkeit übernommen und auf die Germania ausgedehnt. Wie tief die Loyalität der Franken zum römischen *imperium* ging, zeigt die bekannte Grabinschrift eines in Pannonien beigesetzten Soldaten aus dem 3. Jh.: *Francus ego cives, miles Romanus in armis*/ Franke bin ich im zivilen Leben, im Krieg diene ich als römischer Soldat [...]. Die Doppelidentität als Franke und Römer [...] geht aus dem Vers hervor.

In dieser loyalen Einstellung versuchten Franken den Durchmarsch der Vandalen, Alanen und Sueben 406 über den Rhein bei Mainz zu verhindern, freilich erfolglos. Auch auf den Katalaunischen Feldern 451 hatten Franken gekämpft, teilweise zur Abwehr der Hunnen aufseiten des Aetius, teils auf gegnerischer Seite. Dies belegt, dass es in der Völkerwanderungszeit nicht um pränationale Abstammungsgemeinschaften ging, die sich als Einheiten gegenüber den Römern durchsetzen wollten, es geht um sehr differenzierte Prozesse, in denen kleine Gruppen je für sich an der überlegenen politischen, kulturellen und wirtschaftlichen Macht noch des spätrömischen Reiches partizipieren wollten. [...]

Selbst in der dritten Phase der vormerowingischen Geschichte der Franken, derjenigen der politischen Verselbstständigung gegenüber Rom, suchte man noch die Anlehnung an römische Amtsträger, um sich zu etablieren. So gingen die Rheinfranken mit den Burgundern unter ihrem König Gundowech [...] ein Bündnis ein, um die alemannische Expansion einzudämmen. [...]

Ein vergleichbares Sich-Aufstützen auf Repräsentanten der römischen Militärmacht findet sich auch bei den Salfranken, die im Laufe des 5. Jhs. die Hegemonie innerhalb des Stammesschwarms der Franken übernahmen, und zwar unter Führung der Sippe Chlodios, der auch Merovech und Childerich angehörten. Sie verbündeten sich mit dem römischen Heermeister Aegidius (456/7–464), der zeitweise bei ihnen die Stellung eines Königs gehabt haben soll. Mitte des 5. Jhs. wurden sie als Föderaten anerkannt.

Childerich übernahm die Führung der Franken vor dem Jahre 463 und war der letzte fränkische Heerführer, der die Tradition des Militärdienstes als föderierter Germane fortsetzte. Unter dem Oberbefehl des nordgallischen Heermeisters Aegidius trat er 463 gegen die Westgoten an, erneut dann 469, diesmal unter der Führung des römischen Befehlshabers Paulus. [...] Er war ein föderierter römischer General, der die Verwaltung der [Provinz] Belgica II innehatte und an seinen Sohn Chlodwig weitergab. Dessen Aufstieg wurde auch durch die diplomatischen Fähigkeiten seines Vaters geebnet.

Verena Postel, Die Ursprünge Europas. Migration und Integration im frühen Mittelalter, Kohlhammer, Stuttgart 2004, S. 129 f.

1 Charakterisieren Sie mithilfe von M 7 die römisch-fränkischen Beziehungen seit dem 4. Jh.

2 Erläutern und diskutieren Sie am Beispiel der römisch-fränkischen Beziehungen die zentrale These der Autorin (Z. 48–57).

Erarbeiten Sie Präsentationen

Thema 1
Die ehemaligen deutschen Ostgebiete – Polens Wilder Westen oder die „Wiedergewonnenen Gebiete"?
„Der mittlere und untere Teil des Oderraumes, der 1945 an Polen fiel, wurde in den ersten Jahren der Neubesiedlung oft als ‚Polens Wilder Westen' [...] bezeichnet." (Halicka 2013, S. 7) Offiziell galt der Raum der ehemaligen deutschen Ostgebiete als „Wiedergewonnene Gebiete", wodurch deutlich gemacht werden sollte, dass die Region bereits im Mittelalter zum piastischen Polen[1] gehört habe.

Informieren Sie sich über das Geschichtsbild, das mit dieser Deutung verbunden war, und die Prozesse der Besiedlung dieser Gebiete, und stellen Sie beides jeweils in einer Präsentation dar.

1 Piasten = poln. Herrscherdynastie

Literaturtipp
Beata Halicka, Polens Wilder Westen. Erzwungene Migration und die kulturelle Aneignung des Oderraums 1945–1948, Ferdinand Schöningh, Paderborn 2013.

M1 Rückkehr polnischer Flüchtlinge mit einem Zug aus Frankreich, Fotografie, 1946

Webcode:
KH1110987-074

Thema 2
Rückgabe von Eigentum in den ehemaligen deutschen Ostgebieten?
Das Ende des Ost-West-Konflikts und die Aufnahme Polens und der Tschechoslowakei in die Europäische Union haben in diesen Ländern Ängste geschürt, vertriebene Deutsche bzw. deren Nachfahren könnten im Zuge des Europäisierungsprozesses Ansprüche auf eine Rückerstattung ihres früheren Eigentums geltend machen. Eine der Organisationen, die dies betreiben, ist die „Preußische Treuhand", die allerdings 2008 mit einer Klage vor dem Europäischen Gerichtshof für Menschenrechte unterlag.

Informieren Sie sich über die Zielsetzungen und Argumentation derjenigen, die Eigentumsansprüche geltend machen, sowie über das Gerichtsurteil und seine Begründung und stellen Sie beides in einem zweigeteilten Plakat gegenüber.

M2 Screenshot von der Homepage der „Preußischen Treuhand"

Überprüfen Sie Ihre Kompetenzen

M3 Denkschrift der polnischen Exilregierung in London über die polnischen Kriegsziele (1942)

Die Zwangsaussiedlungen [die die Deutschen während des Krieges vornahmen] beschränken sich nicht nur auf die Polen, sondern werden in sehr großem Ausmaße auch gegen andere Nationalitäten angewendet. Sie wurden von der gesamten deutschen Gesellschaft ohne den geringsten Widerstand als Mittel einer Politik akzeptiert, die ganz auf die Verwirklichung der neuen Ordnung in Europa gerichtet ist. Die deutsche Gesellschaft arbeitet ohne Unterschied der Anschauungen bei der Übernahme des privaten Eigentums, das die Ausgesiedelten zurücklassen mussten, tatkräftig mit der Regierung zusammen. [...] Die deutsche Aussiedlungspraxis beschränkt sich nicht nur auf Fremdvölker. Sie wurde auch gegenüber eigenen Staatsbürgern angewandt. [...] Diese Tatsachen führen zu der Feststellung, dass die Methode der Aussiedlungen in Bezug auf die Deutschen selbst gerechtfertigt ist. Es wäre folglich weder berechtigt noch zweckdienlich, irgendwelche Zweifel bezüglich einer Umsiedlung der deutschen Bevölkerung in den Fällen zu haben, in denen dies die höheren Interessen eines stabilen Friedens in Europa erfordern. Unabhängig von einem freiwilligen Abzug der Deutschen aus den Gebieten, die von Polen übernommen werden, wird ein Transfer der deutschen Bevölkerung nach Deutschland notwendig sein. Dieser Transfer wird in einem bestimmten Bereich den Charakter eines Bevölkerungsaustausches haben können, denn gleichzeitig wird die polnische Bevölkerung, vor allem Arbeiter, die bereits vor dem Krieg in West- und Mitteldeutschland gelebt hat, nach Polen zurückkehren müssen.

Zit. nach: Bernadetta Nitschke, Vertreibung und Aussiedlung der deutschen Bevölkerung aus Polen 1945 bis 1949, Oldenbourg Verlag, München 2003, S. 58.

Sachkompetenz

1 Stellen Sie die Phasen von Flucht und Vertreibung der Deutschen seit 1944 in einer Tabelle zusammen.

2 Schreiben Sie einen Lexikonartikel zum Thema „Ursachen von Flucht und Vertreibung am Ende des Zweiten Weltkrieges".

Methodenkompetenz

3 Analysieren Sie M3 mithilfe der Arbeitsschritte auf Seite 62.

Urteilskompetenz

4 In der historischen Forschung ist umstritten, wer die Hauptverantwortung für die Planungen zur Vertreibung der Deutschen trägt. Stellen Sie die Interessen und Maßnahmen der Alliierten und der politischen Vertreter Polens und der Tschechoslowakei dar und fällen Sie ein begründetes Urteil.

5 „Vertreibung – ein gemeinsames Schicksal von Deutschen und Polen"? Nehmen Sie Stellung zu dieser These.

Zentrale Begriffe

Flucht
Potsdamer Konferenz
Repatrianten
Vertreibung

5 Flucht und Vertreibung biografisch: Erfahrungen und Verarbeitungen

Kompetenzen erwerben

Sachkompetenz:
- die unterschiedlichen individuellen Erfahrungen von Flucht und Vertreibung bestimmen
- individuelle und kollektive Verarbeitungsmuster von Flucht und Vertreibung benennen und analysieren

Methodenkompetenz:
- mit Selbstzeugnissen als historischen Quellen umgehen
- historische Spielfilme analysieren

Urteilskompetenz:
- den Einfluss der Erfahrungen von Flucht und Vertreibung auf den individuellen Lebenslauf diskutieren
- die Aussagekraft biografischer Texte beurteilen

Individuum und Geschichte

Bei der Beschäftigung mit Flucht, Vertreibung und Umsiedlung während und nach dem Zweiten Weltkrieg dürfen nicht allein die übergreifenden historischen Bedingungen, Ursachen und Folgen von Handlungen und Ereignissen in den Blick genommen werden. Wer die Bedeutung dieser Zwangsmigrationen für den einzelnen Menschen beschreiben und erklären will, muss auch die **individuellen Erfahrungen der Betroffenen** darstellen und analysieren: Wie haben sie ihre Flucht, Vertreibung und Zwangsmigration erfahren und verarbeitet? Haben die Menschen über ihre Erlebnisse gesprochen oder wurde vieles verdrängt? Haben die Erlebnisse von Heimatverlust, Gewalt, Not und Anfeindungen das Leben bzw. die Persönlichkeit der einzelnen Betroffenen nachhaltig verändert?

Biografische Forschung

Erfahrungen und Verarbeitungen sind auf der individuellen und subjektiven Ebene des einzelnen Menschen verankert, manchmal sind sich sogar die Betroffenen selbst der Vorgänge nur teilweise bewusst. Bei historischen Ereignissen, die lange zurückliegen, kommt noch das Quellenproblem hinzu: Mithilfe von Reden, Verwaltungsakten, Landkarten oder Denkmälern lassen sich vor allem Ereignisse, Handlungen, Vorgänge oder Entscheidungen untersuchen. Das Denken und Fühlen der Individuen kann man nur erfassen, wenn man sogenannte **Selbstzeugnisse** heranzieht. Das sind historische Quellen, in denen die Menschen selbst zu Wort kommen. Zu diesen selbst verfassten Lebenszeugnissen gehören **Briefe, Tagebucheinträge, Zeitzeugeninterviews oder Autobiografien**. Bei der Auswertung dieser Materialien ist zu beachten, dass Interviews und Autobiografien mit einem mehr oder weniger großen zeitlichen Abstand zu den zu untersuchenden Ereignissen entstanden sind. In der Erinnerung kann sich der persönliche Bezug zu den Erfahrungen verändert haben. Das geschieht z. B. durch die Verarbeitung und Deutung der Ereignisse, die die Betroffenen in ihren Lebenslauf einordnen und so das Erlebte für sich mit Sinn versehen.

Von den Selbstzeugnissen zu unterscheiden sind **Biografien**. Sie beschäftigen sich zwar mit einem einzelnen Menschen und seinem „erlebten" Leben, sind aber von einem Außenstehenden verfasst, der das biografische Material auswählt und immer auch deutet. So gibt es ganz unterschiedliche Formen von Biografien: Helden- und Opferbiografien, die Biografien von Eliten oder „kleinen Leuten", von Migranten, sozialen Aufsteigern oder sich emanzipierenden Individuen. Die Biografien bedienen dementsprechend immer unterschiedliche Erwartungen und folgen unterschiedlichen Traditionen. Dennoch sind auch Biografien wichtige historische Quellen. Sie ermöglichen Einblicke in die Alltagswelt und fragen nach gesellschaftlichen, kulturellen und psychologischen Ursachen und Folgen menschlichen Handelns. Biografien beleuchten sowohl den äußeren Lebenslauf (z. B. Kindheit, Elternhaus, Schulzeit, Berufsausbildung, Arbeitsleben) als auch die geistige und psychische Entwicklung eines Menschen.

Historiker, die sich mit der Erfahrung sowie Verarbeitung von Flucht, Vertreibung und Zwangsmigration beschäftigen, müssen auf Selbstzeugnisse der betroffenen Menschen zurückgreifen. Dafür stehen ihnen im Falle des Zweiten Weltkrieges sowohl zahlreiche selbst verfasste Berichte und Erzählungen sowie Zeitzeugeninterviews zur Verfügung.

Webcode:
KH1110987-077

1 Erläutern Sie den Stellenwert persönlicher Aussagen für die Analyse von Flucht, Vertreibung und Umsiedlung während des Zweiten Weltkrieges und in der Nachkriegszeit.

2 Nennen Sie verschiedene Möglichkeiten, wie der Historiker die persönlichen Erfahrungen von Flüchtlingen und Vertriebenen sowie die Verarbeitung des Erlebten analysieren kann.

M1 **„Repatriate – Expatriate", Mann zwischen den Stühlen, Collage von Daniel Matzenbacher, ohne Jahr**

Hinweise zur Arbeit mit den Materialien

Die Materialien befassen sich mit drei Themenbereichen: M 2 bis M 5 ermöglichen die Analyse der **Erfahrungen von Flüchtlingen und Vertriebenen** im Umfeld des Zweiten Weltkrieges. Die Materialien bieten eigenständig verfasste Berichte aus den 1940er- und 1950er-Jahren (M 2 bis M 4) sowie ein Zeitzeugeninterview, das um die Jahrtausendwende entstand (M 5). Weitere Zeitzeugeninterviews (M 7 bis M 9) sowie die Bildmaterialien (M 1, M 6 und M 13) gewähren Einblicke in die unterschiedliche **Verarbeitung von Fluchterfahrungen.** Anhand von Kurzbiografien (M 10 bis M 12) lassen sich einige verschiedene Frauenschicksale aus dem Konzentrationslager Ravensbrück analysieren. Hier steht die Frage nach der **Rolle der Erfahrungen für den Lebenslauf** im Vordergrund. Zwei weitere männliche Kurzbiografien von Politikern (M 14 und M 15) ergänzen die Vertriebenenbiografien.
Am Ende des Kapitels finden sich **weiterführende Arbeitsanregungen** und die Möglichkeit, die im Kapitel erworbenen **Kompetenzen zu überprüfen** (S. 90 f.).

Erfahrungen mit Flucht und Vertreibung

M 2 Auszug aus der eigenhändigen Niederschrift von Gertrud Dannowski über ihre Flucht aus Deutsch Thierau, Ostpreußen (18. Mai 1954)

In den frühen Morgenstunden des 8. April, als die Kampftätigkeit etwas nachgelassen hatte, haben wir das Allernotwendigste auf den kleinen Wagen geladen und haben uns dann wieder mit dem Polen zusammen auf den Weg gemacht. In dieser Zeit war die Frische Nehrung wieder freigekämpft, und so war es unser Ziel, bis Käsemark über die Weichsel, dann auf die Nehrung zurück ins Samland zu fahren. Doch das Schicksal bestimmte es anders, und jetzt können wir sagen „Gott sei Dank", denn da wären wir bestimmt den Russen in die Hände gefallen, und wer weiß, wo und wie wir noch gelandet wären. Es war eine fürchterliche Fahrt, die Straßen aufgerissen, die Kugeln pfiffen um die Ohren, Groß-Zünder ganz zerstört. Ja, wir kamen auch nur bis Letzkau. Beim ersten Tieffliegerangriff gings noch gut, dann um 10 Uhr der zweite. Unter einem großen Baum stehend, hielt Gott über uns seine schützende Hand, und wir kamen alle mit dem Leben davon, auch der Pole, der auf der Erde vor dem Wagen lag. Wie leicht hätte es uns alle 3 Frauen treffen können, wer hätte sich dann der hilflosen Kleinen angenommen? Doch die Pferde mussten hier später getötet werden. Zweien wurden die Vorderbeine durchschossen, das dritte hatte eine tiefe stark blutende Wunde auf dem Rücken; so wurden sie denn nach dem Angriff alle 3 erschossen. Nun blieb auch uns nichts anderes übrig, als noch den Rest unserer Habe stehen zu lassen und uns mit Handgepäck verschiffen zu lassen. Das war am 12. April von Einlage (Weichsel). Bei Hela auf offener See nahm uns der Dampfer Urundi auf. Urundi war natürlich auch überfüllt, etwa 10 000 Mann. Wir fuhren zum Glück bei ruhiger See, mit Begleitschiffen, auch ohne Fliegerbeschuss und ohne unser Ziel zu wissen. So trafen wir am 15. April in Kopenhagen (Dänemark) ein. Von hier gings in das große Lager Ansage zur Aufteilung. Dann kamen wir in dem größten Lager Oksböl an der Westküste Jütlands unter, in welchem 35 000 bis 38 000 Flüchtlinge waren. Endlich November 1948 sahen wir Deutschland wieder.

Zit. nach: Josef Henke, Exodus aus Ostpreußen und Schlesien. Vier Erlebnisberichte, in: Wolfgang Benz (Hg.), Die Vertreibung der Deutschen aus dem Osten. Ursachen, Ereignisse, Folgen, Fischer Taschenbuch, Frankfurt/M. 1995, S. 120 f.

M 3 Auszug aus dem handschriftlichen Brief von Herrmann Fischer aus Horn, Ostpreußen, an ein befreundetes Pfarrerehepaar (28. November 1946)

Dann kam der 11. November, ein Sonntag, und damit unsere Ausweisung und Abtransport aus der Heimat. Nachdem die Polen eine Inventuraufnahme gemacht hatten und uns am Sonnabend noch alles Brauchbare an

Kleidungsstücken geraubt hatten, gingen wir mit je 20 Pfund Handgepäck zur Sammelstelle, wurden registriert und unter bewaffneter Begleitung nach Sonnenborn gebracht, wo unser polnisches Amt ansässig war. Dort mussten wir zwei Tage bleiben und nach Durchsuchung und nochmaliger Beraubung nach Mohrungen zum Bahnhof marschieren. Bei völliger Dunkelheit und zum ‚Tode ermattet' kamen wir in Mohrungen an. Die Stadt ist fast vollständig in Asche. Nachdem die Polen von ringsum uns überall anfielen und raubten, kamen wir zum Transportzuge (ca. 45 Viehwagen für 4 500 Personen). In meinem Wagen waren 116 Menschen. Es war weder zu stehen noch zu sitzen die Möglichkeit. Einer saß auf dem andern. Nachdem die Polen nochmals gründlich geräubert hatten, setzte sich der Zug in Bewegung, um aber nach einiger Zeit wieder stehen zu bleiben, irgendwo auf freier Strecke oder dem toten Gleis eines Bahnhofs, bei steter Beraubung 11 Tage lang. […]

Endlich, am 4. Januar, kamen wir aus dem Lager Brahlsdorf, Mecklenburg, nach Haar, bei Neuhaus a. d. Elbe, zu einer Familie Dr. Panz ins Quartier. Wir hatten die verwaisten drei Kinder der Frau Ida Schulz aus der Zölp angenommen, welche in Luckenwalde gestorben war, und diese haben von hier aus ihren Vater gefunden im Kreise Soltau, Hannover. Inzwischen hatten wir durch unsere Schwiegertochter aus Württemberg die ersten freudigen Nachrichten erhalten; Tochter Else Paschke mit Töchterchen Ute ist in Berkel-Maasen, Krs. Diepholz. Die älteste, Tochter Elfriede hat die jüngste verlorene Schwester aus der russischen Zone geholt. Sie wurde in Württemberg neu eingekleidet, ging bis Ostern zur Schule und ist dort konfirmiert. Ihre Erlebnisse waren schaurig, denn sie war ohne Nahrungsmittel und halbnackend, ohne Geld. Gott hatte sie dennoch sicher hindurchgeführt, und heute sind wir wieder mit ihr zusammen. Dann haben wir noch unseren zweiten Sohn Paul hier gefunden. Er war in engl. Gefangenschaft, und da er Berufssoldat war, hat er bei der engl. Militärregierung die Stelle eines Schirrmeisters erhalten und hatte somit eine sichere Stelle. Es fehlen noch zwei Söhne, Bruno, 36 Jahre alt, Heinz, 22 Jahre, und Elise, 24 Jahre alt. Der Älteste hat sich aus Russland gemeldet. Aber wo sind die beiden anderen? Wie kann man Auskunft darüber erhalten? Falls Heinz nicht tot ist, müsste er auch in Russland sein.

Zit. nach: Josef Henke, Exodus aus Ostpreußen und Schlesien. Vier Erlebnisberichte, in: Wolfgang Benz (Hg.), Die Vertreibung der Deutschen aus dem Osten. Ursachen, Ereignisse, Folgen, Fischer Taschenbuch, Frankfurt/M. 1995, S. 123–125.

M4 Auszug aus dem Bericht von Elfriede Steiner, Vertriebene aus dem Sudetenland (15. April 1947)

Am 1. Mai 1945 wurde ich mit meiner Tochter evakuiert. Nach einer durch Luftangriffe gestörten Fahrt kamen wir in Iglau, unserem Bestimmungsort, an. In einer Schule wurden wir untergebracht. Als die Kampfhandlungen sich der Stadt näherten, wurden wir aufgefordert, uns ruhig zu verhalten, da fremdes Militär die Stadt besetzen würde. Ohne Kampf drangen die Sowjets in den späten Abendstunden des 7. Mai in die Stadt ein. Ein russischer Offizier kam in unser Lager, hielt eine Rede an uns und suchte sich sodann junge Frauen und Mädchen zur Vergewaltigung aus. Trotz unserer Bitten behielt er seinen Willen aufrecht. Das furchtbare Angstgeschrei derjenigen hielt die ganze Nacht bis in den kommenden Tag herein an. Wir hatten alle ungeheure Angst, da wir in einer fortwährenden Furcht um unser Leben und einer quälenden Ungewissheit über unser weiteres Schicksal bleiben mussten. Eine junge Frau beging aus Verzweiflung Selbstmord. Aus diesen Gründen fassten wir den Entschluss, auf eigene Verantwortung, in unsere Heimatstadt Friedek-Mistel, wo mein Mann nach unserer Evakuierung verblieben war, zurückzukehren. Über die dort herrschenden Verhältnisse waren wir vollkommen im Unklaren. […] Unsere Heimfahrt lässt sich kaum richtig beschreiben. Von den aus Deutschland zurückkehrenden tschechischen Arbeitern wurden wir unserer letzten Habe beraubt sowie mit Schlägen und unbeschreiblichen Schimpfworten bedacht. Halbtot vor Angst langten wir endlich am 20. Mai in Friedek ein, wurden sofort verhaftet und verbrachten die Nacht im Mistelter Gerichtsgefängnis. Über meinen Mann konnte ich nichts erfahren. Nächsten Tag wurden mir die Schlüssel meiner Wohnung, welche fast ganz ausgeplündert war, ausgefolgt und bis zu deren Räumung konnte ich dort mit meiner Tochter wohnen. Von meiner Schwiegermutter erfuhr ich, dass mein Mann bei der Besetzung der Stadt von den Tschechen verhaftet worden war. Vier Tage nach unserer Ankunft wurden auch wir erneut verhaftet und in das Neumannlager in Friedek eingeliefert. [...]

Von 7 Uhr früh bis oft in die Nacht hinein mussten wir schwere und schmutzige Arbeit verrichten. Zum Essen bekamen wir nichts anderes als Kaffee, Wassersuppe und 150 g Brot pro Tag. Oft wurden wir in der Nacht von unseren Schlafstellen herausgejagt, mussten am Lagerhof antreten, dann tanzen, singen, einander Ohrfeigen verabreichen, auf allen Vieren herumkriechen usw. Diese sadistischen Akte wiederholten sich immer wieder und viele meiner Mitgefangenen begingen aus Verzweiflung Selbstmord. Wir waren vollkommen der Willkür der uns bewachenden Partisanen ausgeliefert. [...]

Am 14. Juni wurde ich wie auch viele andere Frauen einem Bauern zur Dienstleistung zugeteilt. Bei diesem Bauern verblieb ich bis zum Mai 1946. Er behandelte mich gut und gab mir auch ausreichend zu essen. Jeden Monat ließ er mich einmal nach Mistek, um meine dort lebenden Verwandten und meine im Lager internierte Tochter zu besuchen. Ich bekam nun auch Gewissheit über das Schicksal meines Mannes. Von einem überlebenden Zellengenossen erfuhr ich, dass er am 27. Mai 1945 verstorben ist, und zwar an den Folgen des andauernden Prügelns und sonstiger Misshandlungen. Im Totenschein stand allerdings, dass er an Körperschwäche verstorben sei. Ich aber weiß und kann bezeugen, dass mein Mann nie an Körperschwäche gelitten hat und, als wir ihn verließen, dass er vollkommen gesund war. Am 30. Mai 1946 wurde ich mit meiner Tochter nach Deutschland ausgesiedelt.

Zit. nach: Alois Harasko, Die Vertreibung der Sudetendeutschen. Sechs Erlebnisberichte, in: Wolfgang Benz (Hg.), Die Vertreibung der Deutschen aus dem Osten. Ursachen, Ereignisse, Folgen, Fischer Taschenbuch, Frankfurt/M. 1995, S. 135–137.

M5 Die Journalistin und Politikwissenschaftlerin Helga Hirsch über die Tochter einer aus Polen geflohenen deutschen Familie (2004)

Christel war fast sechs, als sie mit Mutter und Dagmar in dem niedersächsischen Dorf ankam, das ihnen nach einigen Zwischenstationen für acht Jahre eine neue Heimat werden sollte. Sie kann sich noch gut an den schweren Alltag in den ersten Nachkriegsjahren erinnern, wo auch das Einfache schwierig war und die Hilfe der ältesten Tochter unumgänglich.

Es gab doch nur den einen Herd, auf dem das Essen gekocht und der Kuchen gebacken und die Wäsche gewaschen wurden und der auch das Wasser aufheizte, das jeden Samstag die kleine Zinkwanne füllte, in die Dagmar und Christel – eine nach der anderen – mit angewinkelten Knien hineinkrochen. Für diese Badeprozedur hatte Christel das Wasser vom hundert Meter entfernten Brunnen die Treppe erst hinauf- und dann wieder hinunterzutragen. Auch das Holz wollte hinauf und die Asche wieder hinuntergetragen werden. Zu Christels Pflichten zählte ebenfalls, im Frühsommer Rüben zu verziehen, im Sommer Kartoffeln und Ähren aufzulesen und im Herbst Pilze und Holz im Wald zu sammeln.

Am liebsten arbeitete Christel beim Bauern Samann, denn Samanns Tochter war ihre Freundin. Gemeinsam wendeten sie das Heu, melkten die Kühe und lagen anschließend im warmen Wiesengras und beobachteten die Wolken. Bei Samanns fühlte sie sich nie als Flüchtlingskind und nie als Bittstellerin, denn die Bäuerin war freundlich und steckte ihr jedes Mal etwas zu – entweder ein Stück Wurst vom Schlachten oder selbst gebackenes Weißbrot oder Zuckerkuchen oder Butter. [...]

Christel hätte gern Klavierunterricht genommen, aber dafür reichte das Geld nicht. Sie hätte auch gern Ballettunterricht genommen. Aber nach einigen Stunden erklärte die Mutter, eine Erkrankung der Schilddrüse lasse weitere Stunden nicht angezeigt erscheinen. Wahrscheinlich, meint Christel heute, habe die Mutter die gesundheitlichen Probleme vorgeschoben, da sie sich schämte, den Geldmangel einzugestehen.

Christel machte der Mutter keine Vorwürfe. Es war doch nicht ihre Schuld, dass sie nur mühsam über die Runden kamen. [...] Sicher hätte sich auch Christel mehr Zärtlichkeit und Zuwendung von der Mutter gewünscht. Aber das erlaubten die Umstände offensichtlich nicht, die sie zwangen, fast ohne alles wieder von vorn anzufangen, während die anderen, wenn sie ihnen notdürftige Unterkünfte zuwiesen, noch verächtlich fragten: „Hattet ihr schon einen Eimer, oder habt ihr noch über den Balken geschissen?“ Die Mutter war doch selbst ein bedauernswertes Geschöpf, als sie sich deklassiert und überfordert nach dem Krieg wiederfand.

Was konnte die Mutter, einst eine angesehene Pfarrersfrau, dafür, dass ihr Mann gefallen war? Dass sie, wie viele Töchter aus besserem Haushalt, keine Ausbildung erhalten hatte und in finanziellen Dingen völlig unerfahren war? Andere Vertriebenenfamilien, das sah Christel an den Häuslebauern im Dorf genauso wie später bei den Eltern ihrer Klassenkameradinnen im Gymnasium, die schafften es. Aber in anderen Vertriebenenfamilien lebten noch die Männer. Cadera aus Schlesien stieg zum Beispiel schnell zum besten Konditor von Wolfsburg auf, und das Ehepaar Back wurde reich mit seinem Tapetengeschäft.

Helga Hirsch, Schweres Gepäck. Flucht und Vertreibung als Lebensthema, edition Körber-Stiftung, Hamburg 2004, S. 30–32.

1 Arbeitsteilige Gruppenarbeit: Bilden Sie vier Gruppen und bearbeiten Sie je einen Text der Materialien M 2 bis M 5:

a) Fassen Sie die wesentlichen Aspekte der Erfahrungen mit Flucht und Vertreibung zusammen.

b) Präsentieren Sie Ihre Ergebnisse in kurzen Thesen.

c) Vergleichen und beurteilen Sie die Ergebnisse. Zeigen Sie Gemeinsamkeiten und Unterschiede auf. Diskutieren Sie die individuellen Erfahrungen der Flüchtlinge und Vertriebenen.

M 6 Der Präsident des Bundes der Vertriebenen Herbert Czaja spricht auf dem 20. Pfingsttreffen der Landsmannschaft der Oberschlesier in Essen, Fotografie, 18. Mai 1986

Verarbeitungen von Flucht und Vertreibung

M 7 Die Journalistin und Politikwissenschaftlerin Helga Hirsch über ihren Vater (2004)

Mein Vater stammte aus Breslau. Er ist weder geflüchtet, noch wurde er vertrieben – denn als der Krieg zu Ende ging, war er in Schleswig-Holstein stationiert –, aber er hat die Heimat verloren. [...]

Was das Leben in dieser Stadt [Breslau] für ihn bedeutet haben mag, erfuhr ich von meiner Tante erst nach seinem Tod. Zu seinen Lebzeiten war mein Vater ein Mann ohne Vergangenheit. Wie aus dem Niemandsland gefallen, ein Fremdkörper in einer niedersächsischen Dorfgemeinschaft, die nur Plattdeutsch sprach und fast ausschließlich von der Landwirtschaft lebte. Er wollte sich nicht anpassen, hielt an seinem Hochdeutsch mit schlesischem Akzent fest und weigerte sich beharrlich, die wortlosen Aufforderungen meiner Großmutter wahrzunehmen, wenn sie die übrigen Familienmitglieder zur Unterstützung beim Kartoffelsammeln, beim Strohbinden oder beim Heuen aufforderte.

Und wenn bei Geburtstagsfeiern die Frauen in der einen Stube saßen und sich bei selbst gemachtem Eierlikör über alle Krankheiten, Seitensprünge und Todesfälle im Dorf austauschten und die Männer in der zweiten Stube bei Bier und Dornkaat fast wortlos Skat spielten, dann setzte er sich auf sein Fahrrad, zündete sich eine gute „Zigarre" an, nahm den Hund – und fuhr spazieren. Er hielt Distanz. Er wollte nicht dazugehören. Er war anders.

Was ihm meine Mutter verübelte. Heute weiß ich, dass es ihn gekränkt haben muss, wenn sie noch in der Ehe fast jeden Sonntag mit der Schwester ihres gefallenen Verlobten spazieren ging, während er – welche Schande – in der Garage saß und an einem der vielen Fahrräder oder Mopeds oder an einer der Melkmaschinen bastelte, die ihm an Wochenenden aus dem ganzen Dorf zum Reparieren gebracht wurden. Flüchtlinge, so lautete die Botschaft, die ich damals internalisierte, wissen den Sonntag nicht zu heiligen. Für das Verhalten von Flüchtlingen muss man sich schämen. Schlimm für eine Frau, wenn sie aufgrund des Mangels an Männern nach dem Krieg nur einen Flüchtling abbekommen hat. Schlimm auch für ein Kind, wenn es nur einen Flüchtling zum Vater hat, der nicht weiß, was sich gehört, und die Tochter statt auf der Mittelschule einfach auf dem Gymnasium anmeldet, obwohl sie doch von der Mutter gelernt hat, dass ihr das nicht zusteht.

Kontakt hielten wir nur zu den Verwandten aus dem Dorf. Das waren die Tanten und Cousinen der Mutter.

Helga Hirsch, Schweres Gepäck. Flucht und Vertreibung als Lebensthema, edition Körber-Stiftung, Hamburg 2004, S. 11–13.

M8 Die Journalistin und Politikwissenschaftlerin Helga Hirsch über die Suche des ehemaligen DDR-Bürgers Günter Linke nach Heimat[1] (2004)

Günter Linke war, als er zur Reise aufbrach, zwanzig Jahre und acht Monate alt. Seit kurzem arbeitete er in der Redaktion der „Neuen Zeit" direkt an der Mauer. Umgang mit Sprache faszinierte ihn. Er wollte Journalist werden. Und er wollte, wie er es in der Schule gelernt hatte, eine „humanistische Zukunft", in der die „schmutzigen Ziele einiger Revanchekriegspolitiker und Unverbesserlicher" keine Chance haben würden. Polen übte einen eigenartigen Sog auf ihn aus. Einerseits konfrontierte es ihn mit dem Unmaß deutscher Verbrechen, „wenn man in Auschwitz vor Riesenbergen von Menschenhaar, Augengläsern, Zahn- und Beinprothesen, Koffern und Kinderspielzeug steht, vor den Steh- und Erstickungszellen des Blockes 11, wo sich wahnsinnig gewordene Menschen gegenseitig aufgefressen hatten; Menschen, deren Schuld darin bestand, polnische oder jüdische Eltern zu haben oder aber zur Intelligenz zu gehören. [...] Oh Mensch, Gott zum Ebenbild erschaffen, beschenkt mit geistigen Potenzen und ethischem Empfinden, existierst Du überhaupt noch? Wo bist Du?"

Andererseits erinnerte ihn Polen aber auch an das eigene Leid. Seine Geburtsstadt war Lodz. Vor vielen Generationen hatte sich die Familie dort niedergelassen und glücklich gefühlt. „Die Vorstellung vom Glück in Lodz spiegelt sich in wundersamen Vergangenheitserinnerungen wider. Für mich, den Spätgeborenen, erwächst in der Gedankenwelt eine Traumvorstellung – die Heimat. Die Stätten, die den Eltern Arbeit und in dieser Arbeit Befriedigung, den Geschwistern eine glückliche Jugend gaben – das sind für mich Lodz und Polen." [...]

Damit ihm nicht passiert, was dem Vater passiert ist, hat Günter seit der Kindheit auch ein fast manisches Interesse an Geschichte entwickelt. Er belegt noch heute Kurse an der Freien und der Humboldt-Universität, besucht Seminare und gräbt in Geschichtsbüchern nach Erklärungen für seine Fragen. Auf keinen Fall will er so naiv und unpolitisch bleiben wie sein Vater. Auf keinen Fall will er in eine Katastrophe hineingerissen werden, nur weil er nicht gewußt hat. [...]

Die Frage des Nachgeborenen lautet: Vater, was hast du getan, welche Schuld hast du auf dich geladen, daß du so bestraft worden bist, daß du vertrieben wurdest aus deinem Paradies, von dem du immer so warm erzähltest? Heute weiß ich, daß dich keine Schuld trifft. Du hattest diese Strafe nicht verdient.

Nicht dafür, daß du dich opportunistisch verhalten hast.

Heute protestiere ich im Namen meines Vaters, wenn irgendwer versucht, die Vertreibung der Deutschen aus dem deutschen Osten zu rechtfertigen. Wer kann Vertreibung überhaupt rechtfertigen? Kann es eine gerechte Vertreibung ganzer Ethnien geben? Ist die Rechtfertigung einer Vertreibung nicht schon die Voraussetzung für die nächste? [...]

„Denn warum", fragt Günter kampfeslustig, „sollen denn ausgerechnet die Pommern, Schlesier oder Auslandsdeutschen einen so hohen Preis wie den Heimatverlust für die Verbrechen im deutschen Namen bezahlen – obwohl doch alle Deutschen diese Verantwortung tragen?"

Helga Hirsch, Schweres Gepäck. Flucht und Vertreibung als Lebensthema, edition Körber-Stiftung, Hamburg 2004, S. 54–56, 77 f.

---

1 Der Text folgt auf Wunsch von Günter Linke den alten Rechtschreibregeln.

M9 Die Journalistin und Politikwissenschaftlerin Helga Hirsch über Josef Tscherners Lebensmotto „Ich verlasse mich auf meine Leistung" (2004)

Josef Tscherner, geb. 1937, war mit seiner Familie aus Böhmen in den Ostteil Deutschlands, die DDR, geflohen.

Er könnte als Prototyp des zurückhaltenden Charakters gelten. Er drängt sich nicht vor, spricht leise, lächelt verbindlich, äußert Meinungen nur, wenn er gefragt wird. Er will niemanden führen, niemandem seine Meinung aufdrücken, sich auf keinen Fall in den Vordergrund drängen. Niemand hätte in ihm einen leitenden Angestellten vermutet. Schon gar nicht in der DDR. Und doch war Josef Tscherner Außenstellenleiter in einer Abteilung der Mineralölindustrie in Ostberlin. Obwohl ihn kein Cousin aus dem Zentralkomitee und kein Onkel im Ministerium empfohlen hatte. Tscherner war nicht einmal Mitglied in der Partei. Vier Mal haben ihn die Vorgesetzten beim alljährlichen Kadergespräch mit dem beruflichen Aufstieg gelockt, wenn – ja, wenn er denn eintreten würde. Doch jedes Mal hat er dasselbe geantwortet: „Darüber brauchen wir nicht zu reden. Ich bin ein bekennender Katholik."

Im fünften Jahr nahmen sie ihn trotzdem. Das war sein heimlicher Triumph. Er machte Karriere, ohne sich verbogen zu haben. Er bewies, dass es sich lohnt, die Leitlinie seines Vaters zu befolgen. „Lernt, Kinder, lernt", hatte er immer wieder betont, nachdem er Haus und Hof und Heimat verloren hatte. „Denn was ihr gelernt habt, das kann euch keiner mehr nehmen." Und es stimmte: Im Westen konnte man bauen, in der DDR konnte man wenigstens lernen.

Fast jede Herausforderung im Beruf hat er angenommen, der Arbeit Priorität im Leben eingeräumt, auch Abende und Wochenenden geopfert, um sich und ihnen zu beweisen: Das schaffe ich ganz ohne Protektion. Ich verlasse mich auf meine Leistung. [...]

Mehrfach ausgezeichnet wurde Tscherner auch in der Kammer der Technik (KdT), der Ingenieur-Organisation der DDR, in der er seinen Obolus an gesellschaftlicher Arbeit entrichtete. Dort qualifizierte er in den Sechziger- und Siebzigerjahren ehemalige Kriegsteilnehmer, die ihre Heimat verloren und nie einen Beruf erlernt hatten. Welche Dankbarkeit ihm aus den Augen dieser Menschen entgegenstrahlte, wenn sie den Facharbeiterbrief in Schmierungstechnik erhielten! Wie sie sich freuten, dass jemand ihre Bemühungen [...] anerkannte! Und wenn Tscherner diesen oft älteren Menschen die Urkunden überreichte, dachte er an seinen Vater.

Helga Hirsch, Schweres Gepäck. Flucht und Vertreibung als Lebensthema, edition Körber-Stiftung, Hamburg 2004, S. 83–85.

1 Arbeitsteilige Gruppenarbeit: Bilden Sie drei Gruppen und bearbeiten Sie je einen Text der Materialien M 7 bis M 9:

a) Fassen Sie zusammen, wie die Personen ihre Flucht und Vertreibung verarbeitet bzw. zu verarbeiten versucht haben.

b) Vergleichen und beurteilen Sie die Ergebnisse. Zeigen Sie Gemeinsamkeiten und Unterschiede auf.

c) Nennen Sie weitere Möglichkeiten, Flucht und Vertreibung zu bewältigen. Ziehen Sie dafür Erfahrungen aus dem Verwandten- und Bekanntenkreis mit heran.

Biografische Skizzen von in Ravensbrück inhaftierten Frauen

M10 Margarete Buber-Neumann (1901–1989)

Mit ihrem Lebensgefährten, dem KPD-Funktionär Heinz Neumann, emigrierte die engagierte Kommunistin 1935 nach Moskau. Im Zuge der stalinistischen „Säuberungen“ kam sie in ein Straflager im kasachischen Karaganda. Nach dem deutsch-sowjetischen Nichtangriffspakt wurde sie an die Gestapo ausgeliefert und in das KZ Ravensbrück überstellt. 1942/43 war sie dort Schreibkraft der Oberaufseherin. Nach Kriegsende veröffentlichte die nunmehr überzeugte Antikommunistin ihren Erinnerungsbericht „Als Gefangene bei Stalin und Hitler“. In den folgenden Jahrzehnten war sie als Buchautorin und politische Publizistin tätig.

M11 Helena Hegier-Rafalska (geb. 1916)

Die polnische Pfadfinderin engagierte sich im Widerstand gegen die deutsche Besatzung, bis sie im Januar 1941 bei Warschau festgenommen und nach monatelanger Haft in das KZ Ravensbrück deportiert wurde. Dort fügten SS-Ärzte ihr bei medizinischen Versuchen schwere Beinverletzungen zu. Nach der Operation arbeitete sie im Kommando der Strickerinnen. 1945 wurde sie auf dem Todesmarsch von US-Truppen befreit. Nach ihrer Rückkehr litt sie zunehmend an Lähmungen in den Beinen. Mit 41 Jahren ging die Verwaltungsangestellte frühzeitig in Rente.

M12 Corrie ten Boom (1892–1983)

Die erste Uhrmacherin der Niederlande und ihre Familie versteckten in ihrem Haus in Haarlem während der deutschen Besatzung Juden und andere Verfolgte. Nach einem Verrat wurden Corrie ten Boom und ihre Schwester Betsie im September 1944 in das KZ Ravensbrück verschleppt. Die engagierte Christin hielt dort heimliche Bibelstunden für Mitgefangene ab. Im Dezember 1944 starb ihre Schwester, sie selbst wurde kurz darauf entlassen. Corrie ten Boom gründete ein Heim für Kriegsopfer und reiste als Predigerin in über 60 Länder. Die Verfilmung ihrer Autobiografie „Die Zuflucht“ machte sie weltbekannt.

Alle Kurzbiografien aus: Alyn Beßmann, Insa Eschebach (Hg.), Das Frauen-Konzentrationslager Ravensbrück. Geschichte und Erinnerung, Metropol Verlag, Berlin 2013, S. 73, 76, 78.

1 Fassen Sie Ursachen und Folgen der Zwangsmigrationen der Frauen zusammen.

2 Erörtern Sie den Wert der Kurzbiografien für die Analyse der Ursachen und Folgen von Zwangsmigrationen.

M13 Die Nürnberger Prozesse, Fotografie, 15. Dezember 1947.
Im Rahmen der Nürnberger Prozesse wurden auch die verbrecherischen Experimente von Ärzten an KZ-Häftlingen verhandelt. Das Foto zeigt polnische ehemalige Ravensbrück-Häftlinge als Zeuginnen.

Die Biografien zweier Politiker

M 14 Die Historikerin Juliane Wetzel über den Lebensweg des Vertriebenenpolitikers Herbert Czaja (2002)

Czaja, Herbert, Präsident des Bundes der Vertriebenen. *5. 11. 1914 Teschen in Ostoberschlesien, † 18. 4. 1997 Stuttgart. Der Sohn eines Notars wurde 1939 zum Dr. phil. promoviert und war seit 1938 als Lehrer tätig. 1943–45 diente er als Soldat im Zweiten Weltkrieg; 1946 wurde er aus seiner Heimat vertrieben und begann in Stuttgart wieder als Lehrer zu arbeiten. 1946 schloss sich C[zaja] der CDU an, war Mitgründer der Union der Heimatvertriebenen der Partei und engagierte sich für Organisationen der Landsmannschaften sowie der Vertriebenen. 1953–90 war C[zaja] MdB [Mitglied des Bundestages], leitete die Arbeitsgruppe für Vertriebenen- und Flüchtlingsfragen der CDU/CSU-Fraktion und amtierte seit 1970 als Präsident des Bundes der Vertriebenen. 1994 verzichtete C[zaja] auf eine erneute Kandidatur, wurde jedoch zum Ehrenpräsidenten auf Lebenszeit ernannt. A[nfang] der 1970er-Jahre kritisierte C[zaja] heftig die Ostverträge und lehnte die dt.-poln. Verträge von 1990/91 ab. Neben seiner Mitgliedschaft im Zentralkomitee der dt. Katholiken (seit 1967) gehörte C[zaja] dem Rundfunkrat des Dtl. funks und dem Verwaltungsrat der Dt. Ausgleichsbank an.

Juliane Wetzel, Artikel „Czaja, Herbert", in: Michael Behnen (Hg.), Lexikon der deutschen Geschichte 1945–1990, Kröner, Stuttgart 2002, S. 131.

M 15 Die Historikerin Juliane Wetzel über die Biografie des CDU-Politikers Theodor Oberländer (2002)

Oberländer, Theodor, Bundesminister, *1. 5. 1905 Meiningen, † 4. 5. 1998 Bonn. O[berländer] hatte sich 1923 am Hitler-Putsch beteiligt und wurde 1933 Mitglied der NSDAP. 1934–37 leitete er den „Bund dt. Osten". 1939 zur Wehrmacht eingezogen, marschierte O[berländer] mit dem „Bataillon Nachtigall" – bestehend aus ukrain. Truppenteilen – im Sommer 1941 in Galizien ein, wo er sich in Lemberg an Massakern beteiligt haben soll, was sich jedoch jüngsten Forschungen zufolge als nicht haltbar erwies. Am 23. 4. 1945 von den Amerikanern verhaftet, kam O[berländer] kurze Zeit später aus der Kriegsgefangenschaft frei und wurde als „entlastet" eingestuft. Zunächst Mitglied der FDP, war O[berländer] 1950–53 Landesvorsitzender des von ihm mitbegründeten Blocks der Heimatvertriebenen und Entrechteten (BHE; Gesamtdt. Block). Seit 1953 MdB (zunächst BHE, seit 1956 CDU). 1953–60 amtierte er als Bundesminister für Vertriebene. Der Vorwurf, an Kriegsverbrechen beteiligt gewesen zu sein, führte 1960 zum Rücktritt als Minister, nicht zuletzt auch wegen des gegen ihn im April 1960 vor dem Obersten Gericht der DDR laufenden Prozesses. O[berländer] wurde in Abwesenheit zu lebenslangem Zuchthaus verurteilt. Das Urteil wurde erst 1993 aufgehoben. 1981 gehörte O[berländer] zu den Unterzeichnern des sog. Heidelberger Manifests, das sich u. a. gegen „Überfremdung der dt. Sprache, unserer Kultur und unseres Volkstums" durch „Ausländer" verwahrte.

Juliane Wetzel, Artikel „Oberländer, Theodor", in: Michael Behnen (Hg.), Lexikon der deutschen Geschichte 1945–1990, Kröner, Stuttgart 2002, S. 443.

1 Analysieren Sie die Kurzbiografien der beiden Politiker. Arbeiten Sie dabei den Einfluss von Flucht- und Vertreibungserfahrung auf ihren Lebenslauf heraus.

2 **Mindmap:** Vergleichen Sie diese beiden Kurzbiografien (M 14, M 15) mit den anderen Lebensberichten dieses Kapitels. Stellen Sie in einer Mindmap die verschiedenen persönlichen Auswirkungen von Flucht und Vertreibung zusammen. Achten Sie besonders auf Verarbeitungsmuster sowie die individuellen Prägungen im späteren Lebenslauf.

3 Diskutieren Sie den Stellenwert von Autobiografien, Erlebnisberichten, Zeitzeugeninterviews und anderen Selbstzeugnissen für die Rekonstruktion von historischer Erfahrung.

Historische Spielfilme analysieren

M1 Filmplakat zu „Alois Nebel", 2011

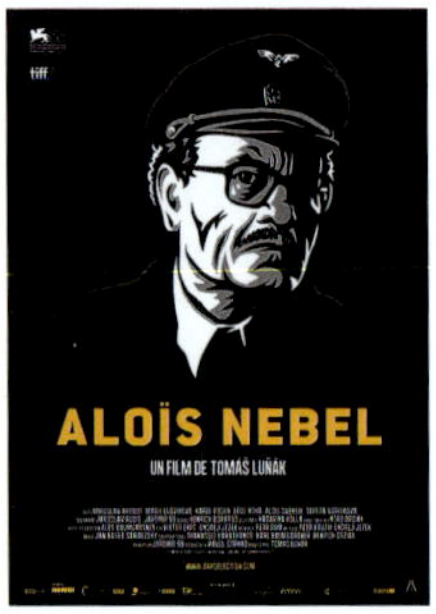

Webcode:
KH1110987-086

Filme vermitteln durch ihre visuellen und auditiven Möglichkeiten einen anschaulichen Eindruck vergangenen Geschehens und prägen so unsere Vorstellungen von der Vergangenheit. Dabei sind Filmemacher als Künstler nicht gebunden an die historische Wirklichkeit.

Für die Geschichtswissenschaft sind Filme in doppelter Hinsicht interessant: Zum einen sind Spielfilme eine gute **Quelle für die Mentalität einer Zeit**. In ihnen spiegeln sich Vorstellungen, Sehnsüchte und Hoffnungen ebenso wider wie Ängste und Vorurteile. Zum anderen sind Spielfilme, die Historisches als Gegenstand wählen („Historienfilme" oder „geschichtliche Spielfilme"), **Geschichtsdarstellungen**: Sie wählen historische Gegenstände aus, erzählen hierzu eine Geschichte und nutzen Verfahren wie Personalisierung, Dramatisierung, Kostümierung und Emotionalisierung sowie die filmsprachlichen Mittel, um den Zuschauern ein bestimmtes Bild der Geschichte zu präsentieren. Geschichtsfilme aus früheren Zeiten sind zusätzlich auch Quellen, weil sich aus dem jeweiligen zeitspezifischen Umgang mit Geschichte ebenfalls Einblicke in die Mentalität der Zeit oder in politische Absichten gewinnen lassen. Bei der Analyse von Spielfilmen geht es also nicht nur darum, den Realitäts- und Fiktionalitätsgehalt zu erfassen, sondern es geht auch um die **Motive der Geschichtserzählung, um Deutungen und Schwerpunktsetzungen**.

Mögliche Arbeitsschritte für die Analyse

1. Formale Aspekte	– Wer sind Regisseur, Drehbuchautor, ggf. Auftraggeber? – Zu welchem Genre gehört der Film? – Wie lang ist der Film? – Wann ist der Film entstanden und aufgeführt worden?
2. Inhaltliche Aspekte	*Filminhalt* – Mit welchem historischen Thema setzt sich der Film auseinander? – Wie lässt sich die Handlung kurz zusammenfassen? – Wer sind die Hauptfiguren und in welcher Beziehung stehen sie zueinander? *Filmische Mittel* – Welche szenischen Gestaltungsmittel (z. B. Einstellungsgrößen, Kameraperspektiven und -bewegung) sind verwendet worden? – Wie werden Ton und Beleuchtung eingesetzt? – Nimmt der Film die Perspektive der Hauptfigur ein oder werden auch andere Sichtweisen dargestellt?
3. Historischer Kontext	– Auf welchen historischen Sachverhalt bezieht sich das Thema des Films? – Wie ist die Entstehungsgeschichte des Films?
4. Bewertung	*Intention* – Welche Intentionen verfolgt der Film? Wie wirkt der Film auf den Betrachter? – Welche Reaktionen – z. B. Kritiken – rief der Film hervor? – Welche gesellschaftlichen Anschauungen, Normen und Werte spiegelt der Film aus der Zeit wider, in der er entstanden ist? *Authentizität der Handlung* – Ist die Handlung logisch und glaubhaft? – Halten sich Regisseur und/bzw. Autor an die historische Realität? *Bewertung* – Wie lässt sich der Film aus heutiger Sicht bewerten?

Lexikon filmsprachlicher Mittel

Mittel	Varianten	Wirkung
Kamera: Einstellungsgröße	– *Panorama:* Landschaft/Übersicht – *Totale:* Abbildung einer oder mehrerer Personen, Umgebung dominiert – *Halbtotale:* Person/en und Umgebung in ausgewogenem Verhältnis – *Halbnah:* keine Ganzkörperansicht; Gestik steht im Vordergrund – *Nah:* Brustbild einer Person, die Mimik ist wichtig – *Groß:* Gesicht der Person, starke Betonung der Mimik, deutliche Sichtbarkeit des Gefühlsausdrucks – *Detail:* Teile des Gesichts oder bestimmter Objekte sind so dargestellt, dass sie das Bild füllen	Die unterschiedlichen Einstellungsgrößen können z. B. Nähe oder Distanz zeigen: die Einsamkeit der Totale (ein einzelner Mensch in einer Landschaft); die Körpersprache eines Menschen ist erst ab der Halbtotale erkennbar, eine Kommunikationssituation wird in der Regel halbnah gezeigt, die Mimik eines Menschen erfordert eine Naheinstellung
Kamera: Blickwinkel	– Normalsicht – Untersicht (Froschperspektive) – Obersicht (Vogelperspektive)	– N.: alltägliche Wahrnehmung des Betrachters, Realismus, vermittelt Objektivität der filmischen Darstellung – U.: Person wird als übermächtig, unheimlich gezeigt (manchmal auch karikiert) – O.: Person erscheint klein, unbedeutend; Perspektive kann aber auch Überlegenheit vermitteln
Kamera: Bewegung	– Kameraschwenk – Kamerafahrt – Statik – Simulierte Bewegung (Zoom)	– Durch Schwenk und Fahrten werden z. B. Personen begleitet, verfolgt, ihnen wird vorausgeeilt – Handlungsfluss kann beschleunigt (Fahrt) oder verlangsamt werden (Statik) – Dramatik lässt sich z. B. durch schnelle Schwenks verstärken
Bilder	– Licht – Schatten – Farben – Schwarz-Weiß	– Licht: erzeugt Stimmungen, Atmosphäre, betont Bedeutsames (Unwichtiges im Schatten, aber auch Unheimliches) – Farben können Realismus erzeugen, aber auch eine symbolische Bedeutung tragen (z. B. rot) und Emotionen hervorrufen – Bewusster Einsatz von Schwarz-Weiß kann z. B. historische Szenen innerhalb eines die Gegenwart darstellenden Films anzeigen
Schnitt und Montage		– Schnelle Schnitte: atemlos, Spannung – Montage: Durch In-Beziehung-Setzen von Einstellungen wird die Geschichte erzählt
Ton	– Geräusche – Musik – Stille – Dialoge – Kommentare (vom sichtbaren Sprecher oder aus dem Hintergrund, „Off")	– Geräusche stellen manchmal Unsichtbares dar, das sich der Zuschauer dann vorstellt; sie vermitteln aber auch Realität – Musik kann unterschiedliche Funktionen erfüllen (Emotionalisierung; Unterstützung des Tempos einer Handlung; Höhepunkte werden unterstrichen usw.)

Übungsbeispiel:
„Alois Nebel", Animationsfilm von Tomáš Luňák, 2011

M 2 Szenenbilder aus „Alois Nebel"

a) Während Alois und Květa sich näher kommen, …

b) … spitzt sich die Situation zwischen dem alten Wachek und „dem Stummen" aufgrund der Nachkriegsereignisse zu.

1 Interpretieren Sie den Spielfilm „Alois Nebel" mithilfe der Arbeitsschritte von S. 86.

Lösungshinweise

1. Formale Aspekte
- Comic: Jaroslav Rudiš (*1972) und Jaromír Švejdík(*1963), beide Tschechen
- Regie: Tomáš Luňák
- Produktionsländer: Tschechien, Slowenien, Deutschland
- Genre: Animationsfilm, Drama in Schwarz-Weiß
- Länge: 84 Minuten
- Entstehungszeit: 2011

2. Inhaltliche Aspekte
Filminhalt
Thema: Der Film spielt 1989: Alois Nebel arbeitet als Fahrdienstleiter in der tschechischen Stadt Bílý Potok (ehemals Weißbach), die an der tschechisch-polnischen Grenze liegt. Alois wurde als kleiner Junge nach dem Zweiten Weltkrieg Zeuge, wie Tschechen und Russen die in der Stadt ansässigen Deutschen vertrieben. Die Erinnerungen an dieses Ereignis und besonders an den damit verbundenen Verlust der jungen Sudetendeutschen Dorothe, die sich nach dem Tod seiner Mutter um ihn kümmerte, verfolgen ihn in Form von nebelartigen Halluzinationen. Auch die Tatsache, dass der alte Wachek, der damals gewalttätig gegen Sudetendeutsche vorging, weiterhin in Bílý Potok lebt, führt schließlich dazu, dass Alois in eine Nervenheilanstalt eingewiesen wird. Dort lernt er „den Stummen" kennen, dessen Schicksal auf tragische Weise – wie der Zuschauer am Ende erfährt – mit den Erinnerungen von Alois

verknüpft ist. Als Alois wenige Monate später aus der Psychiatrie entlassen wird, ist die Berliner Mauer gefallen und die russischen Soldaten verlassen die Grenzstadt. Er verliert seine Arbeit, lebt eine Zeit lang in Prag und lernt dort die Toilettendame Květa kennen. Als er nach Bílý Potok zurückkehrt, findet er eine Anstellung als Streckenkontrolleur und lässt den Stummen bei sich wohnen. In der Nacht, in der Květa Alois besuchen kommt, lässt sich die Vergangenheit nicht länger verdrängen: Es kommt zu einem Mord in der Grenzstadt. Die Erinnerungen von Alois an Dorothe und ihr Schicksal, das vorher nur angedeutet worden war, werden nun aufgelöst und der Zuschauer erlangt Gewissheit, wie die Personen in Bílý Potok zueinander stehen.

Personenkonstellation:

- Alois versucht seine Erinnerungen an die traumatischen Ereignisse der Nachkriegszeit durch das Aufsagen von Zugfahrplänen zu vertreiben – dies beruhigt ihn, denn Züge kommen und gehen immer nach Plan. Als er Květa kennen lernt, endet für ihn sein Dasein als Einzelgänger, und die beiden verlieben sich ineinander.
- Květa ist die Toilettendame am Prager Bahnhof. Sie kümmert sich um Alois, als dieser obdach- und arbeitslos ist.
- Dorothe ist eine junge Sudetendeutsche und passt auf Alois auf, als dieser klein ist. Sie muss nach dem Zweiten Weltkrieg Tschechien verlassen.
- Der alte Wachek lebt als Schmuggler in Bílý Potok. Er war in Dorothe verliebt und versuchte diese gegen ihren Willen in Bílý Potok zu halten. Als Dorothe und ihr Verlobter den Transportzug betreten wollten, erschoss Wachek Dorothes Verlobten und vergewaltigte sie anschließend.
- Der Stumme taucht kurz vor der Wende in Bílý Potok auf und möchte sich für das an seiner Mutter Dorothe begangene Leid rächen. Sie wurde mit ihm durch die Vergewaltigung schwanger.

Filmsprachliche Mittel

Der Film wurde im Rotoskopieverfahren hergestellt. Dazu wurden die Szenen zunächst mit Schauspielern gedreht und dann in einem aufwändigen Verfahren nachgezeichnet. Dadurch blieb der Comicstil erhalten und die Figuren wirken sehr lebendig.

3. Historischer Kontext

Das Kriegsgeschehen während des Zweiten Weltkrieges und die Vertreibungspolitik nach dem Krieg führten dazu, dass Millionen Deutsche ihre Heimat verlassen mussten, darunter auch die Sudetendeutschen. Viele von ihnen wurden in Arbeits- und Internierungslager gebracht. Andere kamen durch Krankheit und Hunger ums Leben. Zudem wurden sie Opfer von willkürlicher Gewalt, die häufig mit dem Tod endete.

Bereits in Spielfilmen der 1950er-Jahre (u. a. „Grün ist die Heide“) klang die Vertreibungsproblematik an, allerdings sollten diese Filme unterhalten, sodass die gelungene Integration der Vertriebenen in Deutschland im Vordergrund stand. In den letzten Jahren entstanden Filme wie „Die Flucht“ und „Der Untergang der Gustloff“, die sich dem Thema ernsthafter annahmen. In diesen Filmen wurde das Leid der Vertriebenen (Hunger, Vergewaltigung, Mord) gezeigt, doch Kritiker warfen den Filmen vor, dass die in den Fokus gerückte melodramatische Darstellung der fiktiven Figuren den tiefgreifenden Umgang mit dem Thema verhindere.

4. Bewertung

Intention: Das Schicksal der fiktiven Charaktere in „Alois Nebel“ wird für den Zuschauer auf spannende Art und Weise nach und nach aufgelöst. Dabei werden die Themen Vertreibung der Deutschen, Alltag im Sozialismus und nach der Wende thematisiert. Vieles bleibt unausgesprochen und wird nur angedeutet. Auch wenn die Handlung stellenweise konstruiert wirkt, nimmt sich dieser Film nicht nur der Vertreibungsproblematik an, sondern bricht auch mit einem Tabuthema, nämlich der tschechischen (Mit-)Täterschaft an Vertreibungen.

Rezeption: Der Film wurde 2012 als bester Animationsfilm mit dem Europäischen Filmpreis ausgezeichnet. Die Comicfigur Alois Nebel hat sich in Tschechien mittlerweile zu einer Kultfigur entwickelt.

Erarbeiten Sie Präsentationen

Thema 1
Flucht und Vertreibung um 1945 und Gastarbeiter in der Bundesrepublik Deutschland – ein Vergleich

Nicht nur die Flüchtlinge und Vertriebenen des Zweiten Weltkrieges, sondern auch die Gastarbeiter der Bundesrepublik Deutschland (s. S. 109 ff.) erlebten Heimatverlust und Fremdheit. Vergleichen Sie die Erfahrungen und Verarbeitungen dieser unterschiedlichen Gruppen miteinander. Diskutieren Sie die Folgen für die zweite und dritte Generation der Familien. Präsentieren Sie Ihre Ergebnisse.

Literaturtipps

Sabine Bode, Kriegsenkel. Die Erben der vergessenen Generation, Klett-Cotta, 8. Auflage, Stuttgart 2014.

Annemarie von der Groeben, Yildiz und Aytekin. Die zweite Generation erzählt, Peter Hammer Verlag, Leipzig 2006.

M 1 Deutschlandtreffen der Schlesier in Hannover (28. Juni 2009) und türkische Parade in Berlin (25. Mai 2002), Fotografien

Webcode:
KH1110987-090

Thema 2
Flüchtlinge in der Bundesrepublik Deutschland heute – Erfahrungen und Verarbeitungen

Gibt es in Ihrer Region Asylbewerber und Bürgerkriegsflüchtlinge, die in die Bundesrepublik Deutschland geflohen sind und hier Schutz suchen? Nehmen Sie Kontakt zu diesen Menschen, Familien oder Gruppen auf und interviewen Sie diese: Fragen Sie nach der Situation in der Heimat, nach der Flucht oder Vertreibung und nach ihren Erfahrungen in Deutschland. Lassen Sie sich bei eventuellen Sprachproblemen von Flüchtlingsbetreuern helfen. Welche Sicht haben die Betroffenen auf ihre Heimat? Welche Verarbeitungsmuster lassen sich erkennen? Stellen Sie Bezüge zu M 2 sowie dem biografischen Material des Kapitels her und präsentieren Sie die Ergebnisse.

M 2 Die Journalistin und Politikwissenschaftlerin Helga Hirsch über den Begriff „Heimat“ (2004)

Heimat ist […] einerseits der reale Raum, in dem wir unsere erste soziale und kulturelle Verwurzelung erleben und – aufgehoben im familiären Schutzraum – unsere ersten Schritte auf dem Weg unserer Persönlichkeitsentwicklung gehen. Heimat ist andererseits die Verinnerlichung dieser Kindheitsphase, die Erinnerung an einen fast paradiesischen Zustand, in dem wir angstfrei unser Aufgehobensein, unser Gleichsein mit den anderen erleben durften. Verlassen wir den realen Ort freiwillig, begleitet uns diese Erinnerung wie ein beruhigendes Versprechen. Werden wir jedoch gewaltsam vom realen Ort getrennt, und sind die Rückzugsmöglichkeiten ausgeschlossen, muss das […] wie „eine Trennung von einem Teil des Selbst“ erscheinen und eine Wunde hinterlassen, die bei manchen niemals verheilt.

Helga Hirsch, Schweres Gepäck. Flucht und Vertreibung als Lebensthema, edition Körber-Stiftung, Hamburg 2004, S. 227 f.

Überprüfen Sie Ihre Kompetenzen

M 3 Der Historiker Karl Schlögel über die Verarbeitung von Flucht und Vertreibung (2012)

Aber sie hatten ihre Bilder im Kopf [...], die einen ganz eigenen Zauber verströmten. Doch diese Bilder verblassten je länger, desto mehr, die verlorene Welt war unzugänglich geworden, und es war fast unmöglich, jenen, die keine Ahnung davon hatten, mitzuteilen, was da verloren gegangen war. Eine tiefe Kluft zwischen Wissenden und Nichtwissenden, Fremden im eigenen Land und Einheimischen. Wir wissen im Nachhinein, dass alles auf unvorhersehbare Weise gutgegangen ist: die Integration von Millionen von Flüchtlingen und Vertriebenen, eine demografische Revolution, die mit beispiellosen territorialen Verschiebungen einhergegangen war – die Deutschen in Ost und West haben sie nicht nur bewältigt, sondern – im Westen wenigstens – ein Wirtschaftswunder daraus gemacht.

Aber es blieb jene innere Grenze, die man den Menschen jedoch nicht ansehen konnte. Man kann nicht sagen, dass es ein Tabu gab – im Gegenteil: die Sache der Vertriebenen war wohl vertreten in allen Regierungen, sie bewahrten ihre landsmannschaftlichen Zusammenhänge, pflegten ihre Beziehungen und Bräuche, fanden offizielle Anteilnahme und finanzielle Unterstützung; mit ihrem Wissen, ihren Erinnerungen blieben sie indes weitgehend unter sich [...].

Karl Schlögel, Um das Deutschlandlied, in: ders., Grenzland Europa. Unterwegs auf einem neuen Kontinent, Hanser, München 2013, S. 156.

Zentrale Begriffe

Biografie
Erfahrung
Flucht
Verarbeitung
Vertreibung
Zeitzeugeninterview
Zwangsmigration

Sachkompetenz

1 Nennen und bewerten Sie die wichtigsten Erfahrungen der Flüchtlinge und Vertriebenen.

2 Erörtern Sie, ob und wie die Flüchtlinge und Vertriebenen ihre Erfahrungen verarbeitet haben.

3 Vergleichen Sie mit den Erfahrungen der Häftlinge im Konzentrationslager Ravensbrück. Arbeiten Sie Unterschiede und Gemeinsamkeiten heraus.

Methodenkompetenz

4 Erörtern Sie, ausgehend von M 3, was Schlögel unter der „innere[n] Grenze" versteht, die das Denken und Fühlen der Flüchtlinge und Vertriebenen prägte.

Urteilskompetenz

5 Hilde S., Jahrgang 1932, Vertriebene, vertritt die folgende Auffassung: „Lange habe ich gesagt: ‚So oft wird im Fernsehen über den Holocaust berichtet. Aber was mit uns gemacht wurde, will niemand wissen.' Dann hat mein Mann immer geantwortet: ‚Wir haben den Krieg verloren, da musst du zufrieden sein mit dem, wie es uns geht.' Aber ich spüre, wie gut es mir tut, wenn meine Kinder bitten: ‚Schreib alles auf, was du erlebt hast, Mutter! Damit auch deine Enkel wissen, was in unserer Familie geschehen ist.'" Diskutieren Sie diese These. Formulieren Sie ggf. eine Gegenthese.

6 Ankunft und Integration

Kompetenzen erwerben

Sachkompetenz:
- die Vielfalt der Lebensumstände der Flüchtlinge und Vertriebenen bei ihrer Ankunft in der neuen Heimat benennen
- die historische Entwicklung der Integration der Flüchtlinge und Vertriebenen in den beiden deutschen Teilstaaten erkennen und unterscheiden
- die Flucht, Vertreibungen und Umsiedlungen in Polen nach dem Zweiten Weltkrieg skizzieren
- die unterschiedlichen Wanderungsbewegungen im 19. Jahrhundert erkennen und voneinander abgrenzen
- Ursachen und Folgen der Zuwanderung von „Gastarbeitern" in die Bundesrepublik Deutschland aufzeigen

Methodenkompetenz:
- verschiedene Arten von Bildquellen analysieren

Urteilskompetenz:
- die Auswirkungen politischer, sozialer, wirtschaftlicher und persönlicher Entscheidungen auf die Lebenssituation und die Eingliederung von Flüchtlingen und Vertriebenen in die neue Gesellschaft beurteilen
- Verantwortlichkeiten für die Integration von Zuwanderern gegeneinander abwägen

Ankunft und Aufnahme in der Bundesrepublik Deutschland

Heimatvertriebene
Der Begriff bezeichnet alle Deutschen aus den ehemaligen deutschen Ostgebieten, aus Ostmittel- und Südosteuropa, die ihre Heimat gegen Ende und nach dem Zweiten Weltkrieg durch Flucht oder Vertreibung verloren haben. Seit 1945 werden die Worte „Flüchtling", „Vertriebener", „Heimatvertriebener" oder „Ausgewiesener" synonym verwendet und umfassen also auch die aus der DDR in den Westen geflohenen Menschen.

Die Flüchtlinge und Vertriebenen, die oft buchstäblich alles – Heimat, Hab und Gut – verloren hatten, stießen bei den Einheimischen nicht immer auf positive Resonanz. In vielen Fällen war die Bereitschaft zur Integration der Neuankömmlinge gering. **Vorurteile, Abgrenzungen und Spannungen** prägten vielfach das Verhältnis von Neubürgern und Alteingesessenen. Am schnellsten flauten die wirtschaftlichen Konflikte ab: Mit der Verbesserung der ökonomischen Lage nahm der Konkurrenzkampf um knappe Ressourcen ab und die wirtschaftliche Eingliederung der Vertriebenen und Flüchtlinge verlief immer müheloser. Das viel beschworene **„Wirtschaftswunder"** trug auch zum „Wunder" der Integration bei.

Obwohl der Integrationsprozess nicht reibungslos verlief, gehört die Eingliederung der Flüchtlinge und Vertriebenen einschließlich der Flüchtlinge aus der sowjetischen Besatzungszone bzw. der späteren DDR zu den großen Leistungen der jungen Bundesrepublik Deutschland. Sicherlich hofften einige Vertriebene und Flüchtlinge in der unmittelbaren Nachkriegszeit auf eine Rückkehr in die alte Heimat. Das galt vor allem für die über Sechzigjährigen, für die eine berufliche und persönliche Neuorientierung kaum noch möglich war. Doch über die Jahre nahm die Rückkehrbereitschaft ständig ab, denn in den Herkunftsländern herrschten nunmehr von der Sowjetunion abhängige kommunistische Parteien und ein Leben in einer kommunistischen Diktatur lehnte man fast einhellig ab.

Integrationsbemühungen im Westen Deutschlands

Alle großen Parteien der Bundesrepublik Deutschland bemühten sich um die Eingliederung der neuen Mitbürger. Im Gegensatz dazu kämpfte der 1950/51 gegründete **„Bund der Heimatvertriebenen und Entrechteten“** (seit 1952 „Gesamtdeutscher Block“) für die Rückkehr in die alte Heimat. In den 1950er-Jahren war er zwar in einigen Landtagen und im Deutschen Bundestag vertreten, mit anderen Interessenvertretungen der Vertriebenen und Flüchtlinge (z. B. Bund der Vertriebenen, Landsmannschaften) verlor er aber mit der zunehmenden Integration in die westdeutsche Gesellschaft an Bedeutung.

Da die größeren Städte zerstört waren, siedelten die Behörden die Flüchtlinge und Vertriebenen hauptsächlich in Landgemeinden und Kleinstädten an. Für diese häufig strukturschwachen Gebiete bedeutete das zusätzliche Belastungen. Um die Eingliederung voranzutreiben, sorgte der Staat während der 1950er-Jahre für eine **erneute Umsiedlung** in Regionen mit wachsendem Arbeitskräftebedarf, z. B. in das Ruhrgebiet. Der wirtschaftliche Aufschwung sowie staatliche Wohnungsbauprogramme und spezielle soziale Eingliederungshilfen für Vertriebene und Flüchtlinge beschleunigten die Integration. Damit nahmen gleichzeitig die sozialen Konflikte zwischen Einheimischen und Neuankömmlingen ab. Doch trugen auch die Flüchtlinge und Vertriebenen selbst mit ihrem Aufbau- und Aufstiegswillen zum Integrationserfolg bei. Bereits während der 1950er-Jahre verbesserte sich die materielle Situation der Flüchtlinge und Vertriebenen nachhaltig.

Eines der wichtigsten Mittel zur Eingliederung der Vertriebenen und Flüchtlinge in der Bundesrepublik Deutschland war das **Lastenausgleichsgesetz** von 1952. Es sah die Entschädigung der Menschen für kriegsbedingte Vermögensverluste vor. Zwar profitiertem lediglich 22 % der Betroffenen von den finanziellen Leistungen, aber das Gesetz hatte eine große psychologische Wirkung: Die Neuankömmlinge fühlten sich nicht allein gelassen mit ihren Sorgen und Nöten, sondern spürten im Gegenteil die Solidarität von Politik und Gesellschaft.

Charta der deutschen Heimatvertriebenen
Die Charta, formuliert im August 1950 von Spitzen der Vertriebenenverbände, entwickelte sich für die Vertriebenen zu einer politischen Leitlinie, die gleichermaßen auf Integration und Verständigung wie auf die Wahrung des Rechtsanspruchs auf Heimat ausgerichtet war. Drei Kernaussagen prägten die Charta: der Verzicht auf Rache und Vergeltung, die Forderung, das Recht auf Heimat als „eines von Gott geschenkten Grundrechts der Menschheit“ anzuerkennen, und die Bereitschaft, bei gleichen sozialen und politischen Rechten als Staatsbürger am Wiederaufbau Deutschlands und Europas teilzunehmen.

M 1 Egerländertreffen in Schwäbisch Hall, Fotografie, 1950

Ansprüche der DDR an Flüchtlinge und Vertriebene

Anders als in der Bundesrepublik Deutschland durften die Vertriebenen und Flüchtlinge in der DDR weder eigene Parteien oder Interessenvertretungen gründen noch öffentlich ihr Brauchtum pflegen. Die politische Führung der SBZ/DDR unternahm alles, um die **Entstehung eines Sonderbewusstseins bei den Neuankömmlingen zu verhindern**. Von der Bauernpartei DBD, die die Interessen der Vertriebenen vertreten sollte, versprach man sich eine integrierende Wirkung auf bisher politisch distanzierte und nur lose an den SED-Staat gebundene ländliche Schichten. Die Flüchtlinge und Vertriebenen sollten ein sozialistisches Klassen- und Staatsbewusstsein entwickeln und sich vorbehaltlos mit der DDR identifizieren. Deswegen verfügte die sowjetische Besatzungsmacht bereits im Sommer 1945, dass die Worte „Flüchtlinge" oder „Vertriebene" aus dem offiziellen Sprachgebrauch zu tilgen seien. Stattdessen sollte der neutrale Begriff **„Umsiedler"** verwendet werden, da bei „Vertriebener" immer die Erinnerung an Gewalt, Erniedrigung und Tod mitschwang. Außerdem wollte man mit dieser Wortwahl deutlich machen, dass die östlichen Gebietsverluste unwiderruflich waren.

Die „Umsiedlerproblematik" galt noch vor der Gründung der DDR 1949 offiziell als „bereinigt". Dennoch setzte im Jahre 1950 eine öffentliche Diskussion über die Vertriebenen ein. Sie wurde ausgelöst durch ein **„Umsiedlergesetz"**. Mit ihm wollte die DDR-Führung verdeutlichen, dass ihre Staatsbürger die durch die sowjetische Expansion in Ost- und Mitteleuropa entstandene neue politische Landkarte sowie die innenpolitischen und innergesellschaftlichen Verhältnisse in den von kommunistischen Parteien beherrschten Ländern akzeptierten. Um die Hoffnung von Flüchtlingen und Vertriebenen auf Rückkehr in die alte Heimat zu zerschlagen, erkannte die DDR-Regierung auf sowjetische Weisung im **Görlitzer Vertrag** vom 6. Juli 1950 die Oder-Neiße-Grenze an. Und gegenüber der Tschechoslowakei erklärte sie, keine Gebiets- oder Grenzansprüche zu besitzen. Ausdrücklich betonte die sogenannte **Prager Erklärung**, dass die „Umsiedlung […] unabänderlich, gerecht und endgültig gelöst" sei. Für die Staats- und Parteiführung der DDR war damit die Integration der „Umsiedler" abgeschlossen.

Bodenreform
Kern der von der Sowjetischen Militäradministration in Deutschland (SMAD) und der KPD 1945/46 durchgesetzten Bodenreform in der Sowjetischen Besatzungszone (SBZ) war die Enteignung der Großgrundbesitzer. Teile des enteigneten Landes wurden unter dem Motto „Junkerland in Bauernhand" an Landarbeiter und landlose Bauern sowie an die „Umsiedler" aus den ehemaligen Ostgebieten verteilt.

Integration in die DDR

Dies entsprach jedoch nicht der Wirklichkeit. Gescheitert war bereits der Versuch der SED, mit der 1945/46 verabschiedeten **Bodenreform** die Vertriebenen und Flüchtlinge mit landwirtschaftlicher Nutzfläche zu versorgen. Erst mit der **Steigerung der Industrieproduktion** in den 1950er- und 1960er-Jahren fanden die neuen Mitbürger Arbeitsplätze, die ihnen eine gesicherte Existenz boten. Dafür mussten sie jedoch häufig noch einmal umziehen und einen beruflichen Neuanfang wagen, der oft mit Arbeiten unter ihrem bisherigen Qualifikationsniveau einherging. Weil die „Umsiedler" in ihrer neuen Umgebung nicht verwurzelt waren und sich fremd fühlten, schlossen sich einige der SED an. Sie war ihr „Heimathafen", ein Ort, an dem Flüchtlinge und Vertriebene willkommen schienen. Viele Betroffene dachten überdies, die

Partei ermögliche ihnen politische und soziale Aufstiegschancen, die ihnen sonst verschlossen blieben. Doch die SED versuchte die Probleme der Vertriebenen totzuschweigen. Besonders auf dem Land blieben die Flüchtlinge kulturelle Fremdkörper und waren in der Regel gezwungen, eigene, von der traditionellen Dorfstruktur abgeschottete Gruppen zu bilden. Es kam auch häufig vor, dass für die Vertriebenen eigene Siedlungen am Rande der Dörfer errichtet wurden.

Weil viele „Umsiedler" in der DDR nicht Fuß fassen konnten, verließen sie das Land bis zum Mauerbau 1961 wieder und wanderten meist in die Bundesrepublik Deutschland aus. Schätzungen gehen von 750000 bis zu einer Mio. Menschen aus. Hinzu kam, dass Flüchtlinge und Vertriebene lange unter ausgesprochen schlechten Lebensbedingungen litten. Zehntausende von ihnen mussten noch bis in die 1950er-Jahre in Barackenlagern leben. Trotz dieser ungünstigen Umstände fügte sich aber die Mehrheit seit den 1950er-Jahren Schritt für Schritt in die Gesellschaft der DDR ein. Sie wurden gleichsam unsichtbar, weil sie keine Interessenvertretungen gründen durften und daher kein Sprachrohr besaßen. Wer nicht noch einmal fliehen wollte, musste sich den allgemeinen Lebensbedingungen lautlos anpassen.

„Umsiedlungen" in Polen

In den Jahren 1944 bis 1946 kam es auch an der Ostgrenze Polens zu massiven „Umsiedlungen" verschiedener Bevölkerungsgruppen, die zu großen Teilen mit Zwangsmitteln durchgesetzt wurden. Bei diesem „Bevölkerungsaustausch" mussten rund eine halbe Million Ukrainer und Weißrussen ihre Heimat westlich der neuen polnischen Grenze verlassen. Etwa 1,5 Millionen Polen, die bisher östlich der Grenze lebten, verließen diese nun an die Sowjetunion abgetretenen Provinzen und zogen in das neue polnische Staatsgebiet. Sie – wie auch Siedler aus dem zentralen Teil des Landes – fanden vor allem in den ehemals deutschen, jetzt polnischen Nord- und Westgebieten eine neue Heimat. Besaßen diese Menschen am Ende des Zweiten Weltkrieges unter der totalitären Herrschaft der Sowjetunion nicht die Freiheit der Entscheidung über ihren Wohnort, durfte ein Teil der Menschen nach 1956 wieder über ihre Staatsangehörigkeit entscheiden. Das führte zu einer neuen Welle der Migration: Knapp eine Viertelmillion Polen und Juden sowie mehr als eine Viertelmillion Deutsche wanderten in den Westen, die einen aus der Sowjetunion nach Polen, die anderen aus Polen in die DDR und besonders in die Bundesrepublik Deutschland.

Webcode:
KH1110987-095

1 **a)** Erläutern Sie den Prozess der Integration von Flüchtlingen und Vertriebenen in die Gesellschaften der Bundesrepublik Deutschland und der DDR.
b) Vergleichen Sie die Lage der Flüchtlinge und Vertriebenen in den beiden deutschen Teilstaaten miteinander.

2 Bewerten Sie den Prozess der Integration von Flüchtlingen und Vertriebenen im geteilten Deutschland aus unterschiedlichen Perspektiven (z. B. Bevölkerung, staatliche Organe, Wirtschaft).

3 Erörtern Sie am Beispiel Polens, ob Flucht und Vertreibung am Ende und nach dem Zweiten Weltkrieg ein „deutsches Problem" waren.

Hinweise zur Arbeit mit den Materialien

Die Materialien M 1 bis M 4 beschäftigen sich mit den **westlichen Besatzungszonen und der Bundesrepublik Deutschland**. M 1 illustriert die Traditionspflege durch die Organisation der Landsmannschaften. M 2 a–c zeigen die unterschiedlichen Lebenssituationen der Flüchtlinge und Vertriebenen in ihrer neuen Heimat. Die Karikatur M 3 verdeutlicht die Vorurteile zwischen Vertriebenen und Alteingesessenen. Mithilfe der Statistik M 4 lässt sich die Integration der Flüchtlinge und Vertriebenen in Wirtschaft und Gesellschaft der Bundesrepublik analysieren. Dagegen befassen sich die Materialien M 5 bis M 9 mit der **Sowjetischen Besatzungszone bzw. der DDR**. M 5 benennt die Einstellung der kommunistischen Führung zur alten Heimat der Flüchtlinge und Vertriebenen. Die Texte M 6 und M 7 erlauben die Untersuchung der Folgen der Bodenreform 1945/46 für die Flüchtlinge und Vertriebenen und deren Einstellung dazu. M 8 gibt Einblicke in die Wohnsituation der Flüchtlinge und Vertriebenen in den ersten Jahren in der neuen Heimat. Das Plakat M 9 weist auf die Bemühungen der Parteien hin, die Flüchtlinge und Vertriebenen unterzubringen und in die Gesellschaft zu integrieren. M 10 bietet die Chance, das **Verhältnis zwischen Ukrainern und Polen** zu untersuchen, die nach dem Zweiten Weltkrieg ebenfalls aus ihren alten Heimatgebieten flüchten mussten.
Am Ende des Kapitels finden sich **weiterführende Arbeitsanregungen** und die Möglichkeit, die im Kapitel erworbenen **Kompetenzen zu überprüfen** (S. 116 f.).

Westliche Besatzungszonen/BRD

M 2 Die Ankunft und Aufnahme der Vertriebenen

a) Aus einem Interview mit Frau Fi. (geb. 1931), einer Vertriebenen aus Schlesien, 1985/86

[U]nsere Grundreinigung und Wäscherei, die musste ja erst noch beginnen jetzt von der langen Fahrt. In den Lagern sind wir wohl von Ungeziefer befreit worden, aber dass wir appetitlich aussahen, das konnte man also nicht gerade sagen. Und wenn da eine Mutter mit neun Kindern jetzt hier vor einem Försterehepaar mit einer kleinen, hübschen Tochter steht, die hübsch, niedlich, fein angezogen ist, und da kommt nun eine Mutter mit neun Kindern, da kann sich ja jeder ein Bild machen, was die Familie eigentlich für einen Schreck gekriegt hat. Die haben also gedacht, da kommen irgendwelche Wilde an [...]. Also ich hatte das Gefühl – ich war da 14 Jahre und meine kleinen Geschwister – wir hatten das Gefühl und ich hatte das sogar sehr stark, dass die Familie T. dachte, wir sind Ausländer. Dafür haben sie uns alle im ersten Moment gehalten. Meine kleinen Geschwister, die hielten meine Mutter an der Hand und das Erste, was sie sagten, „Mama, Hunger!“ Da sagte die Frau T., „ach, Deutsch sprechen könnt Ihr auch!“ Das ist mir also bis heute noch im Gedächtnis geblieben, dass die Familien von hier eigentlich über unser Schicksal bis dahin überhaupt keine Ahnung hatten, dass die über nichts unterrichtet waren, nicht vorbereitet waren, dass die gar nicht wussten, was auf sie zukommt. [...] Sobald die Familie T. uns dann etwas näher kennengelernt hat, waren die [...] gut zu uns, haben die kleinen Kinder gut behandelt, meine Geschwister, alle. Haben uns zu essen gegeben [...]. Wo wir in ihr Haus kamen, wo sie dann sagte: „Ach, Ihr könnt auch deutsch sprechen.“ Dann hat sie sofort Kartoffeln gemacht und Specksoße [...]. „Habt Ihr Hunger?“, wo wir denn, die Kinder, sagten: „Ja, wir haben Hunger, Mama.“ Da hat sie sofort einen riesengroßen Topf gekocht, ja, also, das muss man ihr hoch anrechnen. Und die kleene Tochter, die Ursel, das war ihr einziges Kind, die war so glücklich und zufrieden, so'n Kind hab' ich überhaupt noch nicht erlebt. Sie kriegte nun plötzlich eine große Kinderschar ins Haus, ich weiß nicht, ob die früher nie mit Kindern gespielt hat oder spielen durfte, also jedenfalls hat die mit [...] meinen Geschwistern, gespielt, das war also sagenhaft [...].

Klaus J. Bade, Hans-Bernd Meier u. Bernd Parisius (Hg.), Zeitzeugen im Interview. Flüchtlinge und Vertriebene im Raum Osnabrück nach 1945, Universitätsverlag Rasch, Osnabrück 1997, S. 124 f.

b) Aus den Erinnerungen für eine Dokumentation des ehemaligen Lagerbewohners Werner Bittner aus Gloschkau, ca. 2000–2004
Mit zwei weiteren Familien, insgesamt 10 Personen, kamen wir in einen leeren Raum von ca. 36 qm Größe. Die ersten Nächte verbrachten wir auf Stroh, zum Zudecken erhielten wir graue, ehemalige Militärdecken. Unsere zugeteilte Verpflegung nahmen wir auf dem Fußboden sitzend ein. Als Tisch diente uns in der Mitte des Raumes ein Brett, das Opa von irgendwoher organisiert hatte. Zur Erhöhung des Brettes, damit es einem Tisch ähnelte, wurden zwei Ziegelsteine untergelegt. Wir waren froh, dass wir einen festen Ort gefunden hatten, wo wir uns endlich von den Strapazen erholen konnten. Später wurden dann die beiden anderen Familien umquartiert, und wir waren für uns allein. Nach einiger Zeit erhielten wir Stahlbetten mit Strohsäcken und Decken, die wir mit unseren mitgebrachten Federbetten ergänzten. So hatten wir wieder ein eigenes Bett. [...] Uns wurden selbst gezimmerte Tische und Regale zugeteilt, und als Sitzgelegenheit erhielten wir Blechhocker, bestehend aus ehemaligen Raketenflügeln. Es war einfach und notdürftig, aber wir waren zufrieden, überhaupt etwas zu haben.

Das O-Lager 1946–1951. Ostvertriebene in Soest. Soest 2004, S. 16, 24–25, 31, zit. nach: Wolfgang Maron, Vertriebenenalltag in Westfalen 1946–1951. Fallstudie O-Lager Soest, in: Geschichte lernen, Heft 105 (2005), S. 47.

c) Aus dem Bericht eines Flüchtlingsvertrauensmanns aus der bayerischen Gemeinde Erling-Andechs, Januar 1947
Wohnungsbau: Es bestehen in der Gemeinde eine Reihe von Wohnungsausbaumöglichkeiten, die mit geringem Kostenaufwand gute Wohnräume ergeben würden, dadurch könnten Elendsquartiere in der Gemeinde aufgehoben werden. Ein diesbezüglicher Antrag in der Gemeinde Mitte vergangenen Jahres [betr.] den Speicher des Lehrerhauses [Gemeindebesitz] wurde abgelehnt. Ein Gemeinderat hatte sich geäußert: Da kriegen wir noch mehr G'schwerl'[1] her. [...]
Ernährungsschwierigkeiten: Da die Einheimischen Fische nicht lieben, waren besondere Vorstellungen der Flüchtlinge notwendig, um auch Erling in den Genuss von Fischzuteilungen zu setzen. In der Übergangszeit zur neuen Ernte gab es eine ausgesprochene Hungersnot unter den Flüchtlingen, die 3 Wochen lang ohne Kartoffel waren, weil die [...] Lagerhäuser keine heranbrachten und die Bauern von ihren Futterkartoffeln keine hergaben. Die Flüchtlinge waren gezwungen, um nicht zu verhungern, Felddiebstahl zu betreiben, der natürlich für die Einheimischen ein willkommener Anlass war, auf die Flüchtlinge loszuziehen. Unter den Flüchtlingen gab es in dieser Zeit große Erregung, weil Bauern kein Verständnis für die Notlage zeigten und vor Augen hungernder Flüchtlinge ihre Dampfnudeln verzehrten und den um Kartoffeln nachfragenden Flüchtlingen erklärten: „Die jetzigen Kartoffeln essen Sie sowieso nicht, die geben wir nur den Schweinen.“ [...]

Ich versuchte, der Weisung gemäß im Gemeinderat die Flüchtlingsinteressen zu vertreten, doch wurde ich zu den letzten zwei Gemeinderatssitzungen wieder nicht zugezogen, obwohl sie sich mit Flüchtlingsangelegenheiten beschäftigten.

Zit. nach: Merith Niehuss, Ulrike Lindner (Hg.), Deutsche Geschichte in Quellen und Darstellung, Besatzungszeit, Bundesrepublik und DDR 1945–1969, Reclam, Stuttgart 1998, S. 108–112.

1 G'schwerl: abwertender bayerischer Ausdruck für eine Gruppe von sozial niedrig gestellten Menschen

1 Analysieren Sie mithilfe von M 2 a–c die Situation der Flüchtlinge und Vertriebenen, ihre Bedürfnisse und Wünsche.

2 Erörtern Sie, ausgehend von M 2 a–c, die Probleme der Flüchtlinge und Vertriebenen bei und nach ihrer Ankunft in der Aufnahmegesellschaft: Untersuchen und beurteilen Sie die Haltung der einheimischen Behörden und Bevölkerung sowie die Einstellungen und das Engagement der Neuankömmlinge.

3 Vergleichen Sie die unterschiedlichen Situationen der Flüchtlinge und Vertriebenen miteinander. Zeigen Sie Unterschiede und Gemeinsamkeiten auf und bewerten Sie die abweichenden Lagen der Menschen.

M3 **„Weißblaues Tagebuch", Karikatur von Wigg Siegl aus dem „Simplicissimus", 1955.**
Bildunterschrift: „Hast as g'lesen von dem neuen Wunder bei uns in Altötting – da hat a Einheimischer an Baukredit kriagt und a Flüchtling 's Heimweh?"

1 Analysieren Sie anhand der Karikatur M3
a) Wünsche und Situation der Vertriebenen sowie
b) deren Verhältnis zu den Alteingesessenen.

M4 **Statistik zur Eingliederung der Vertriebenen in der Bundesrepublik Deutschland**

Bundesland	Ewerbspersonen in (a) Land-/Forstwirtschaft, (b) Industrie/Handwerk, (c) Handel/Verkauf (in %)			Arbeitslosigkeit unter den Vertriebenen (in %)		Wohnverhältnisse in Untermiete (auf je einen Nichtvertriebenen entfallen … Vertriebene)		Wahl einer Interessenpartei bei der Bundestagswahl (je 100 Vertriebene)			Ehen zwischen Vertriebenen und Nichtvertriebenen (je 100 Vertriebene)	
	(a)	(b)	(c)	1950	1954	1950	1956	1953	1957	1961	1950	1960
Schleswig-Hol.	29	34	16	13	6	2,3	2,1	41	30	14	69	87
Hamburg	4	40	33	2	3	1,7	1,3	24	14	7	77	90
Niedersachsen	35	33	15	8	4	2,5	2,0	42	30	24	70	85
Bremen	4	40	29	4	3	1,9	1,4	29	15	25	78	87
Nordrhein-Westf.	15	51	17	2	1	2,2	1,4	21	18	6	77	85
Hessen	30	37	15	5	3	2,4	1,7	36	31	22	74	86
Rheinland-Pfalz	43	31	13	6	2	2,8	1,7	20	19	5	74	89
Baden-Württ.	39	34	11	3	2	2,8	1,7	34	28	15	58	81
Bayern	37	34	14	8	4	2,7	2,0	40	35	21	66	85
Bundesgebiet	29	39	15	7	3	2,5	1,8	34	26	15	67	83

Zahlen zusammengestellt nach: K. Erik Franzen, Die Vertriebenen. Hitlers letzte Opfer. Mit einer Einführung von Hans Lemberg, Ullstein, München 2002, S. 323.

1 Bestimmen Sie anhand der Statistik (M4) Umfang und Tempo der Vertriebenenintegration. Unterscheiden Sie zwischen der sozialen, der wirtschaftlichen und der politischen Eingliederung.

SBZ/DDR

M5 Aus einer Erklärung des KPD-Funktionärs Walter Ulbricht (25. Juni 1945)

Eine weitere schwere Folge des verbrecherischen Hitlerkrieges ist die Abtrennung der Gebiete östlich der Oder und der Görlitzer Neiße. Kein Volk wäre auf den Gedanken gekommen, die Abtrennung dieser Gebiete zu fordern, wenn unser deutsches Volk selbst die Kraft aufgebracht hätte, in diesen Gebieten eine demokratische Ordnung zu schaffen, die Macht der ostelbischen Junker zu brechen und damit zu verhindern, dass diese Gebiete wiederum zur Basis des Kriegsaufmarsches werden. [...] Aus der Zange Ostpreußen – Oberschlesien heraus erfolgte der Kriegsaufmarsch gegen Polen und Sowjetrussland. Der Nazismus, der ausgezogen war, ein Weltreich zu erobern, hat es nicht nur fertig gebracht, das Haus anderer Völker zu zerstören, sondern er hat obendrein die Gebiete östlich der Oder verspielt.

Walter Ulbricht, Zur Geschichte der deutschen Arbeiterbewegung. Reden und Aufsätze, Bd. 2, Dietz Verlag, Berlin 1953, S. 434.

1 Arbeiten Sie die zentralen Thesen über den Verlust der Ostgebiete heraus.

2 Erörtern Sie, warum der KPD-Funktionär Ulbricht nach dem Zweiten Weltkrieg in der Sowjetischen Besatzungszone die Menschen überzeugen wollte, dass die Heimat der Vertriebenen „verspielt" worden sei.

M6 Der Dramatiker Heiner Müller über den Neubeginn der Vertriebenen und Flüchtlinge in der SBZ bzw. DDR

Der Text entstammt seinem zwischen 1956 und 1961 entstandenen Stück „Die Umsiedlerin oder das Leben auf dem Lande".

Aus dem Osten kamen die Trecks, Umsiedler wie Heuschrecken, brachten den Hunger mit und den Typhus, die Rote Armee kam mit der Rechnung für vier Jahre Krieg, Menschenschinden und verbrannte Erde, aber mit Frieden auch und Bodenreform. Da war das Stiefellecken nicht mehr Trumpf, das Zuckerlecken noch nicht: Brachland gab's zu viel, Zugvieh zu wenig, Trecker keinen. Da fraß der Große wieder den Kleinen auf, ich hab acht Pferde, was hast du? Hack meine Rüben, wenn du dein Feld gepflügt willst, oder spann dich selber vor den Pflug und krepier in der Furche, Hunger habt ihr? Ich bin satt.

Zit. nach: K. Erik Franzen, Die Vertriebenen. Hitlers letzte Opfer. Mit einer Einführung von Hans Lemberg, Ullstein, München 2002, S. 277.

M7 Über den Umgang der Vertriebenen mit den Angeboten der kommunistischen Herrscher in der SBZ (1985)

Im Roman „Wir Flüchtlingskinder" verarbeitete Ursula Höntsch-Harendt ihre Kindheit. Der Auszug ist ein Gespräch einer Flüchtlingsfrau mit dem Bürgermeister von Emmendorf.

Bürgermeister: „Ich habe gehört, daß Sie aus der Landwirtschaft stammen. Hätten Sie nicht Lust, Neubäuerin zu werden? Ihre Schwester hat Ihnen doch bestimmt von der Bodenreform erzählt, daß die Felder vom Gute in Kattenbach aufgeteilt werden, an kleine Bauern und Landarme, vor allem aber auch an die Umsiedler."

Flüchtlingsfrau: „Joajoa, se hoat mer a su woas erzahlt, oaber iech bin nich goanz gescheut geworn. Denn doaß fier umsunste Land vergahn wird, doa hoat se bestimmt woas Foalsches uffgeschnoappt."

Bürgermeister: „Aber nein, es stimmt. Wir verkaufen nichts, wir verteilen alles. Das einzige, was wir dafür haben wollen, sind so hohe Erträge wie nur möglich, damit wir alle bald mal wieder satt werden. Überlegen Sie es sich, aber nicht zu lange. Das wäre doch ein guter Beginn in der neuen Heimat." [...]

Flüchtlingsfrau: „Woas heeßt hier neue Heimat? Iech hoa eene, die ies ei Schlesingen, und es ies noch goar nischte heraus, ob mer nich wieder zuricke kinna. [...]"

Bürgermeister: „Frau Hönow, so schmerzlich das auch ist, seine Heimat zu verlieren, aber Sie sollten sich damit abfinden [...]."

Flüchtlingsfrau: „Doas koann iech nich. [...] Mir ei Schlesingen sein duch nich oalleene oam Kriege schuld. Und meine Familie hoat sich ieberhaupt nischt zuschulda kumma loan."

Ursula Höntsch-Harendt, Wir Flüchtlingskinder, Mitteldeutscher Verlag, Leipzig 1985, S. 170f.

1 Erörtern Sie anhand von M 6 und M 7 die Chancen und Risiken, mithilfe einer kommunistischen Bodenreform die Flüchtlinge in die Gesellschaft zu integrieren.
2 Nach der Uraufführung des Stückes von Heiner Müller 1961 verbot die SED weitere Vorstellungen. Diskutieren Sie mögliche Motive für diesen Schritt.

M 8 Ergebnisse einer Inspektionsfahrt zu Vertriebenen (1947)

Bericht über eine im März 1947 von einem Mitarbeiter des Umsiedleramtes Thüringen und einem Offizier der Sowjetischen Militäradministration des Landes durchgeführte Inspektion zur Lage der Vertriebenen im Kreis Langensalza.

Gegen 16 Uhr fuhren wir dann in Begleitung der Dolmetscherin sowie der Herren Bertram und Anthes vom Umsiedlungsamt nach dem Ort Großengottern, wo wir uns vom Bürgermeister die Einwohnerliste vorlegen ließen. Wir suchten einige Häuser heraus und besichtigten diese anschließend. In den Häusern Kr. und Bi. war der Eindruck günstig; die Wohnungsinhaber hatten ihre Neubürger gut untergebracht; besonders Kr. ist hier zu loben. Die Neubürger äußerten sich dankbar und anerkennend. […] Ganz untragbar erwies sich die Unterbringung beim Bauern D. Eine Frau mit 5 Kindern war in einer kleinen Stube zusammengedrängt, an der sich ein winziges Nebengelass anschloss. Dagegen hatte der Bauer 3 große „Abstellräume“, deren einer mit – sehr zahlreichen Nahrungsmitteln (an einem Gestell hingen allein etwa 60 große Würste) angefüllt war; in den anderen türmte sich Hausrat aller Art. Wir beschlagnahmten die Wurstkammer für die Neubürger und ordneten deren sofortige Freimachung an. Dem Bauern wurde ferner aufgegeben, einen Schrank zur Verfügung zu stellen.

Manfred Wille (Hg.), Die Vertriebenen in der SBZ/DDR. Dokumente, Bd. II: Massentransfer, Wohnen, Arbeit 1946–1949, Harrassowitz, Wiesbaden 1999, S. 225.

1 Erarbeiten Sie die zentralen Aussagen.
2 Beurteilen Sie anhand dieses Berichtes die Lebenssituation der Flüchtlinge und Vertriebenen in der SBZ.

M 9 Plakat aus der SBZ, 1947

1 Interpretieren Sie das Plakat. Arbeiten Sie die zentrale Aussage des Plakates heraus und beurteilen Sie diese.

Polen/Ukraine

M 10 Der polnische Journalist Maciej Stasinski über Polen und Ukrainer (1997)

Anders als im Fall weit entfernter Völker, z. B. des polnischen Stereotyps des Engländers (kalter hochmütiger Egoist), des Japaners (künstlich lächelnder workaholic) oder des Amerikaners (selbstsicherer Ignorant), ist das Stereotyp des Ukrainers verflochten mit der Geschichte der polnisch-ukrainischen Beziehungen und dem polnischen Selbstbildnis. Deshalb muss man gleichzeitig über das polnische Bild des Ukrainers und das Selbstbild der Polen sprechen. In Polen hängt das Bild des Ukrainers und seines Verhältnisses zum Polen eng zusammen mit den Problemen von Leid, Henker und Opfer, Verbrechen und Wiedergutmachung, ähnlich wie das Bild des Deutschen. Während aber heute viele Deutsche imstande sind, von dem Leid, das sie den Polen angetan haben, zu reden, es sogar als Verbrechen bezeichnen, und viele Polen imstande sind, die Rolle des Opfers deutscher Gewalt abzustreifen und anzuerkennen, dass die Vertreibung von einigen Millionen Deutscher ein Verbrechen war, für das es eine kollektive Verantwortung gibt, und dass die Gebiete, aus denen die Deutschen vertrieben wurden, keineswegs „urpolnische" Gebiete waren, die zum Vaterland zurückkehrten, so verhält es sich im Fall der Ukraine anders. Ähnlich wie Polen und Deutsche teilen auch Polen und Ukrainer sowohl Verbrechen als auch Vertreibung. Und dennoch: Gewöhnlich spricht der Pole von seinem Leid und der Ukrainer von dem seinen. Jeder tritt in der Rolle des Opfers auf, Henker ist jeweils der andere. [...]

Anders als im Verhältnis zwischen Polen und Deutschen empfinden die Polen gegenüber den Ukrainern keinen zivilisatorischen Minderheitskomplex. Sie haben im Gegenteil einen Überlegenheitskomplex, der aus jahrhundertelanger politischer, ökonomischer und kultureller Herrschaft der Polen in der Ukraine herrührt. Es besteht eine vernebelte Erinnerung an die Verhältnisse zwischen „Herren und Sklaven". Auf beiden Seiten. Die Polen waren und sind der Meinung, sie seien in der Ukraine „zu Hause" gewesen und außerdem als *Schlachta*[1] innerhalb der sozialen Hierarchie „an ihrem Platz". Die Ukrainer waren aber ebenso „zu Hause", denn die polnische *Schlachta* fand die Bauern und Kosaken vor, als sie die Ländereien übernahm, aber sie behandelte sie vom Standpunkt des Gastgebers aus – als einen Teil des Inventars. Also war auch der Ukrainer „an seinem Platz" – aber als Bauer. Viele nostalgische Erinnerungen der Polen aus dem östlichen Grenzland schildern „das harmonische Zusammenleben" von Polen und Ukrainern, bevor die bolschewistischen Agitatoren und Nazis kamen. Aber diese Harmonie besteht nur unter der Voraussetzung, dass der Ukrainer seinen Platz in der Hierarchie kennt. Sonst wird er zur Bedrohung. Eben die Ukraine bildet im polnischen Bewusstsein die heimische Fassung des Mythos von „Blut und Boden".

Die Polen können über die polnische Ukraine immer noch nicht in den Kategorien von Eroberung und imperialer Herrschaft der *Schlachta*, voller Überheblichkeit, Gewalt und Verachtung gegenüber der einheimischen bäuerlichen Bevölkerung, sprechen, obwohl sie als Nation ähnliches Unrecht erfuhren, das zu einem wesentlichen Bestandteil ihrer historischen Identität wurde. Daher begreifen viele Polen immer noch nicht, dass jegliche ukrainische Emanzipation sich gegen den polnischen Besitzstand in der Ukraine richten musste. Unter den Bedingungen des sich herausbildenden neuzeitlichen Nationalismus musste das Ukrainertum mit dem Polentum zusammenstoßen. [...] Fremdheit und Feindschaft werden nur dann verschwinden, wenn die Polen imstande sein werden, von dem ukrainischen Leid zu sprechen, und die Ukrainer lernen werden, den multikulturellen Charakter der einstigen Ukraine zu schätzen; wenn ein und dieselbe Person, sei es ein Ukrainer oder ein Pole, ohne Euphemismus von den ukrainischen Verbrechen an den Polen und den polnischen an den Ukrainern sprechen wird. Die polnische Geschichtsschreibung ringt sich erst in den letzten Jahren zu einer Bewertung der ukrainisch-polnischen Geschichte durch, die den ukrainischen Standpunkt ernst nimmt. [...] Die Polen sollten sich zu einer Anstrengung durchringen, um die Ukrainer in den polnischen Ostgebieten im 19. Jahrhundert so zu betrachten, wie sie sich selbst – mutatis mutandis – und ihre Geschichte aus den Zeiten Bismarcks und des Kulturkampfes im preußischen Teilungsgebiet betrachten. Hier war doch der Widerstand der Polen ein gerechtfertigter [...] Kampf um die nationale Identität und Gleichberechtigung.

Zit. nach: Ursula A. J. Becher, Wlodzimierz Borodziej, Robert Maier (Hg.), Deutschland und Polen im zwanzigsten Jahrhundert, Hahn, Hannover 2001, S. 173 f.

---

1 Schlachta (von poln. *Szlachta* = Adel): Gemeint sind damit weniger die großen Magnatenfamilien, sondern der Kleinadel, der in der Neuzeit als Träger der polnischen *natio* in Erscheinung trat.

---

1 Untersuchen Sie mithilfe von M 10 die Folgen der Vertreibungen von Polen und Ukrainern nach dem Zweiten Weltkrieg:
a) Bestimmen Sie sowohl das nationale Selbstverständnis von Polen und Ukrainern als auch die Sicht auf den jeweils anderen.
b) Vergleichen Sie das polnisch-ukrainische Verhältnis mit dem deutsch-polnischen.

Wanderungen im 19. Jahrhundert

Vielfalt der Wanderungsbewegungen

Menschen verlassen selten aus freien Stücken ihre Heimat oder ihr Heimatland. Das gilt auch für die verschiedenen Wanderungsbewegungen im 19. Jahrhundert, das sehr stark durch die Industrialisierung des gesamten gesellschaftlichen Lebens geprägt war. **Unterschiedliche Motive** spielten für die Migration in dieser Epoche eine Rolle: Die einen flüchteten vor unerträglichen Lebensbedingungen, vor Hunger, Armut oder Krieg, andere wollten politischer oder religiöser bzw. konfessioneller Verfolgung entgehen. Es gab zudem die **verschiedensten Formen** der Migration: Hierzu gehören Binnenwanderungen, bei denen Menschen vom Land in die Stadt oder von östlichen ländlichen Regionen zur Beschäftigung in die westlichen Industriegebiete zogen, um sich ein besseres Leben aufzubauen. Andere Menschen verließen ihr Heimatland und wanderten aus. Im 19. Jahrhundert suchten viele Auswanderer in den USA eine neue Heimat, die ihnen Arbeit und Brot sowie Freiheit und Toleranz gewährte.

Binnenwanderung und Verstädterung in Deutschland

Stärker noch als die Auswanderung hat die europäischen Gesellschaften die sich mit der Industrialisierung verstärkende Binnenwanderung geprägt und verändert. Diese **Binnenwanderungen** dienten im Deutschland des 19. Jahrhunderts weniger dazu, durch Veränderung des Wohn- und Arbeitsortes den eigenen sozialen Status zu verbessern („Chancenwanderung"), sondern waren vor allem das Ergebnis von Schwankungen des Arbeitsmarktes. Da im Gegensatz zur Gegenwart im 19. Jahrhundert sowohl wirksame soziale Sicherungssysteme als auch funktionierende Formen organisierter Arbeitsvermittlung fehlten oder erst langsam aufgebaut wurden, suchten viele Menschen in anderen Regionen nach Arbeit. Wer auf dem Lande in seiner Region keine Arbeit fand, zog entweder in eine andere ländliche Region, wo in der Landwirtschaft Arbeitsplätze frei waren. Oder er ging in die nächstgelegene Stadt oder eine aufstrebende Industrieregion, um dort eine Anstellung zu finden. Wenn an diesen gewerblichen oder industriellen Standorten keine Beschäftigung zu finden war, wanderte man weiter von Ort zu Ort.

Die rasche Bevölkerungszunahme und die Binnenwanderung mündeten in die **Verstädterung** bzw. die **Urbanisierung**. Dieser Prozess, der das moderne Leben entscheidend mitgeprägt hat, besitzt zwei Aspekte: Verstädterung meint erstens die Vergrößerung der Städte im 19. und 20. Jahrhundert. Immer mehr Menschen ziehen in die stark anwachsenden Städte. Zweitens verstehen die Historiker unter Urbanisierung veränderte Lebensformen in den Großstädten. Hierzu gehörten und gehören z. B. die individuelle Gestaltung des eigenen Lebens, ein verbessertes Bildungsangebot, neue und vermehrte kulturelle Entfaltungsmöglichkeiten, besondere Formen des intellektuellen Austauschs, aber auch eine besondere Empfindlichkeit für Reize, die nicht nur durch ein größeres Warenangebot oder von der Reklameflut ausgelöst wurden, sondern auch schlicht mit der Tatsache zu tun haben, dass der Stadtmensch einer immer größeren Anzahl von fremden Menschen begegnete. Eine Folge der Verstädterung bestand außerdem in der Auflösung gewachsener regionaler, familiärer und konfessioneller Bindungen. Nicht vergessen werden sollten zudem Wohnungsnot und Slumbildung. Diese Begleiterscheinungen der Urbanisierung sind heute vornehmlich in der Dritten Welt zu beobachten, sie charakterisierten allerdings auch die europäische Verstädterung im 19. Jahrhundert.

Ost-West-Wanderungen in Deutschland

Mit der Industrialisierung entstanden neue gewerbliche oder industrielle Regionen, die die Menschen anzogen, weil sie sich dort Arbeit und ein besseres Leben versprachen. Eines dieser aufstrebenden Industriegebiete war das **Ruhrgebiet**. Die Region nördlich der Ruhr entwickelte sich in der zweiten Hälfte des 19. Jahrhunderts zu einer der bedeutendsten Industrieregionen Deutschlands und Europas. Die wirtschaftliche Grundlage dafür bildeten vor allem Steinkohle und Eisenerz.

Mit dem beschleunigten Ausbau des Berg- und Hüttenwesens in dieser Region nahm der Bedarf an Arbeitskräften sprunghaft zu, der jedoch nicht mehr auf dem einheimischen Markt oder den Märkten angrenzender Regionen befriedigt werden konnte. Bereits zur Zeit der Reichsgründung 1870/71 war der Arbeitsmarkt leer gefegt, sodass die Unternehmer begannen, Arbeiter aus weit entfernten Gebieten anzuwerben. Die überwiegende Zahl der **Zuwanderer** kam **aus Ost- und Westpreußen** sowie aus dem von Preußen annektierten Teil **Polens** und gehörte in der Regel zu den ärmsten Bauern und den schlecht bezahlten Tagelöhnern, denen das Geld für eine Auswanderung nach Amerika fehlte. Die Agenten der Montanunternehmer versprachen ihnen nicht nur besser bezahlte und dauerhafte Beschäftigung, sondern lockten auch mit preiswerten Wohnungen und einem angenehmeren Leben. Allerdings sah die Wirklichkeit oft ganz anders aus: Die Neuankömmlinge mussten häufig die schwersten und am schlechtes-

M 1 **Krupp'sche Guss-Stahl-Fabrik in Essen, Lithografie von E. Scheiner, 1879**

ten entlohnten Arbeiten verrichten; der Aufstieg in höhere Positionen mit besserer Bezahlung gelang erst in der zweiten oder dritten Generation. Außerdem waren die Zuwanderer anfangs gesellschaftlich isoliert und hatten mit Vorurteilen der einheimischen Bevölkerung zu kämpfen. Obwohl viele Zuwanderer ursprünglich nur vorübergehend im Ruhrgebiet arbeiten wollten, um genügend Geld für ein Stück Land im Osten zu verdienen, blieben doch die meisten von ihnen. So verdoppelte sich die Bevölkerung in den Kernkreisen des Ruhrgebietes – Duisburg, Essen, Dortmund und Bochum – zwischen 1871 und 1890 auf fast 1,1 Mio. Menschen; bis 1914 hat sich die Bevölkerung nahezu verdreifacht. Dieser Bevölkerungszuwachs schlug sich in einer raschen **Verstädterung** nieder: Gab es in den 1880er-Jahren im Ruhrgebiet noch keine Großstadt, waren es 1910 im Revier schon sieben. Hinzu kam, dass die Zuwanderer ihre anfängliche Bindungs- und Beziehungslosigkeit allmählich aufgaben und sich in die Gesellschaft ihrer Wohnorte integrierten. Die Integration der östlichen Zuwanderer vollzog sich vorrangig am Arbeitsplatz. Die einheimischen Bergleute erkannten schon bald, dass sich ihre neuen Arbeitskollegen schnell mit der bergmännischen Tätigkeit vertraut machten. Auch in ihrem Arbeitseifer und ihrer Produktivität standen sie den westdeutschen Kumpels nicht nach.

Auswanderung in die USA

In Deutschland versuchten seit Beginn der 1830er-Jahre zahlreiche Menschen, durch die Auswanderung nach Brasilien, Kanada, Argentinien oder Australien, vor allem aber in die Vereinigten Staaten von Amerika ihre soziale Lage zu verbessern. In den USA, dem „Land der unbegrenzten Möglichkeiten", glaubten die Emigranten ein wirtschaftlich gesichertes Leben in Freiheit führen zu können. Die deutschen Regierungen ließen diese Auswanderung zu, um so sozialen Sprengstoff zu entschärfen. Bereits in der ersten Hälfte des 19. Jahrhunderts entwickelte sich die Amerika-Emigration zu einer Massenerscheinung. Der Hauptgrund für die **Massenauswanderung** waren Armut und Not. Viele Menschen hatten außerdem das Vertrauen in die Politik verloren und sprachen ihr die Fähigkeit zur Lösung der sozialen Probleme ab. Eine Mischung aus wirtschaftlicher Unzufriedenheit und enttäuschten politischen Hoffnungen nach dem Scheitern der Revolution 1848/49 löste in der Mitte des 19. Jahrhunderts die zweite Auswanderungswelle aus. Seit den 1880er-Jahren folgten weitere Wellen aus Gebieten, in denen sich die Arbeits- und Lebensbedingungen verschlechterten. Briefe von Auswanderern in der Presse, seit Mitte des Jahrhunderts auch Auswanderervereine und -gesellschaften sowie das verbesserte Transportwesen minderten immer weiter die Angst vor dem Risiko der Migration und erleichterten den Auswanderungsbeschluss.

Webcode:
KH1110987-104

1. Arbeiten Sie aus dem Darstellungstext die unterschiedlichen Formen der Migration im 19. Jahrhundert heraus und charakterisieren Sie Motive und Ziele der Migranten.
2. Vergleichen Sie die Wanderungen des 19. Jahrhunderts mit heutigen Migrationsbewegungen.

Hinweise zur Arbeit mit den Materialien

M 2 beschäftigt sich mit Wanderungen des 19. Jahrhunderts aus ärmlichen ländlichen Regionen in preußische Regionen, in denen die **Landwirtschaft** unter Arbeitskräftemangel litt. Der Text beleuchtet auch die Reaktionen des preußischen Staates auf die vornehmlich polnischen Zuwanderer. Auf den **gewerblichen und industriellen Bereich** konzentriert sich M 3. Mit seiner Hilfe lassen sich die Ursachen und Folgen der deutschen Binnenwanderung sowie die **Verstädterung** analysieren. Am Beispiel des Ruhrgebietes verdeutlichen M 4 bis M 6 die **Probleme, die die Zuwanderer im 19. Jahrhundert zu bewältigen hatten**. Dabei werden ihre Erfolge und Misserfolge thematisiert. Mit der Amerika-Auswanderung befassen sich M 7 und M 8. Während M 7 einige Gründe für die Auswanderung während der Zeit des Pauperismus aufzeigt, lässt sich anhand von M 8 die Entwicklung zur Massenmigration erörtern.

M 2 Der Historiker Jochen Oltmer über Ausländerbeschäftigung und Zuwanderungspolitik im ostelbischen Preußen im 19. Jahrhundert (2010)

Im ostelbischen Preußen lagen die wichtigsten landwirtschaftlichen Arbeitsbereiche der Polen im durch starke saisonale Arbeitsspitzen gekennzeichneten Hackfruchtbau. Beim Kartoffelanbau waren die ausländischen Arbeitskräfte insbesondere beim Setzen und bei der Ernte gesucht. Bei der Zuckerrübenproduktion ging es nicht nur um Aussaat und Ernte, sondern auch um die ständige Pflege (das Verziehen und Hacken) der Rüben. In allen Bereichen des Hackfruchtbaus dominierten weibliche Arbeitskräfte. Sie arbeiteten in der Regel in Kolonnen unter Führung eines männlichen, zumeist zweisprachigen Kolonnenführers. Daneben war die Getreideernte bis zur Einführung arbeitsparender Mäh- und Dreschmaschinen auch im preußischen Osten vor dem Ersten Weltkrieg ein weiterer – allerdings durchweg von Männern in „Schnitterkolonnen“ übernommener – Beschäftigungsbereich.

Ein seit den 1890er-Jahren entwickeltes und bis zum Ersten Weltkrieg ausgebautes System der Kontrolle ausländischer Arbeitskräfte zielte auf die Beobachtung und Regulierung der polnischen Zuwanderung. Diese antipolnische preußische „Abwehrpolitik“ strebte nicht nach einer Beschneidung der Zuwanderung; sie funktionierte auch unabhängig von der Entwicklung des Arbeitsmarkts. Ihr Hauptziel war es vielmehr, die Zuwanderung der Auslandspolen aus nationalitätenpolitischen Gründen nicht zur Einwanderung geraten zu lassen. Darum wurden auslandspolnische Arbeitswanderer nur saisonal zugelassen. Sie unterlagen dem „Rückkehrzwang“ und hatten jährlich das Land in der winterlichen „Sperrfrist“ wieder zu verlassen. Dem „Rückkehrzwang“ unterlagen nur die auslandspolnischen Arbeitswanderer, andere Nationalitäten unter den ausländischen landwirtschaftlichen Arbeitskräften in Preußen hingegen durften in der Sperrfrist, auch „Karenzzeit“ genannt, bleiben, auch wenn durchaus Bestrebungen erkennbar waren, ihre Anwesenheit im Inland ebenfalls auf saisonale Beschäftigungen zu beschränken.

Eine Einwanderung landwirtschaftlicher Arbeitskräfte nach Preußen schien die zu den „Reichsfeinden“ gezählte preußisch-polnische Minderheit [zu] stärken und damit die von der preußischen Staatsräson als Gefahr gesehene Wiederaufrichtung eines selbstständigen polnischen Staates befördern zu können.

Jochen Oltmer, Migration im 19. und 20. Jahrhundert, Oldenbourg, München 2010, S. 32 f.

1 Erläutern Sie die Motive und Ziele der Polen, die ihre Heimat verließen und in der preußischen Landwirtschaft arbeiteten.

2 Erörtern Sie das Verhältnis der preußischen Agrarwirtschaft und des preußischen Staates zu den polnischen Arbeiterinnen und Arbeitern in der Landwirtschaft. Analysieren Sie dabei auch die Folgen für die polnischen Arbeiterinnen und Arbeiter.

M3 Der Historiker Jochen Oltmer über Binnenwanderung und Industrialisierung im Deutschland des 19. Jahrhundert (2010)

Das Wachsen der Städte kann nicht als eindimensionale Bewegung vom Land in die Stadt verstanden werden. Interregionale Arbeitswanderungen trugen zum Wachstum der städtischen Verdichtungszonen bei, führten aber nur z. T. zu dauerhafter Wohnsitznahme. Charakteristisch war vielmehr der „pulsierende Wechsel von Zu- und Abstrom zwischen Land und Stadt" (D. Langewiesche) als saisonale Wanderung aus ländlichen Gemeinden in regionale städtische Zentren, die Jahr um Jahr wiederholt wurden, etwa bei einer Beschäftigung in der Bauindustrie oder anderen witterungsabhängigen Gewerben. Solche Pendelbewegungen konnten in eine dauerhafte Übersiedlung in die Stadt münden. Andere Arbeitswanderer beiderlei Geschlechts näherten sich in Etappen den Großstädten an, indem sie die anfangs erreichte Kleinstadt im ländlichen Umfeld zugunsten attraktiver Arbeitsmarktchancen in einer größeren, weiter entfernten Stadt verließen, um später nach möglicherweise vielen Rück- und Weiterwanderungen eine Großstadt zu erreichen, die auf Dauer Wohnort wurde. [...]

Bestimmend für die stark ausgeprägte räumliche Mobilität im Kontext der Urbanisierung war also eine fluktuierende Masse jugendlicher Zuwanderer und junger Familien auf der Suche nach Arbeit, höherem Verdienst, besseren und kostengünstigeren Unterkünften oder einem Heiratspartner. Hinzu kamen die vielen – zumeist ebenfalls jungen – Saisonwanderer z. B. im Baugewerbe oder, bei Frauen, im Gastgewerbe bzw. im Bereich der haushaltsnahen Dienstleistungen (Dienstmädchen). Der Segmentation der städtischen Bevölkerung mit ihrer größeren Zahl sesshafterer Bewohner und einer kleineren Zahl hochmobiler junger Menschen entsprach die Beschäftigtenstruktur in vielen Industriebetrieben, z. B. in der Metallindustrie und in den Bergwerken: Der größeren Stammbelegschaft stand eine kleinere fluktuierende Gruppe von kurzzeitig oder saisonal beschäftigten Arbeitskräften gegenüber, die zumeist jung und ledig waren. Damit ergab sich insgesamt zugleich eine enge Wechselwirkung von Heirat, Aufnahme einer dauerhafteren Beschäftigung, Einzug in eine abgeschlossene Wohnung und ein deutlich höheres Maß an Sesshaftigkeit.

Jochen Oltmer, Migration im 19. und 20. Jahrhundert, Oldenbourg, München 2010, S. 23 f.

1 Erläutern und überprüfen Sie mithilfe von M 3 die These des Historikers Dieter Langewiesche, dass der „pulsierende Wechsel von Zu- und Abstrom zwischen Land und Stadt" charakteristisch für die Binnenwanderung des sich industrialisierenden Deutschlands gewesen sei.

2 **Präsentation:** Stellen Sie die Ursachen und Folgen der deutschen Binnenwanderung dar.

M4 Die Probleme der Einwanderer im Ruhrgebiet im 19. Jahrhundert

a) Der Historiker Ulrich Herbert über die polnischen Einwanderer (1986)

Zu den Problemen, die alle Einwanderer hatten, die als Landarbeiter oder Kleinbauern angelockt [wurden] von den oft volltönenden Versprechen der Werbeagenten der Zechenbesitzer, [...] kamen für die Polen zusätzlich erschwerende Sprachprobleme sowie die zumindest virulent spürbare Abneigung ihnen gegenüber bei Behörden, Betrieben und Teilen der einheimischen Bevölkerung. Dieser schwierigen Situation versuchten die polnischen Arbeiter durch enge und nach außen hin abgeschlossene Kontakte untereinander zu begegnen; ein Phänomen, wie wir es auch von Einwanderungsgruppen in anderen Ländern kennen.

Ulrich Herbert, Geschichte der Ausländerbeschäftigung in Deutschland 1880 bis 1980, J. H. W. Dietz Nachf., Berlin 1986, S. 72.

b) Der Historiker Klaus J. Bade über das Verhältnis zwischen Einheimischen und Zuwanderern (2000)

Die Rede von „Polenkolonien" und „Polenzechen" im Ruhrgebiet des späten 19. und frühen 20. Jahrhunderts entsprach [...] mehr der groben Einschätzung der eingesessenen

Bevölkerung von außen als der tatsächlichen Binnenstruktur von Kolonien und Zechenbelegschaften. Während „die Neuen“ aus „dem Osten“ in skeptischer Reserve nicht selten schlichtweg als „Polen“ eingestuft, als solche in Siedlungsgebieten und am Arbeitsplatz zunächst weitgehend gemieden wurden, reagierten etwa aus dem preußischen Osten zugewanderte Masuren auf das historisch wie sprachlich deplatzierte polemische Kennwort „Polack“ ebenso allergisch wie Deutsche aus den preußischen Ostprovinzen, die in den Jahren der aufsteigenden ost- und südosteuropäischen *„New immigration“* in den USA im überseeischen Haupteinwanderungsland mit *„East European“* verwechselt wurden, denen sie nach Lebensformen, Mentalität und schwerem Akzent verwandt erscheinen mochten, ohne es zu sein. Was den auf Organisation, Kontrolle und schließlich auf scharfe Einwanderungsrestriktionen drängenden amerikanischen Gewerkschaften die vorwiegend ländlichen *„unskilled immigrants“* der Hochindustrialisierungsperiode waren, waren deutschen Industriegewerkschaften die ungelernten „Wutacker“, „Lohndrücker“ oder gar „Streikbrecher“ aus den preußischen Ostprovinzen.

Klaus J. Bade, Europa in Bewegung. Migration vom späten 18. Jahrhundert bis zur Gegenwart, C.H. Beck, München 2000, S. 82.

1 Beschreiben Sie anhand von M 4 a, b die wichtigsten Probleme der Neuankömmlinge im Ruhrgebiet.

M 5 Der Historiker Ulrich Herbert über die Integration der Zuwanderer ins Ruhrgebiet (1986)

Viele preußisch-polnische Zuwanderer verstanden ihren Aufenthalt im Westen zunächst als Zwischenstadium, um danach mit dem hier verdienten Geld in ihre Heimatgebiete zurückzukehren und dort ein besseres Leben führen zu können […]; je länger sie jedoch im Ruhrgebiet blieben, desto stärker lockerte sich die Bindung an zu Hause und der Rückkehrwunsch verblasste allmählich – aus Wanderarbeitern wurden Einwanderer […]. Mit längerer Anwesenheitsdauer […] aber lehnten sich die ruhrpolnischen Bergleute stärker an die Haltung der deutschen Kollegen an, versuchten durch Anlernung in besser bezahlte Tätigkeiten unter Tage aufzurücken. […] Von Bedeutung war dafür auch das Gedingesystem, jene bergbauspezifische Form der Lohnfestsetzung im Gruppenakkord, durch die die Solidarität unter den Bergarbeitern stark gefördert wurde. Dieses Solidaritätsgefühl unter den Bergleuten, unabhängig von ihrer Nationalität, aber ist ebenso als Faktor der allmählichen Integration der Ruhrpolen zu bewerten. […] So war es insbesondere der Arbeitsbereich, der eine schrittweise Integration der Ruhrpolen in die Einwanderungsgesellschaft des Ruhrgebietes beförderte.

Ulrich Herbert, Geschichte der Ausländerbeschäftigung in Deutschland 1880 bis 1980, J. H. W. Dietz Nachf., Berlin 1986, S. 73 f.

1 Der Historiker Ulrich Herbert spricht in seinem Text von der „Einwanderungsgesellschaft des Ruhrgebietes“. Beschreiben Sie anhand von M 5 und der Darstellung die Motive der Zuwanderer für das Verlassen der alten und für ihr Bleiben in der neuen Heimat.

M 6 Fahne des polnischen Knappenvereins Dortmund-Eving, 1898

1 Erläutern Sie anhand von M 6, welche Aussagen über den Grad an Integration der Ruhrpolen sich daraus ableiten lassen. Beziehen Sie die Informationen aus M 5 in Ihre Überlegungen mit ein.

M7 Aus einer Befragung von Auswanderern aus Südwestdeutschland im Auftrag des württembergischen Königs (1817)

Michael Munz, […] verheiratet und hat 6 Kinder, ist ohne alles Vermögen:
Ich weiß weiter keine Ursache anzugeben, weswegen ich auswandere, als dass ich bei dem gegenwärtigen schlechten Verdienst und bei der großen Teuerung meine Familie nicht erhalten kann. Ich habe Nachricht von Verwandten in Amerika, welche es dort gut haben. Ein Vetter, der mit mir zieht, versorgt mich mit Geld. […]
Carl Minner, Schneider, […] 34 Jahre alt, hat 1 Kind und ungefähr 1 000 Gulden Vermögen:
Man kann sich eben nicht mehr nähren, weil das Handwerk nicht mehr geht, und die Teuerung zu groß ist. […]
Johannes Schäufele, […]:
[…] Wenn in Schorndorf nicht bald eine Änderung gemacht wird, so wandert die halbe Stadt aus. Vom Oberamtmann an bis auf den Bettelvogt drückt alles auf den Bürger, und der Bürger darf nicht sprechen. Wenn man vor den Beamten kommt, so gibt es ein Donnerwetter über das andere.

Günter Moltmann (Hg.), Aufbruch nach Amerika. Friedrich List und die Auswanderung aus Baden und Württemberg 1816/17. Dokumentation einer sozialen Bewegung, Rainer Wunderlich Verlag Hermann Leins, Tübingen 1979, S. 134–135, 162, 137.

1 Erklären Sie mithilfe von M 7 die deutsche Überseewanderung vor dem Hintergrund der wirtschaftlichen und gesellschaftlichen Entwicklung der ersten Hälfte des 19. Jahrhunderts. Ziehen Sie dafür auch den Begriff des „Pauperismus" mit heran.

M8 Deutsche Auswanderer auf ihrer Reise von Bremen nach New York, Doppelfotografie, um 1900

1 In seinem 2000 erschienenen Buch „Soziologie der Migration" schreibt der Sozialwissenschaftler Petrus Han: Die Massenmigration „wird vom Migrationsfieber angesteckt. Wenn die Migration zum sozialen Muster wird, dann spielt die Frage nach der individuellen Motivation kaum eine Rolle, weil hier die Migration anderer zum Grund der Migration wird. Dann genügt ein kleiner Anlass, jemanden zur Migration zu bewegen. […] Die transatlantische Massenmigration von Europa nach Nordamerika im 19. Jahrhundert, die vom sog. Amerikafieber begleitet wurde, ist ein Beispiel." Diskutieren Sie, ausgehend von M 8, diese These.

„Gastarbeiter“ in der Bundesrepublik

Die Anwerbung von „Gastarbeitern“

Seit den 1950er-Jahren erlebten die Bürger der Bundesrepublik Deutschland einen raschen Wirtschaftsaufschwung, der bis Anfang der 1970er-Jahre andauerte und vielen Menschen als **„Wirtschaftswunder“** erschien. Die Arbeitslosigkeit wurde schnell abgebaut, trotz der Zuwanderung von Millionen von Flüchtlingen und Vertriebenen sowohl aus den ehemaligen deutschen Ostgebieten als auch – bis zum Mauerbau 1961 – aus der DDR. Seit Ende der 1950er-Jahre gab es in der westdeutschen Wirtschaft Arbeitskräftemangel, der durch das Anwerben ausländischer Arbeitskräfte gemildert werden konnte. Diese **„Gastarbeiter“**, wie die „Fremdarbeiter“ meist genannt wurden, verrichteten anfänglich hauptsächlich Arbeiten mit niedriger Qualifikation in Bereichen wie der Bauwirtschaft, der Industrie oder im Gaststättengewerbe. Sie arbeiteten auf unbeliebten Arbeitsplätzen mit harten Arbeitsbedingungen und machten mehr Überstunden als ihre deutschen Kollegen. Durch niedrige Lebenshaltungskosten im Aufnahmeland überwiesen sie meist einen großen Anteil ihres Lohnes an ihre Familien im Herkunftsland. Die „Gastarbeiter“ stießen in der Bevölkerung zwar zum Teil auf Ablehnung, von verbreiteter „Fremdenfeindlichkeit“ lässt sich in den Anfangsjahren jedoch nicht sprechen. Durch **Anwerbeverträge** versuchte die Bundesregierung, den Zustrom der ausländischen Arbeitnehmer zu regulieren. Die ersten „Gastarbeiter“-Wellen kamen aus Ländern und Regionen des Mittelmeerraumes, in denen ein vergleichsweise niedriges Pro-Kopf-Einkommen herrschte. Bis Mitte der 1960er-Jahre waren die meisten ausländischen Beschäftigten Italiener, danach nahm die Zahl der türkischen Arbeitnehmer erheblich zu. Ursprünglich sollten die ausländischen Arbeiter nur befristet in die Bundesrepublik kommen und dann wieder in ihre Herkunftsländer zurückkehren. Doch die gute Konjunktur erhöhte die Nachfrage nach ausländischen Arbeitskräften beständig, sodass viele von ihnen in der Bundesrepublik blieben. Die ausländische Erwerbsbevölkerung stieg von etwa 280 000 im Jahr 1960 auf rund 2,6 Millionen 1973. Vom Ende der 1950er-Jahre bis 1973 kamen ca. 14 Millionen „Gastarbeiter“ nach Deutschland, von denen etwa 11 Millionen wieder in ihre alte Heimat zurückzogen; die übrigen blieben und holten ihre Familien nach. Als zu Beginn der 1970er-Jahre die Arbeitslosigkeit anstieg, verabschiedete die Bundesregierung 1973 einen „Anwerbestopp“ für Arbeitnehmer aus Ländern, die nicht der heutigen EU angehören.

„Gastarbeiter“
Der Begriff bürgerte sich im öffentlichen Sprachgebrauch während der 1960er-Jahre als nicht-amtliche Bezeichnung für die Arbeitskräfte aus den „Anwerbeländern“ ein. Er transportiert zwei Botschaften: „Gast“ ist, wer nicht auf Dauer bleibt, und „Arbeiter“ betont die mangelnde berufliche Klassifizierung bzw. das Verrichten niederer Arbeiten im industriellen Bereich. Die abwertende Bezeichnung „Gastarbeiter“ haftete den ausländischen Arbeitnehmern noch lange an. Das galt selbst für jene, die den sozialen Aufstieg schafften.

Anwerbeverträge für „Gastarbeiter“

1955	Italien
1960	Spanien und Griechenland
1961	Türkei
1964	Portugal
1968	Jugoslawien

Vom „Anwerbestopp“ zur Einwanderungssituation

Die Zuwanderung von ausländischen Arbeitnehmern konnte teilweise von der Politik beeinflusst werden. So bildeten die „Gastarbeiter“ für die westdeutsche Wirtschaft ein politisch steuerbares Arbeitskräftepotenzial, das die Spannungen zwischen Angebot und Nachfrage nach Arbeitnehmern ausgleichen konnte. Die Ausländerbeschäftigung besaß also eine **konjunkturelle Pufferfunktion**: Bei krisenhaften Konjunkturrückgängen ging die Ausländerbeschäftigung zurück, um danach mit dem Konjunkturaufschwung wieder anzusteigen. Das lässt sich besonders deutlich an stark konjunkturabhängigen Gewerbezweigen wie z. B. dem Baugewerbe zeigen, wo die Zahl einheimischer Bauarbeiter 1973–1976 um 15 %, die der ausländischen hingegen um 41 % abnahm.

Mit dem „Anwerbestopp“ verringerte sich nicht nur die Zuwanderung von „Gastarbeitern“, sondern auch die Ausländerbeschäftigung insgesamt. Viele ausländische Beschäftigte mussten die Erfahrung machen, dass die freiwillige Rückkehr in ihr Herkunftsland ein Abschied für immer werden konnte. So entschied sich ein Teil der ausländischen Arbeitnehmer, in Deutschland zu bleiben und ihre Familien nachzuholen. Obwohl die Zahl der ausländischen Erwerbstätigen von 2,6 Millionen im Jahr 1973 auf ca. 1,7 Millionen im Jahr 1989 zurückging, wuchs die ausländische Wohnbevölkerung im gleichen Zeitraum von 3,97 auf 4,9 Millionen. Mit der Dauer des Aufenthalts in der neuen Heimat Deutschland verstärkte sich bei den „Gastarbeitern“ der Wille, die Aufenthaltserlaubnis zu verlängern und schließlich die Aufenthaltsberechtigung zu erhalten. Aus dem Arbeitskräfteimport entwickelte sich ein **Einwanderungsproblem**. Weil die Bundesregierung aber an ihrer Meinung festhielt, die Bundesrepublik sei kein Einwanderungsland, lebte ein großer Teil der „Gastarbeiterbevölkerung“ in einer widersprüchlichen Situation: Waren diese Menschen „einheimische Ausländer“, „ausländische Inländer“ bzw. „inländische Ausländer“ oder „ausländische Bindestrich-Deutsche“ in einem „Nicht-Einwanderungsland mit Einwanderern“? Mit der **Verlagerung des Lebensmittelpunktes in die Bundesrepublik** verbesserte sich allmählich die Arbeits- und Lebenssituation der ausländischen Arbeiter und ihrer Familien. Ihr Konsumverhalten veränderte sich ebenfalls. Außerdem zogen die „Gastarbeiter“ aus den Massenquartieren der 1950er- und 1960er-Jahre zunehmend aus und siedelten sich konzentriert in bestimmten Wohngebieten an, die als Rückzugs- und Zufluchtsort dienten. Dies hatte zum einen die Folge, dass die heimatlichen Lebensformen verstärkt in der neuen Umgebung zum Ausdruck gebracht wurden. Zum anderen begann mit der Bildung solcher Gemeinschaften oft der **Übergang zur Eingliederung** in die neue Gesellschaft und Kultur. Viele Familien litten in dieser Situation unter einem Kulturkonflikt: Waren die Eltern durch die Herkunftsgesellschaft geprägt, standen die in Deutschland aufgewachsenen Kinder zumeist in einem Niemandsland zwischen alter und neuer Welt.

M1 Briefmarke zur „Integration ausländischer Arbeitnehmerfamilien“ in der Bundesrepublik Deutschland (1981)

In der öffentlichen Debatte über das Verhältnis von Deutschen und Ausländern gab es immer wieder Phasen, in denen Ängste und Feindbilder dominierten. So entstand in den späten 1980er-Jahren eine intensive Debatte über wachsende „Ausländerfeindlichkeit", die sich immer stärker zu verselbstständigen schien. Angesichts zunehmender Übersiedler-, Aussiedler- und Flüchtlingszuwanderung politisierte sich die Diskussion, in der **Schreckbilder** („Asylantenschwemme") die rationale Argumentation ersetzten. Außerdem bildeten sich teilweise heftige Konflikte zwischen deutschen Zuwanderern einerseits, die z. B. aus der früheren Sowjetunion nach Deutschland kamen, und Ausländern andererseits um ihre Ansprüche und Rechte, in der Bundesrepublik zu arbeiten und zu leben.

Gleichzeitig entspannten sich die Beziehungen zwischen ausländischen Arbeitnehmern und Deutschen allmählich. Trotz der Abwehrformel vom „Nichteinwanderungsland" stellte sich die Politik seit Beginn der 1980er-Jahre auf ein **pragmatisches Verhalten** gegenüber den „Gastarbeitern" ein. Sie wurden nach Recht und Gesetz in die deutsche Gesellschaft integriert. Dafür sorgte nicht zuletzt die Rechtsprechung, die die Aufenthalts-, arbeits- und sozialrechtlichen Verpflichtungen gegenüber Ausländern nicht einfach außer Kraft setzen konnte. Mit der Aufenthaltsdauer nahmen auch die Rechtsansprüche an den deutschen Wohlfahrtsstaat zu, der den zugewanderten ausländischen Arbeitern bestimmte Sozialleistungen gewähren musste. Deutsche und Ausländer akzeptierten sich zunehmend gegenseitig. Besonders in der jüngeren Generation entwickelte sich langsam eine gewisse Normalität in den Beziehungen zueinander. Allerdings dauerte es noch bis zum Jahr 2000, dass die rot-grüne Bundesregierung das **Staatsangehörigkeitsrecht** reformierte und das Recht auf Einbürgerung nach acht Jahren Aufenthalt in der Bundesrepublik garantierte. Damit einher gingen erneut Debatten um Deutschland als Einwanderungsland bzw. um Themen wie Integration, multikulturelle Gesellschaft und deutsche Leitkultur. 2005 verabschiedete die Bundesregierung ein **Zuwanderungsgesetz** (u. a. Einführung von Integrationskursen und damit eine staatliche Förderung von Integration), und 2008 führte die Große Koalition aus CDU und SPD unter Bundeskanzlerin Angela Merkel (CDU) den **Einbürgerungstest** ein. 2014 beschloss die Bundesregierung eine Lockerung der Bedingungen für eine **doppelte Staatsbürgerschaft**. Diese soll vor allem in Deutschland geborenen Kindern der zweiten und dritten Einwanderungsgeneration ermöglichen, auf Dauer neben der deutschen Staatsangehörigkeit auch noch die Staatsangehörigkeit ihrer Eltern zu behalten.

M 2 Der Fußballer Mesut Özil im deutschen Nationaltrikot, Fotografie, 2013

Mesut Özil wurde 1988 als Sohn türkischstämmiger Eltern in Gelsenkirchen geboren. Özil spielte in der Bundesliga, von 2010 bis 2013 für Real Madrid und ist seit 2013 beim FC Arsenal in London. 2009 gab er sein Debüt in der deutschen Fußball-Nationalmannschaft.

Webcode:
KH1110987-111

1 Charakterisieren Sie die Lebens-, Arbeits- und Wohnsituation der „Gastarbeiter" in der Geschichte der Bundesrepublik Deutschland:
a) Teilen Sie dabei die Entwicklung in Phasen ein.
b) Arbeiten Sie für jede Phase die spezifischen Lebens- und Arbeitsbedingungen heraus.

Hinweise zur Arbeit mit den Materialien

M 3 dokumentiert die Anfangsjahre eines italienischen „Gastarbeiters“ in Deutschland. Die **Wohnverhältnisse** der ausländischen Arbeitnehmer zu Beginn der 1970er-Jahre zeigen die Fotografien M 4 und M 5. In M 6 und M 7 beschreiben der türkische Schriftsteller Üstün (M 6) und der deutsche Enthüllungsjournalist Wallraff (M 7) die Arbeits- und Lebenssituation von „Gastarbeitern“. In diesen Texten geht es auch um Einstellungen und Vorurteile sowie das Verhalten gegenüber ausländischen Arbeitskollegen. Das Gedicht des türkischen Schülers (M 8) verdeutlicht die **Identitätskonflikte**, die ausländische Zuwanderer und ihre Kinder in der neuen Heimat erleben und durchleben. Mithilfe der Debatte um eine deutsche Leitkultur (M 9) lassen sich **Fragen rund um Integration und Formen einer Einwanderungsgesellschaft** diskutieren. Die Grafik M 10 verdeutlicht einen Zusammenhang zwischen Einbürgerungszahlen und den rechtlichen Vorgaben der Politik.

M 3 Ankunft und erste Zeit eines italienischen „Gastarbeiters“ in Deutschland (1998)

Für Silvano J. ging es 1959 zunächst per Sammeltransport nach München. Eine Verpflegung im Zug während der 12-stündigen Fahrt hatte es nicht gegeben. Von München wurden sie auf Züge verteilt, die in verschiedene Städte gingen. Silvano J. war in den Zug Richtung Stuttgart gestiegen. In Augsburg stiegen die ersten aus, in Ulm die nächsten. „Da war jemand, der hat gesagt, Du und Du und Du, Ihr geht da jetzt raus. Leute waren da, die haben uns praktisch an der Hand geführt wie Kinder.“

Er kam mit weiteren 15 Italienern in Stuttgart an. Dort standen schon Leute von Firmen am Bahnsteig zur Abholung bereit. Zu Silvano J. und einem Kollegen sagte jemand: „Ihr geht jetzt in diesen Zug rein, Richtung Ludwigsburg. In Ludwigsburg hat der Schaffner gesagt: Ihr geht jetzt da raus.“ Dann kam jemand von der Firma mit dem VW-Bus, um sie abzuholen. „Mein Kollege hat den Fahrer gefragt: „Du Patron? Der war nämlich schon in Frankreich und wollte wissen, welche Stellung der in der Firma hatte. Keine Antwort. Dann hat er gefragt: Du Chef? Keine Antwort. Dann hat mein Kollege zu mir gesagt: Du, ich glaube, der ist taubstumm.“

Die Unterbringung erfolgte nicht in Holzbaracken, sondern in festen Häusern, zu dritt in einem Zimmer ohne Stockbetten. „Nur das Bett war nicht gut, es bestand aus einem Holzbrett und als Matratze ein bisschen Stroh.“ Als sie den Chef fragten: „Schlafen Sie auch so?“, bekamen sie richtige Betten. Jeden Tag wurden die Arbeiter mit einem Lkw zu den Baustellen gefahren und wieder abgeholt. Ständig brachten Lastwagen Material zur Baustelle. Dies musste von Hand verteilt werden, Maschinen gab es dafür noch nicht. „Ich habe mir gedacht, mit 21 Jahren, was soll ich da mein ganzes Leben lang Steine verteilen, ich kann bestimmt noch was anderes machen.“ Anfang 1960 ging Silvano J. zu einer Gipserfirma. „Das war auch schwer, aber schon etwas besser bezahlt. Wir haben im Akkord[1] Häuser verputzt. Als es im Herbst kalt wurde, bin ich in die Fabrik gegangen. Man hat damals Arbeit gehabt, so viel man wollte.“ So kam er am 18. 10. 1960 zur Firma Getrag, wo er noch heute arbeitet. In seiner Abteilung war Silvano J. der erste Ausländer, in der ganzen Firma der dritte Italiener. „Die deutschen Kollegen kannten die Italiener nur vom Hörensagen. Als der erste kam, verschwanden alle Flaschen vom Tisch und alles wurde zugeschlossen. Damals hieß es, die Italiener klauen. Sie haben dann aber gemerkt, dass ich nicht klaue, und nach ein paar Wochen waren wir die besten Freunde. Wir waren ja alle junge Kerle damals.“

Zit. nach: Migration. Zeitschrift Deutschland und Europa, Heft 45, 3. Auflage, Landeszentrale für politische Bildung Baden-Württemberg, Stuttgart 2004, S. 42 f.

1 Akkord: Bei der Akkordarbeit richtet sich der Lohn des Mitarbeiters unmittelbar nach seiner Leistung. Gemessen wird, in welcher Zeit die Arbeit bzw. der Arbeitsvorgang bewältigt wird oder welche Stückzahlen der Arbeitnehmer in einer bestimmten Zeit produziert.

1. Fassen Sie mithilfe von M 3 die wichtigsten Beobachtungen der Beschreibung des italienischen „Gastarbeiters“ zusammen.
2. Beurteilen Sie Lebens- und Arbeitsbedingungen des „Gastarbeiters“ sowie die Entwicklung seiner Arbeitssituation.

M4 Griechische Einwandererfamilie in ihrer Küche in Düsseldorf, Fotografie, 1970

M5 Türkische Arbeiter in ihrer Unterkunft in München, Fotografie, 1970

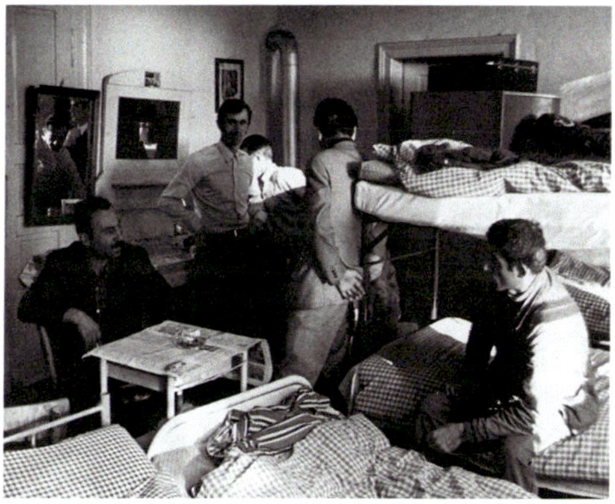

1. Beschreiben Sie mithilfe von M4 und M5 die Wohnverhältnisse ausländischer Arbeitnehmer und ihrer Familien.
2. Beurteilen Sie, ausgehend von M4 und M5, die Lebenssituation ausländischer Arbeitnehmer und den Umgang der Deutschen mit ihnen.

M6 Der türkische Schriftsteller Nevzat Üstün „... Was die Deutschen wollten, ...“ (2011)

Was die Deutschen wollten, steht in krassem Gegensatz zum Wesen des modernen Menschen. Als die Deutschen aus dem Ausland „ausländische Arbeitskräfte anforderten“, dürften sie nicht daran gedacht haben, dass es dabei um Menschen geht. Das heißt, die Arbeitskräfte sollten kommen, für sich allein existieren, die Straßen fegen, Häuser bauen, Maschinen bedienen, Beton aufbrechen, Elektroschweißen, dabei aber völlig unsichtbar bleiben. Sie sollten nicht in Häusern leben, nicht in die Parkanlagen gehen, nichts essen, unbekannt bleiben, sich nicht lieben. Der berühmte Schriftsteller Max Frisch hat es einmal so ausgedrückt: „Man hat Arbeitskräfte gerufen, und es kamen Menschen.“ [...] Man zahlte ihnen ihr Geld aus und hatte damit alles Nötige getan. Am liebsten hätte man die Ausländer jeden Abend um fünf Uhr in ihre Heimatländer zurückgeschickt und sie morgens zurückgeholt.

Nevzat Üstün, „... Was die Deutschen wollten, ...“, in: Aytaç Eryilmaz/Mathilde Jamin (Hg.), Fremde Heimat. Eine Geschichte der Einwanderung aus der Türkei, Klartext, Essen 1998, S. 68.

M7 Günter Wallraff über seine Erfahrungen als „Gastarbeiter“ für eine Undercover-Reportage (1985)

Der Enthüllungsjournalist Hans-Günter Wallraff arbeitete in den 1980er-Jahren zwei Jahre lang als Gastarbeiter Ali Levent Sinirlioğlu unter anderem bei Thyssen. Sein Buch „Ganz unten“ erschien 1985.

Obwohl ich innerlich darauf eingestellt war, hat mich die Entwürdigung, die ich in den Betrieben erfahren habe, erschüttert. Damals waren die rassistischen Sprüche noch heftiger. Verächtliche Bemerkungen gab es haufenweise, eine offene rassistische Anmache. Auch Judenwitze, die man jetzt auf Türken übertrug. Dazu kam die Entrechtung. Wir als Türken hatten keine Möglichkeit, uns gegen die Ansagen des Vorarbeiters zu behaupten. Wenn es viel zu tun gab, waren immer wir es, die länger malochen mussten, manchmal bis zu 16 Stunden. Anfangs habe ich mich gewundert, dass sich niemand darüber beschwerte. Aber du wirst innerlich schnell ziemlich klein, wenn du keine Worte hast, mit denen du dich zur Wehr setzen kannst. Ich war anfangs zurückhaltend, weil ich nicht riskieren wollte, aufzufliegen. Die anderen waren es, weil sie nicht riskieren wollten, ihren Job zu verlieren.

Ich übertreibe nicht, wenn ich sage, dass die meisten meiner Kollegen psychisch angeschlagen waren. Nicht wenige hatten mit psychosomatischen Erkrankungen zu kämpfen: Magen- und Darmbeschwerden, Magenschleimhautentzündungen. Die haben sich das eben sehr zu Herzen genommen. Ehrlich gesagt, war mir auch manchmal ganz schön zum Heulen zumute. An anderen Tagen war ich einfach nur wütend. Aber ich konnte das natürlich viel besser abschütteln als meine Kollegen. Ich wusste ja, es würde alles bekannt gemacht werden. Also stand ich manchmal vor unserem Menschenhändler oder einem seiner Beauftragten und dachte: Wartet nur ab, das bekommt ihr alles zurück!

Osman Okkan/Günter Wallraff, „Eigentlich müsste man darüber jedes Jahr ein Schwarzbuch veröffentlichen". Osman Okkan über Günter Wallraffs Erfahrungen als türkischer Leiharbeiter Ali, in: Jeannette Goddar/Dorte Huneke (Hg.), Auf Zeit. Für immer. Zuwanderer aus der Türkei erinnern sich, Bundeszentrale für politische Bildung, Bonn 2011, S. 169.

1 Vergleichen Sie die Aussagen von Nevzat Üstün und Günter Wallraff (M 6 und M 7) miteinander.

2 Diskussion: Diskutieren Sie die These von Max Frisch „Man hat Arbeitskräfte gerufen, und es kamen Menschen".

M8 Das Gedicht eines türkischen Schülers (1989)

Das Gedicht schrieb der Schüler für den Schülerwettbewerb des Landtages Baden-Württemberg, 1989.

Heimatlos
von Hasret Tuc

Ein Ausländer bin ich in Deutschland
Ein Fremder in der Heimat
Die so weit weg ist

Geboren bin ich in Deutschland.

Sehnsucht habe ich nach meiner Heimat
Ich liege wie ein Tourist am Strand
In der Stadt, aus der meine Eltern stammen
Bin doch ein Fremder in der Heimat.

Die Wellen singen meine Sehnsucht
Sonnen und Meer ziehen mich an wie
ein Magnet
Meine Heimat, ich kenne sie nur aus den Ferien
Doch keine kann sich mit ihr messen.

In Deutschland nennt man mich Ausländer
In der Türkei, in Italien oder sonst wo
Nennt man mich Deutschländer
So bin ich weder ICH noch ein Deutscher

So bin ich ein Niemand, heimatloser Fremder.

Aus: Politik & Unterricht. Zeitschrift für die Praxis der politischen Bildung, hg. v. der Landeszentrale für politische Bildung Baden-Württemberg, 3/2000, S. 52.

1 Untersuchen Sie die Identität des türkischen Schülers: Bestimmen Sie dabei sein Verhältnis zu Deutschland und der Türkei.

M9 Der Kulturwissenschaftler Werner Schiffauer über das Konzept einer „Leitkultur" in Deutschland (2008)

Kehren wir zum Schluss noch einmal zum Gedanken der Leitkultur zurück. Der Idee liegt ein nachvollziehbarer Gedanke zugrunde: Unsere Verfassung und unser Rechtssystem sind vor einem bestimmten kulturellen und religiösen Hintergrund entstanden. [...] Jemand, der nun von außen kommt, mag diese Worte in den Mund nehmen – aber kann man ausschließen, dass er sie nicht ganz anders konnotiert als [...] der deutsche Bildungsbürger, der Brandenburger

Skinhead, der deutsche Manager in einem globalen Unternehmen? […]

Das zentrale Problem der Leitkulturtheoretiker ist, dass sie diesen Prozess des Zusammenwachsens erzwingen wollen. Dies mag aus Sorge um den sozialen Zusammenhalt gespeist sein – es ist jedoch zu befürchten, dass er sich eher kontraproduktiv auswirkt. Zunächst verprellt die Insistenz auf eine Leitkultur gerade die wichtigsten Personengruppen, die eine Brückenfunktion wahrnehmen könnten, nämlich die Mitglieder der zweiten und dritten Generation. Mit der Forderung nach Leitkultur und dem damit einhergehenden Bekenntnis zu gewachsenen Normen und Werten wird eine Eindeutigkeit abverlangt, die für die Phänomene, die sich im Zwischenraum von Familie, muslimischer Gemeinde und deutscher Gesellschaft entfaltet haben, keinen Raum lässt. […] Gerade wenn man den Gedanken teilt, dass Kultur eine wichtige Rolle für den Zusammenhalt spielt, ist man gut beraten, den Gedanken der Leitkultur aufzugeben und ihn durch den Gedanken der kulturellen Vernetzung zu ersetzen, der in jeder Hinsicht einer offenen und freiheitlichen Gesellschaft angemessener ist. Anders als der Gedanke der Leitkultur erlaubt er den Zuwanderern mit geradem Rückgrat zu einem Teil der bundesrepublikanischen Gesellschaft zu werden – und die entsprechenden Loyalitäten aufzubauen.

Werner Schiffauer, Parallelgesellschaften. Wie viel Wertekonsens braucht unsere Gesellschaft? Für eine kluge Politik der Differenz, transcript Verlag, Bielefeld 2008, S. 135–139.

1 Erläutern Sie die Argumente Schiffauers gegen eine „Leitkultur“ und für eine „kulturelle Vernetzung“.

2 Informieren Sie sich über die „Leitkulturdebatte“ in Deutschland und diskutieren Sie die verschiedenen Positionen.

M 10 Einbürgerungen von Ausländern in Deutschland 1990–2011

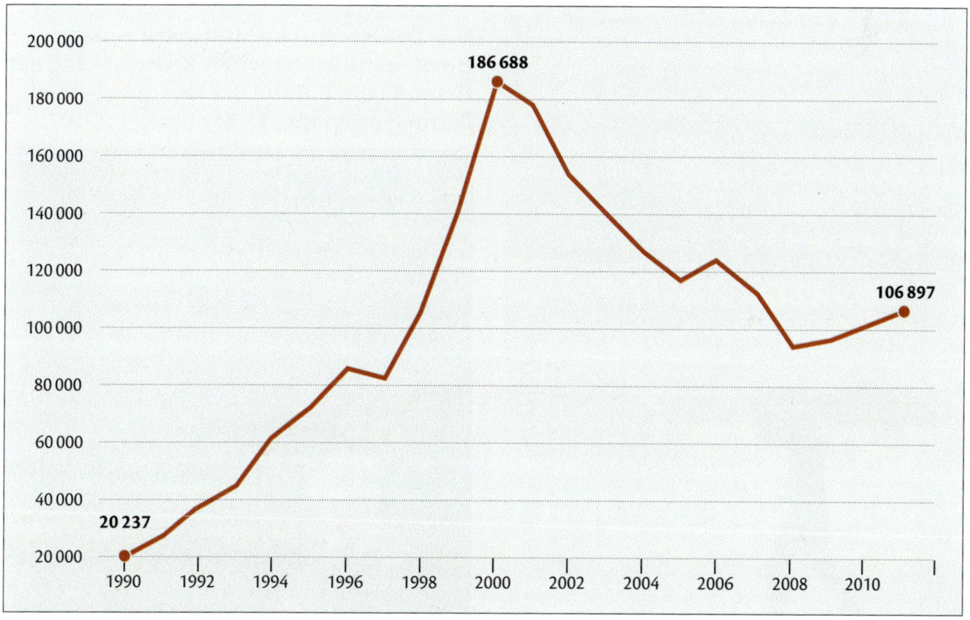

1 Recherchieren Sie die Bedingungen des deutschen Staatsbürgerschaftsrechts für „Gastarbeiter“ und Migranten.

2 Setzen Sie die Einbürgerungszahlen seit 1990 in Beziehung zur Entwicklung des Staatsbürgerschaftsrechtes.

Erarbeiten Sie Präsentationen

Thema 1
Geschichte im Roman
In dem Roman von Christoph Hein „Landnahme“ (Frankfurt/M. 2004) kommt der Vertriebene Bernhard Habor mit seinen Eltern in die sächsische Kleinstadt Guldenburg. Wie die Ankunft und die Integration der Vertriebenen erlebt werden, schildert der Roman aus den verschiedenen Perspektiven der beteiligten Figuren. Lesen Sie den Roman. Erläutern und beurteilen Sie anhand des Romans von Hein die unterschiedlichen Sichtweisen sowie die Probleme der Integration des Vertriebenen in der DDR. Präsentieren Sie Ihre Ergebnisse.

M1 Titelblatt des Romans „Landnahme“ von Christoph Hein, 2004

Webcode:
KH1110987-116

Thema 2
Der Bund der Vertriebenen und die Politik
Der 1957 gegründete Bund der Vertriebenen (BdV) ist bis heute die wichtigste Interessenvertretung der Vertriebenen. Er unterhält enge Beziehungen zur Politik. Führende Funktionäre des Bundes sind gleichzeitig auch Mitglieder im Bundestag und den Landesparlamenten. Zu seinen zentralen Veranstaltungen lädt der BdV zudem oft namhafte Redner aus der Politik ein. 2010 hielt z. B. der bayerische Ministerpräsident Horst Seehofer (CSU) den zentralen Gastvortrag beim „Tag der Heimat“ in Berlin. Informieren Sie sich auf der Internetseite des Bundes der Vertriebenen über Geschichte, Struktur und Inhalte der Organisation. Setzen Sie sich anschließend genauer mit der auf der Internetseite bereitgestellten Rede von Horst Seehofer 2010 in Berlin auseinander. Erarbeiten Sie eine Präsentation zum Verhältnis von Politik und Vertriebenenorganisation.

M2 Der bayerische Ministerpräsident Horst Seehofer bei seiner Rede am „Tag der Heimat“ des Bundes der Vertriebenen in Berlin, Fotografie, 11. September 2010

Überprüfen Sie Ihre Kompetenzen

M 3 Schlesiertreffen in München, Fotografie, 1951

Zentrale Begriffe

Ankunft
Aufnahme
Bodenreform
„Bund der Heimatvertriebenen und Entrechteten"
Integration
Lastenausgleich
Umsiedler
„Wirtschaftswunder"

Sachkompetenz

1 Beschreiben Sie die zentralen Probleme, mit denen Flüchtlinge und Vertriebene in der neuen Heimat konfrontiert waren.

2 Erörtern Sie, welche politischen, sozialen und wirtschaftlichen Strukturen und Prozesse die Integration der Flüchtlinge und Vertriebenen gefördert und welche sie behindert haben.

Methodenkompetenz

3 Interpretieren Sie die Fotografie M 3. Beschreiben Sie die abgebildeten Personen und Symbole. Erklären Sie Ziel und Stellenwert der Parole. Formulieren Sie eine Gesamtaussage.

Urteilskompetenz

4 „Man spricht viel vom so genannten ‚Wirtschaftswunder' in der Geschichte der Bundesrepublik", leitete der Historiker Gerhard A. Ritter 1998 ein Buchkapitel über die Situation der Flüchtlinge und Vertriebenen im Nachkriegsdeutschland ein und fügte hinzu: „Wahrscheinlich stellte die zunächst sehr schwierige, aber letztlich erfolgreiche ökonomische, soziale und politische Integration von etwa 12 Millionen Flüchtlingen aus Osteuropa, aus den verlorenen Ostprovinzen Deutschlands und später aus der sowjetischen Besatzungszone bzw. der DDR ein noch größeres ‚Wunder' dar." Diskutieren Sie diese These.

7 Kollektive Erinnerung an Flucht und Vertreibung

Kompetenzen erwerben

Sachkompetenz:
- die Phasen der Erinnerung an Flucht und Vertreibung in der Bundesrepublik Deutschland unterscheiden
- die Bedingungen für die Erinnerung in verschiedenen Staaten (BRD, DDR, Polen, Tschechoslowakei) beschreiben

Methodenkompetenz:
- Denkmäler analysieren
- historische Sachverhalte beurteilen

Urteilskompetenz:
- beurteilen, inwiefern in den verschiedenen Phasen der Erinnerung an Flucht und Vertreibung historische Erfahrungen und aktuelle Interessen eine Rolle spielen
- Kriterien für eine angemessene Erinnerung an Flucht und Vertreibung im europäischen Kontext entwickeln

Individuelle und kollektive Erinnerungen

Einschneidende Ereignisse wie Flucht und Vertreibung prägen Menschen häufig für ihr ganzes Leben. Solche Prägungen gelten aber auch für ganze Gesellschaften – gerade wenn es sich um solch umfangreiche und radikale handelt wie die Zwangsmigrationen der 1940er-Jahre. Die Erinnerungen an diese Ereignisse werden nicht nur beeinflusst durch die Ereignisse selbst, sondern auch durch jeweils aktuelle Erfahrungen, Interessen, Bedürfnisse. Dabei müssen **unterschiedliche Erinnerungsmilieus** unterschieden werden: neben die individuelle Erinnerung einzelner Menschen und Familien an Leid und verlorene Heimat treten Organisationen wie die Vertriebenenverbände, die immer nur einen kleinen Teil der Betroffenen erfassten, deren Repräsentanten, die bei öffentlichkeitswirksamen Vertriebenentreffen auftraten und versuchten, das kollektive Gedächtnis zu prägen und politische Entscheidungen zu beeinflussen, sowie die Ebene des Staates.

Erinnerung an Flucht und Vertreibung in Deutschland

In den ersten Jahren nach Kriegsende wurde die Erinnerung zum einen durch die **unmittelbaren Erfahrungen der Menschen** von Flucht, Vertreibung, Verlust, Ankommen und Integration beeinflusst, zum anderen durch **die politischen Rahmenbedingungen**: Die bundesdeutsche Politik hielt die Frage einer möglichen Grenzveränderung und damit auch der Rückkehr der Vertriebenen in ihre alte Heimat bewusst offen, und das Thema wurde durch den beginnenden Ost-West-Konflikt und die Abgrenzung zum kommunistischen Osten verschärft. Dass die Vertreibung „Unrecht" war, darüber herrschte ein die Parteigrenzen überschreitender breiter Konsens; das Erinnern an sie gliederte sich ein in einen gesellschaftlichen Vergangenheitsdiskurs, der vor allem die Deutschen als Opfer des Krieges ansah. Dagegen erklärte die

DDR das Thema rasch für beendet (siehe Kap. 6), sodass die Flüchtlinge und Vertriebenen als Gruppe in der DDR-Öffentlichkeit praktisch nicht existent waren und sich Erinnerungen und die Brauchtumspflege auf private oder nicht-öffentliche Milieus beschränken mussten.

In der Bundesrepublik war es weniger das Leid der Menschen, an das in der Öffentlichkeit erinnert wurde; im Mittelpunkt stand vielmehr **der verlorene „deutsche Osten"**. Erinnerungsmale wie „Ostlandkreuze", Denkmäler und Gedenksteine wurden errichtet, Straßen und Siedlungen nach Orten im Osten benannt, in der Schule sollte die „Ostkunde" die Erinnerung auch in der jungen Generation wachhalten. Das Bild des „deutschen Ostens" war dabei häufig geprägt von schon länger existierenden Stereotypen einer Besiedlung, Kultivierung und Zivilisierung dieses Gebietes durch die Deutschen, während die anderen Menschen, die in jenen Gebieten lebten, und ihre Kultur weitgehend ignoriert und die Verbrechen der NS-Zeit völlig ausgeblendet wurden.

In den 1960er-Jahren begann die öffentliche Erinnerung allmählich zu verblassen, was mit der **verstärkten gesellschaftlichen Thematisierung der NS-Verbrechen**, z. B. durch die großen NS-Prozesse, und einer veränderten politischen Situation zusammenhing, die eine Veränderung der Grenzen und damit eine Rückkehr der Deutschen immer illusorischer werden ließ. Auch die zunehmende Integration vieler Flüchtlinge und Vertriebener (siehe Kap. 6) ließ das Interesse in den Hintergrund treten; die Auflösung des Vertriebenenministeriums durch die neue sozialliberale Bundesregierung 1969 war ein Indiz hierfür. Dieser Prozess einer allmählichen Marginalisierung des Themas gipfelte in der **neuen Ostpolitik** der 1970er-Jahre, bei der die Aussöhnung mit den osteuropäischen Staaten im Mittelpunkt stand und die Vertreibung keine Rolle spielte, weshalb die Verträge auch von den Vertriebenenverbänden scharf bekämpft wurden.

Kollektive Erinnerungen in Polen und der Tschechoslowakei

In Polen und der Tschechoslowakei war man sich darüber einig, dass die **Aussiedlung der Deutschen rechtmäßig, notwendig und human** gewesen war und die Gebiete auch aus historischen Gründen zum jeweiligen Staat gehörten, weshalb die Geschichte der Deutschen und ihrer Zwangsaussiedlung in der öffentlichen Erinnerung kaum eine Rolle spielte. Während allerdings die Tschechen selbst in der NS-Zeit kaum Erfahrungen mit massenhaften Zwangsmigrationen machen mussten, war die Situation in Polen anders: Hier gab es neben den zahlreichen Vertreibungen und Umsiedlungen durch die deutschen Besatzer (siehe Kap. 2) auch noch die massenhaften Deportationen von Polen in die Sowjetunion sowie die Zwangsaussiedlungen von Polen aus den annektierten Gebieten in Ostpolen, die schließlich 1945 endgültig bei der UdSSR blieben, sodass viele Polen nach Zentralpolen oder in die „wiedergewonnenen" Gebiete im Westen umsiedeln mussten; Millionen Polen waren von diesen Prozessen betroffen. Die kollektive Erinnerung aber war durch die politischen Vorgaben geprägt – angesichts der offiziellen Freundschaft mit dem großen Bruder im Osten durfte es **keine öffentliche Debatte über die Verbrechen der Sowjetunion** oder die Zwangsaussiedlung der Polen geben. Zwar waren die verlorenen Gebiete im Osten, die „Kresy", in idealisierter Form im kollektiven Gedächtnis präsent, nicht aber die Zwangsmigrationen; diese wurden nur in privaten Erinnerungsmilieus bewahrt. Dass neben Polen und Deutschen auch Ukrainer und Weißrussen von Zwangsumsiedlungen am Ende des Krieges betroffen waren, spielte ebenfalls keine wesentliche Rolle in der öffentlichen Erinnerung.

Erinnerungskulturen und Erinnerungspolitik nach 1989/90

M 1 Bundespräsident Johannes Rau besucht Polen, Fotografie, 3. September 1999.

Am 60. Jahrestag des Beginns des Zweiten Weltkrieges reichen sich Bundespräsident Johannes Rau und der polnische Präsident Aleksander Kwasniewski am Kriegsdenkmal in Danzig die Hände.

Webcode:
KH1110987-120

Der Wandel im östlichen Europa brachte neue Chancen für die Erinnerungsarbeit: Der Wegfall politischer Vorgaben machte in Polen und der Tschechoslowakei eine **Erinnerungspluralisierung** möglich, in der vor allem die bislang unterdrückten Themen, also die Verbrechen der Sowjetunion, die Vertreibung der Ostpolen usw., Platz fanden. Die Anerkennung der Oder-Neiße-Grenze als Ostgrenze des vereinigten Deutschlands 1990 entspannte die deutsch-polnische Erinnerungspolitik deutlich; Rückkehrforderungen, wie sie in Deutschland aber ohnehin nur noch wenige vertraten, waren endgültig ad acta gelegt. Gleichzeitig ermöglichte die Öffnung der Grenzen auch eine **verstärkte individuelle Kontaktpflege** zwischen den einstigen Kriegsgegnern. Nimmt man den Buchmarkt als Maßstab, so traten die früheren deutschen Siedlungsgebiete im Osten wieder verstärkt in das Blickfeld der Öffentlichkeit, manchmal geprägt von Heimweh und Idealisierung, häufig aber auch in realistischer Darstellung der multiethnischen Geschichte und Gegenwart.

Auch die Vertreibungen selbst wurden seit den späten 1990er-Jahren wieder verstärkt thematisiert, nicht zuletzt unter dem Eindruck der „ethnischen Säuberungen" im jugoslawischen Bürgerkrieg. Erneut wurde in der deutschen Öffentlichkeit darüber diskutiert, dass bzw. ob die Deutschen im Krieg nicht nur Täter, sondern auch Opfer (vor allem des Bombenkriegs und der Vertreibungen) waren. Besonders kontrovers geschah dies (sowohl innerhalb Deutschlands als auch zwischen den Befürwortern und Polen), als der Bund der Vertriebenen mit dem **Projekt eines „Zentrums gegen Vertreibungen"** auf den Plan trat. Auch der Streit um die Beneš-Dekrete im Vorfeld der EU-Osterweiterung und die Gründung der sog. „Preußischen Treuhand" (beides siehe Kap. 4) gehören in diese Phase eher konfrontativer Erinnerungen. Sie zeigt, dass die Erinnerung an die gemeinsame Geschichte der ersten Hälfte des 20. Jahrhunderts auch mehr als sechzig Jahre später noch von traumatischen Erfahrungen geprägt ist und daher besonderes Verantwortungsgefühl bei den handelnden Personen erfordert.

1. **Tabelle:** Gliedern Sie die Erinnerungsgeschichte seit 1945 in zeitliche Phasen und benennen Sie Ursachen für die jeweilige Phase.
2. Das Motto der Schlesischen Landsmannschaft für ihren „Deutschlandtag" in Hannover 1985 lautete „Schlesien bleibt unser". Erörtern Sie vor dem Hintergrund der Entwicklung der Erinnerungskultur, warum dieses Motto möglicherweise gewählt wurde und warum es in der deutschen Öffentlichkeit auf große Ablehnung stieß.
3. Kann es eine „Normalisierung" der Erinnerung geben? Diskutieren Sie, ob mit dem allmählichen Aussterben der „Erlebnisgeneration" von Zwangsmigrationen die Erinnerung an diese Zeit sich künftig nicht von anderen historischen Erinnerungen unterscheiden wird.

Hinweise zur Arbeit mit den Materialien

Das Kapitel befasst sich mit der Erinnerung an Flucht und Vertreibung seit den Ereignissen bis heute. Es konzentriert sich dabei vor allem auf die **Entwicklungen und Diskussionen in Deutschland und Polen**, sowohl vor als auch nach 1989/90. Das Kapitel liefert hierzu Material und Arbeitsanregungen zum einen zur **westdeutschen Entwicklung vor 1989** (M 2 bis M 4), zum anderen liegt der Schwerpunkt in den **Erinnerungskonflikten um das geplante „Zentrum gegen Vertreibungen"** (M 5 bis M 9), die eine eigenständige Auseinandersetzung und Urteilsbildung erlauben sollen.
Die Methodenkapitel „Denkmäler interpretieren" und „Historisch Urteilen" fügen sich in die Thematik ein, indem sie sich mit einem **Vertriebenendenkmal von 1957** und **Historikertexten zur Tabuisierung der Vertreibung** in der Bundesrepublik auseinandersetzen.
Am Ende des Kapitels finden sich **weiterführende Arbeitsanregungen** und die Möglichkeit, die im Kapitel erworbenen **Kompetenzen zu überprüfen** (S. 134 f.).

M 2 Der Historiker Alexander von Plato (*1942) über eine doppelte Erinnerung an Flucht und Vertreibung vor 1989 (2004)

Während des Kalten Krieges und seiner bipolaren Weltsicht entstand auch in der Flüchtlingsfrage ein bipolares Bild. Die (west)deutschen Flüchtlingsrepräsentanten der 1950er- und 1960er-Jahre sahen sich als Opfer des sowjetischen Expansionsdranges oder ‚tschechischer oder polnischer Rache'. In ihrer Geschichtswahrnehmung ließen sie die Vorgeschichte der deutschen Politik im Osten und der nationalsozialistischen Eroberungs-, Vertreibungs- und Vernichtungspolitik weitgehend außer Acht, vielfach betonten sie auch die deutschfeindlichen Elemente der osteuropäischen Staaten und Bevölkerungsgruppen seit den 1920er-Jahren. Im Kalten Krieg begriffen sie sich selbst und wurden begriffen als Zeugen gegen die Politik der Sowjetunion und der osteuropäischen Staaten. Die Vertreter der anderen Seite, in diesem Fall der sozialistischen oder kommunistischen Parteien oder Strömungen, sahen die Umsiedlung ausschließlich als Folge des Hitler-Faschismus. Mit der Vertreibung verbundene Eigeninteressen der Alliierten, der Staaten in Osteuropa und besonders der Sowjetunion wurden nicht gesehen oder aber als Buße der Deutschen für die Gewalttaten der SS und der Wehrmacht an den dort lebenden Völkern verteidigt. Die Probleme der Flüchtlinge wurden auf diese Weise in ein Antifaschismus- und Revanchismus-Bild eingepasst, was zu einer starken Polarisierung und Emotionalisierung des Themas sowie zu einer deutlichen Rechts-Links-Polarisierung führte. Flucht und Vertreibung wurden mehr und mehr zu einem konservativen Thema, während es für Repräsentanten links von der Mitte zu einem ‚deutschen Fluch' oder als Thema für Revanchisten stigmatisiert wurde.

Alexander von Plato, Flucht und Vertreibung. Lebensgeschichte, Erinnerung und Realgeschichte. Vom geteilten kollektiven Gedächtnis in Deutschland, in: Jan Motte, Rainer Ohliger (Hg.), Geschichte und Gedächtnis in der Einwanderungsgesellschaft. Migration zwischen historischer Rekonstruktion und Erinnerungspolitik, Klartext-Verlag, Essen 2004, S. 142.

M 3 Die Historiker Eva (* 1946) und Hans Henning Hahn (* 1947) über den Erinnerungsort Flucht und Vertreibung (2005)

Der Begriff „Flüchtlinge und Vertriebene" ist keine deskriptive Bezeichnung, sondern die Konstruktion einer ganz bestimmten und umstrittenen Form der Erinnerung, die in den westlichen Besatzungszonen, vor allem aber in der Bundesrepublik mit der Unterstützung aller im Bundestag vertretenen Parteien und dementsprechend mit staatlicher Förderung in den Fünfzigerjahren entwickelt und seitdem gepflegt wurde. Die westdeutsche Vergangenheits- und Erinnerungspolitik schuf mit großem Aufwand den Erinnerungsort „Flucht und Vertreibung" und bemühte sich um seine Verwendung im kollektiven Gedächtnis der westdeutschen Nachkriegsgesellschaft. Der Beginn des deutschen Erinnerungsortes „Flucht und Vertreibung" ist also nicht im Ereignis selbst zu suchen, der Erinnerungsort entstand auch nicht aus einem freien „Spiel" der Erinnerungen, sondern ist das Ergebnis einer ganz konkreten Erinnerungspolitik nach der Ankunft der aus Osteuropa geflüchteten und vertriebenen Deutschen in den westlichen Besatzungszonen. [...]

Der von diesen „Vertriebenen" gepflegten kollektiven Erinnerung bemächtigten sich bald die politisch Erfahrenen unter ihnen, mit denen jedoch die zum Nationalsozialismus in Opposition stehenden Kreise kaum Verbindungen hatten. Wurden den aus dem völkisch-nationalsozialistischen Milieu stammenden Vertriebenenpolitikern von den Besatzungsmächten zunächst noch einige Barrieren auferlegt, so konnten sie nach der Gründung der Bundesrepublik 1949 ihre Bestrebungen ungehindert entfalten. Der neue Staat nahm sich ihres politischen Anliegens bereitwillig an und unterstützte die vom völkischen Milieu ausgehende Konstruktion des Erinnerungsortes „Flucht und Vertreibung", an der sich bald meist nur noch die in den Vertriebenenverbänden Organisierten beteiligten. Die „anderen" hatten „andere" Erinnerungen.

Angesichts der emotionalen Befindlichkeiten der deutschen Nachkriegsgesellschaft überrascht es kaum, dass die persönlichen Erfahrungen der Flüchtlinge und Ausgewiesenen bei der Konstruktion des Erinnerungsortes „Flucht und Vertreibung" nur in geringem Maße Objekte des öffentlichen Interesses waren. [...] Die „kulturhistorischen und zivilisatorischen Wunden" gewannen in der öffentlichen Rhetorik bald die Oberhand, die Leidenszeit der einzelnen Vertriebenen wurde weitgehend ihnen selbst überlassen.

Eva Hahn, Hans Henning Hahn, Flucht und Vertreibung, in: Etienne François, Hagen Schulze (Hg.), Deutsche Erinnerungsorte. Eine Auswahl, Bundeszentrale für politische Bildung, Bonn 2005, S. 335 f.

1 Arbeiten Sie aus M 2 und M 3 die Träger der Erinnerungen in der Bundesrepublik, ihre Motive und die Inhalte ihrer Deutungen heraus.

2 **Streitgespräch:** Erörtern Sie Hahns These einer gezielten Konstruktion der Erinnerung an Flucht und Vertreibung. Entwerfen Sie ein (Streit-)Gespräch zwischen einem Vertriebenenpolitiker und einem von Hahn genannten „anderen" Vertriebenen über den „richtigen" Umgang mit der Erinnerung.

3 Informieren Sie sich über das Konzept der „Erinnerungsorte" und diskutieren Sie, ob „Flucht und Vertreibung" ein deutscher, ein deutsch-polnischer oder ein europäischer Erinnerungsort ist.

4 **Plakat:** Zurzeit befindet sich ein großes Projekt zur Erarbeitung „deutsch-polnischer Erinnerungsorte" in Arbeit, an dem mehr als 130 Wissenschaftlerinnen und Wissenschaftler beteiligt sind. Stellen Sie Zielsetzungen und erste Ergebnisse dieses Projekts auf einem Plakat dar.

M4 Die Historiker Hans Henning und Eva Hahn zum „Mythos ‚Vertreibung'" (2006)

Der Mythos erzählt die „tiefere" Wahrheit, und zu einer echten Wahrheit gehört es, dass sie unterdrückt wird. Ein wichtiges Element eines politischen Mythos ist, was wir als das „vorgebliche Tabu" bezeichnen, nämlich der Mythos von der verborgenen, unterschlagenen Wahrheit, die man endlich in die Welt hinausschreien müsse. [...]

Es wird wohl heute kaum noch von einem Politiker eine Rede zum Thema Vertreibung gehalten, einschließlich der Reden der Bundespräsidenten bei den entsprechenden Gelegenheiten, in denen nicht der Mythos von der angeblichen Tabuisierung verbreitet wird. Da helfen keine Hinweise auf die Flut an Sachliteratur und schöner Literatur oder darauf, dass die alte Bundesrepublik übersät ist mit Denkmälern, Erinnerungstafeln, Erinnerungskreuzen (sog. Heimatkreuzen) u. Ä., die an die Vertreibung erinnern sollen, bis zu einem 1955 eingerichteten zentralen Erinnerungsort in Form einer Ewigen Flamme in Westberlin. Im Brustton der Überzeugung wird immer wieder betont, dass die Vertreibung verschwiegen und nicht erinnert, die Wahrheit eben unterdrückt worden sei und dass ihr, der Erinnerung an die Vertreibung, eben deshalb heute Priorität gebühre, quasi Vorfahrt vor anderen Themen: „Das Ausland, vor allem das östliche Ausland, sowie dessen Helfershelfer im Inland wollen uns verbieten, uns daran zu erinnern, wir kämpfen um die Wahrheit, missverstanden gegen eine Welt missgünstiger Feinde“. Damit ist der Mythos perfekt, und dieser Mythos, der nichts als die reine Wahrheit ist, soll nicht nur das Anliegen der heute noch lebenden Vertriebenen sein, sondern der gesamten deutschen Gesellschaft. Gelegentlich hat der Betrachter von außen den Eindruck, es gehe um die Wiederherstellung der Volksgemeinschaft, aber es ist offensichtlich, dass dieser Begriff im Vertreibungsdiskurs peinlich vermieden wird. Das Wunschergebnis soll aber sein, dass der Vertreibungsmythos ein integraler Bestandteil der deutschen nationalen Identität wird, ja programmatisch wird gleichzeitig gefordert, er müsse zur gemeinsamen europäischen Erinnerung gehören und damit Bestandteil einer europäischen Identität werden. […]

Die Situation lässt sich […] so beschreiben, und das halten wir als Historiker für einen sehr bedenklichen Befund, dass der Mythos selbst heute weitgehend für die historische Narration gehalten wird, und dies in solch einem Ausmaß, dass eine analytisch-reflektierende Erzählung des gesamten Vertreibungsgeschehens kaum mehr möglich scheint. Hier steht die deutsche Geschichtswissenschaft vor einer Herausforderung, bei der noch keineswegs entschieden ist, ob sie ihr gewachsen sein wird.

Hans Henning Hahn, Eva Hahn, Mythos „Vertreibung“, in: Heidi Hein-Kircher, Hans Henning Hahn (Hg.), Politische Mythen im 19. und 20. Jahrhundert in Mittel- und Osteuropa, Herder-Institut, Marburg 2006, S. 186–188.

1 Erläutern Sie die Verwendung des Begriffes „Volksgemeinschaft“ durch die Autoren.

2 Zeigen Sie, wie die beiden Historiker in der Debatte um die kollektive Erinnerung an Flucht und Vertreibung Stellung beziehen.

Geschichte kontrovers: Der Erinnerungskonflikt um das „Zentrum gegen Vertreibungen“

M5 Titelbild des SPIEGEL, 4. Februar 2002

1 Der SPIEGEL bezieht sich in seinem Titelbild auf die Novelle von Günter Grass „Im Krebsgang“ von 2002. Lesen Sie die Novelle und arbeiten Sie heraus, wie Grass an Flucht und Vertreibung erinnert. Beziehen Sie bei Ihrer Interpretation auch Rezensionen mit ein.

2 Analysieren Sie M 5 und diskutieren Sie, mit welchen Zielen und Mitteln hier Erinnerungspolitik betrieben wird.

M6 Der in Eger/Cheb geborene SPD-Politiker Peter Glotz (1939–2005) zu dem Projekt eines Zentrums gegen Vertreibungen (2004)

1999 beschloss das Präsidium des „Bundes der Vertriebenen“ die Errichtung eines „Zentrums gegen Vertreibungen“. 2001 wurde hierfür eine Stiftung gegründet, unter Vorsitz von Erika Steinbach (BdV) und Peter Glotz.

Der Plural war Programm. Es gilt aus den Vertreibungen des zwanzigsten Jahrhunderts – von Armeniern, Griechen, Türken,

Wolgadeutschen, Krimtartaren, Sudetendeutschen, Ostpreußen, Schlesiern, Kraina-Serben oder Kosovo-Albanern – etwas fürs 21. Jahrhundert zu lernen. Gedacht ist an eine unlösliche Verbindung von Vergangenheit und Gegenwart. [...]

Ein solches Zentrum wäre kein Affront gegenüber unseren östlichen Nachbarn. Es soll ein Affront gegen alle Vertreiber werden. Die Türken, die die Armenier vertrieben haben, müssen sich genauso gemeint fühlen wie die Deutschen, die unter Hitler gewaltige Völkerverschiebungen geplant und teilweise auch praktiziert haben. Aber auch Stalin hat Millionen von Menschen [...] kühl verschoben. Als der große Stratege der Vertreibung der Sudetendeutschen, der tschechische Exilpräsident Edvard Beneš, von der sowjetischen Führung die Vertreibung der Deutschen aus Böhmen und Mähren verlangte – von immerhin drei Millionen Menschen – sagte Molotow kühl: „Das ist nichts, das ist leicht." [...]

Natürlich muss jede Diskussion von Vertreibung, wenn sie politisch wirksam sein soll, in den politischen Kontext gestellt werden. Man kann über die Vertreibung der Deutschen aus Pommern, Schlesien, Böhmen oder Mähren nicht reden, ohne über die Verbrechen Hitlers zu reden, die vorher stattgefunden haben. [...]

Dass Polen, Tschechen, Slowaken und andere Völker, die Opfer der hitlerschen Aggression waren, fürchten, die Deutschen könnten plötzlich den Spieß umdrehen und sie als die Schuldigen darstellen, muss man verstehen. Man muss allerdings nicht jede nationalistische Instrumentalisierung dieser Angst akzeptieren. Irgendwann müssen die Deutschen den Mut finden, auch Nachbarn wie den Polen oder den Tschechen, die viel unter Deutschen gelitten haben, zu sagen: Unsere Geschichte können wir nur selbst schreiben. Natürlich ist diese Geschichte an Empirie gebunden; man darf keine falschen Geschichten schreiben. Auch sollten die Deutschen (und alle anderen) niemals den Versuch machen, Geschichte gegen die Nachbarn zu instrumentalisieren. Man muss aber intellektuell ehrlich bleiben.[...]

Das „Zentrum gegen Vertreibungen" soll in diesem Sinn Menschen auf den Zahn fühlen, ihnen Lernschmerz bereiten: Vertreiber, die die Vertreibungsverbrechen schlicht leugnen (wie die Türken), Vertreibern, die die Vertreibung legalistisch interpretieren (die Großmächte hatten die Vertreibung im Potsdamer Abkommen doch abgesegnet) und sie immer noch für richtig halten (viele Tschechen und Polen), aber auch Vertriebenen, die die internationalen Beziehungen durch Entschädigungsforderungen in Unordnung bringen könnten (darunter viele Deutsche). Das „Zentrum" soll kein Mahnmal, keine Gedenkrotunde[1], kein Aufrechnungs-Tempel werden, sondern ein Dokumentationszentrum, das sich mit Vertreibungsverbrechen auseinandersetzt. Dazu gehört auch, selbstverständlich, eine historische Dimension.

Peter Glotz, Der Kampf gegen das Verbrechen der Vertreibung, in: Die Politische Meinung 417, 2004, S. 15–18.

1 Im Gespräch war u. a. die Schaffung einer „Rotunde", die der Andacht und dem Gedenken dienen sollte.

1 Analysieren Sie Glotz' Argumentation für das Zentrum und berücksichtigen Sie dabei, wie Glotz sich mit bereits veröffentlichter Kritik auseinandersetzt.

2 Nehmen Sie Stellung zu Glotz' These einer „nationalen" Geschichtsschreibung.

M7 Aufruf gegen das Zentrum gegen Vertreibungen (2003)

Kaum eines Themas wurde in der Geschichte der Bundesrepublik so umfassend erinnert und gedacht wie der Flucht und Vertreibung der Deutschen nach dem Zweiten Weltkrieg. In fast jeder deutschen Stadt steht ein Gedenkstein, fast überall erinnern lokale Mahnmale an diesen Teil der deutschen Geschichte. Die wissenschaftliche Forschung zum Thema war von Beginn an umfangreich, wie auch die literarische Verarbeitung und die öffentliche Auseinandersetzung.

Ungeachtet dessen steht das Thema Flucht und Vertreibung heute wieder auf der politischen Agenda. Ein „Zentrum gegen Vertreibungen" soll entstehen, in dem Erinnern und Gedenken ihren Platz bekommen sollen.

Die Erinnerung der Vertreibung hat ihren legitimen Ort im individuellen Gedenken der Menschen, fest verwurzelt in einer pluralen und kontroversen Erinnerungslandschaft der Bundesrepublik. Bei der aktuellen Forderung geht es aber um etwas anderes: Hier soll ein zentrales Mahnmal entstehen, mitgetragen aus öffentlichen Mitteln und abgesichert durch staatliche Weihen. Ein Zentrum, das ein einheitliches Geschichtsbild etablieren und durchsetzen soll. Die große Gefahr, die dieses Ansinnen in sich birgt, besteht in einer staatlich sanktionierten Umdeutung der Vergangenheit, ja einer Revision der Geschichte und der Torpedierung eines auf europäischen Dialog angelegten gesellschaftlichen und politischen Diskurses.

Wir sagen es mit aller Deutlichkeit: Ein „Zentrum gegen Vertreibungen" würde der kritischen Aufarbeitung der Vergangenheit nicht nutzen, könnte aber stattdessen die unterschiedlichen Erfahrungen der europäischen Nationen infrage stellen und damit die europäische Integration behindern. Mehr noch: Aller mühsam erarbeiteter Fortschritt beim Bau eines gemeinsamen Hauses Europa könnte gefährdet werden. Dabei sehen wir vor allem zwei Gefahren in historischer und politischer Dimension. Historisch betrachtet droht eine Entkontextualisierung der Vergangenheit, die Negation des ursächlichen Zusammenhangs von NS-Volkstums- und Vernichtungspolitik auf der einen und Flucht und Vertreibung der Deutschen auf der anderen Seite. Die politische Gefahr besteht insbesondere in der Ethnisierung von gesellschaftlichen Konflikten, also der Umdeutung von politischen und sozialen Kontroversen in ethnische – und damit der Zementierung eines völkischen Verständnisses von Vergangenheit, Gegenwart und Zukunft.

http://www.bohemistik.de/zentrum.html (Download vom 25. Juni 2014).

1 Stellen Sie die Argumente der Zentrumsbefürworter und -gegner in einer Tabelle gegenüber und setzen Sie sich mit den Argumenten kritisch auseinander.

2 **Podiumsdiskussion:** In den Diskussionen gab es auch noch diejenigen, die für ein Zentrum den Standort Breslau/Wrocław befürworteten. Entwerfen Sie eine fiktive Podiumsdiskussion mit Vertretern der verschiedenen Gruppen und führen Sie sie durch.

M8 Der polnische Publizist Adam Krzeminski (*1945) über „die schwierige deutsch-polnische Vergangenheitspolitik" (2003)

Deine Deutschen – hörte ich nach meiner Besprechung von Jörg Friedrichs „Der Brand" [ein Buch von 2002, das den Bombenkrieg und seine deutschen Opfer behandelt] – bilden sich ein, das Geschichtsgedächtnis funktioniere wie ein Fußballspiel: Die Nationalmannschaften schießen gegeneinander Tore auf dem Rasen der kollektiven Erinnerung. Dann gehen sie friedlich unter die Dusche, und später streiten sie sich beim Bier, wer gewonnen hat. Vom ganzen Zweiten Weltkrieg haben sie die Einmaligkeit der deutschen Schuld für den Holocaust verinnerlicht. Der symbolische *Kirkut*[1] in der Nähe des einstigen Hitler-Bunkers ist eine Erinnerung an die jüdischen Opfer deutschen Wahns, ein in Stein gehauener Beleg für die absolute moralische Niederlage. Doch Deutsche sind verbissene Fußballer. Mit einer Walhalla der Vertriebenen wollen sie nachträglich einen moralischen Ausgleich erreichen. Danach folgt vielleicht ein Mahnmal für die Opfer der alliierten „Terrorluftangriffe". Und schließlich wird sich – gewissermaßen in der Verlängerung, 60 Jahre nach Kriegsende – erweisen, dass die Deutschen die „Weltauswahl", also die Anti-Hitler-Koalition, moralisch doch noch 2:1 geschlagen haben.

Die Sportmetapher ist schnoddrig und gehässig, doch sie spiegelt unverblümt die Verärgerung über einen Geschichtsrevisionismus wider, den viele Polen im neuen deutschen Umgang mit der Vergangenheit auszumachen glauben. [...]

Nun droht Deutschen und Polen ein regelrechter „Museumskrieg". Einer der Wegbereiter der deutsch-polnischen Verständigung, Władysław Bartoszewski, der Häftling unter Hitler und unter Stalin war und 1995 als Außenminister Polens in einer großen Rede im Deutschen Bundestag auch das Leid der deutschen Vertriebenen beklagte, forderte in scharfem Ton eine dezidierte Reaktion auf ein „Zentrum gegen Vertreibungen" in Berlin. Polen solle in Posen ein Museum der deutschen Germanisierungspolitik von der ersten Teilung Polens 1772 bis zum Ende des

Krieges 1945 errichten. Sind also Deutsche und Polen wieder zurück im nationalen Zeitalter, ähnlich wie 1910, als man im zwischen Preußen, Österreich und Russland geteilten Polen einen Grunwald-Kult schuf, eine Erinnerung an 1410, als polnisch-litauische Heere die Hegemonie des deutschen Ordensstaates brachen?

Noch nicht. Der Stein des Anstoßes ist in Polen weniger die Erinnerung an die geflüchteten, vertriebenen und ausgesiedelten Deutschen. Ihr tragisches Schicksal und ihr kulturelles Erbe sind in Polen seit Jahren ein Thema der Publizistik, der wissenschaftlichen Forschung und vieler literarischer Werke. Wenn das „Zentrum gegen Vertreibungen" Emotionen erweckt, dann liegt das weniger am Gedenken als vielmehr am Urheber und Träger des Zentrums, der Lobby der Vertriebenen, die – aus polnischer Sicht – ihre Position gegenüber Polen nie aufgearbeitet hat. Jahrzehntelang von der polnischen Propaganda als Schreckgespenst aufgebaut, hat der BdV nach 1989, auch unter der Präsidentschaft von Erika Steinbach, die Positionen eines nationalen Egoismus nicht verlassen. Die Funktionäre des BdV waren noch 1990 gegen die Anerkennung der Oder-Neiße-Grenze. Dann traten sie immer wieder mit rechtlichen, materiellen und moralischen Forderungen an Tschechien und Polen auf. Sie wetterten gegen die „Beneš-" und „Bierut-"[2], nie aber gegen die „Stalin-Dekrete". Als Gralshüter der europäischen Erinnerung an die Vertreibungen im 20. Jahrhundert sind sie wenig glaubwürdig. [...]

Man nimmt sich das Recht, die Opfer der deutschen Aggression mit allen Schwächen, Kollaborationen und Rachegelüsten zu entblößen und zugleich die „eigenen" Opfer zu verklären und in einem Mahnmal zu universalisieren. Das ist es, was man in Polen gelegentlich als moralische Usurpation, nationale Egozentrik, fehlende Empathie oder einfach als Maßlosigkeit empfindet.

Adam Krzeminski, Die schwierige deutsch-polnische Vergangenheitspolitik, in: Aus Politik und Zeitgeschichte B 40–41, 2003, S. 3–5.

---

1 Kirkut: jüdischer Friedhof

2 Bierut: Führer der polnischen Arbeiterpartei und ab 1947 Staatspräsident

M9 Titelbild der polnischen Wochenzeitschrift *„wprost"* (dt.: geradeaus) vom 21. September 2003

Übersetzung des Textes: Mitte unten: „Das deutsche trojanische Pferd"; links: „Die Deutschen sind den Polen eine Billion Dollar für den Zweiten Weltkrieg schuldig." Das Bild zeigt die Vorsitzende des Bundes der Vertriebenen Erika Steinbach und den damaligen Bundeskanzler Gerhard Schröder. Das Nachrichtenmagazin machte bereits mehrmals Schlagzeilen wegen seiner provokanten Titelblätter.

1 Vergleichen Sie die polnischen Reaktionen auf die Zentrumsdebatte im Hinblick auf Aussagen und Mittel (M 8 und M 9). Erklären Sie, warum die Debatte z. T. so emotional aufgeladen ist.

2 Diskutieren Sie die Angemessenheit des Vorgehens bei der Zentrumsplanung seit 1999 vor dem Hintergrund der deutsch-polnischen Geschichte.

3 2008 beschloss die Bundesregierung, eine „Stiftung Flucht, Vertreibung, Versöhnung" zu errichten. Informieren Sie sich über die Stiftung sowie die Planungen für ein neues „Dokumentationszentrum". Analysieren Sie, inwiefern die Argumente der Zentrumsbefürworter und -gegner berücksichtigt wurden.

Denkmäler interpretieren

Denkmäler sind ein vertrauter Teil unserer Städte und Landschaften. In sehr verschiedenen Formen und Größen sind sie zu unterschiedlichen Zeiten entstanden. Ursprünglich zum Zwecke dauerhafter Erinnerung geschaffen, verbinden sie absichtsvoll Vergangenheit, Gegenwart und Zukunft miteinander. Erinnert wird meist an Ereignisse bzw. Personen, die von den Initiatoren als bedeutsam angesehen werden. Zu dieser Absicht trägt auch der Ort eines Denkmals bei: Denkmäler stehen meist an zentralen, öffentlichen Orten.

Vor allem seit dem 19. Jahrhundert entstanden unterschiedliche Typen von Denkmälern: **Denkmäler der Kulturnation** (in Deutschland z. B. mit Luther, Schiller oder Goethe), **Nationaldenkmäler** (in Deutschland z. B. das Hermanns-, das Kyffhäuser-, das Niederwald- und das Völkerschlachtdenkmal sowie zahlreiche Bismarck- und Kaiser-Wilhelm-Denkmäler), **Kriegerdenkmäler**, Denkmäler, die der Flucht und Vertreibung im Kontext des Zweiten Weltkrieges gedenken, sowie zahlreiche **lokale Denkmäler**, die an verdiente Personen erinnern sollen.

Webcode:
KH1110987-127

Arbeitsschritte für die Interpretation

1. Formale Aspekte	– Was ist das Thema des Denkmals? – Wer ist der Künstler? – Wann entstand das Denkmal bzw. wurde es eingeweiht? – Welche Materialien wurden verwendet? – Welche Wirkung/welchen Eindruck erzielt es?
2. Inhaltliche Analyse	*Beschreibung* – Welche Gestaltungsmittel (Symbole, Figuren, Ornamente, Schmuck und Inschriften) sind verwendet worden? (ggf. dokumentieren durch Fotos und/oder Skizzen, ggf. Größe messen oder schätzen) – Wie ist das Denkmal in seine Umgebung integriert? *Deutung* – Was bedeuten die einzelnen Gestaltungsmittel (ggf. Experten befragen, Zusammenarbeit mit Kunstunterricht, ergänzende Recherchen)? – Welche Fragen bleiben bei der Deutung offen?
3. Historischer Kontext	– Aus welchen Motiven entstand das Denkmal? – Wer waren die Initiatoren/Auftraggeber, ggf. Denkmalsgegner? – Wie wurde es finanziert? – Wie ist die Entstehungsgeschichte des Denkmals? – Wie liefen die Einweihungsfeierlichkeiten ab (wer war eingeladen, wer nicht, welche Reden wurden gehalten)? – Wie wurde/wird das Denkmal genutzt/vermarktet (Popularisierung, z. B. durch Ansichtskarten, Briefmarken oder Verkauf von Objekten; Kranzniederlegungen, Feste und Feiern, Denkmal als Ausflugsziel, Graffiti usw.)?
4. Bewertung	– Welche Funktion sollte das Denkmal bei seiner Errichtung erfüllen? An wen richtete es sich? – Wie haben sich gesellschaftliche und politische Veränderungen auf die Wahrnehmung des Denkmals ausgewirkt? – Wie wird es heute wahrgenommen und beurteilt?

Übungsbeispiel: Das Vertriebenendenkmal in Oldenburg (1957)

M 1 Vorderseite des Denkmals, Fotografie, 2014

M 2 Rückseite des Denkmals, Fotografie, 2014

1 Interpretieren Sie das Oldenburger Vertriebenendenkmal mithilfe der Arbeitsschritte von S. 127.

Lösungshinweise

1. Formale Analyse:
- Thema: Vertreibung der Deutschen aus den Ostgebieten und Erinnerung daran
- Künstlerin: Anna-Maria Strackerjan (1919–1980), eine Oldenburger Bildhauerin. Steinmetz: Johann Wandscher.
- Entstehung und Einweihung: 1957
- Materialien: Sandstein.
- Wirkung: Kein monumentales Denkmal, sondern eher schlank wirkend, aber zum Zeitpunkt der Errichtung durch Umgebung und zentrale Lage deutlich sichtbar.

2. Inhaltliche Analyse

Beschreibung mit Deutung
- Stele, Maße: 60 × 45 × 245 cm
- Gebrochene Form, nach Osten ausgerichtet
- Text: „Unvergessene deutsche Stadt im Osten Leobschütz"; auf der Rückseite „Danzig, Memel, Pommern, Schlesien, Sudetenland, Ostpreussen, Westpreussen", dazu ein Wappen der Stadt Leobschütz und die Jahreszahl „1945"; an der Seite das Wappen der Stadt Oldenburg
- Die Seite mit den Herkunftsgebieten der Vertriebenen ist nach Osten zum Wasser hin ausgerichtet und nur mühsam lesbar.
- Der Leobschütz-Gedenkstein sollte an die verlorenen Gebiete im Osten und (durch die gebrochene Form) an die „ungelöste" Frage der Ostgrenze erinnern; er weist daher mit dem Text über die Stadt Leobschütz hinaus. Gleichzeitig zeigt die Auflistung der ostdeutschen Gebiete (die zunächst gar nicht geplant war), dass die Autoren sogar über die damals übliche Rede von „Deutschland in den Grenzen von 1937" hinausgingen, da Sudetenland, Danzig, Memel und Westpreußen 1937 ganz oder teilweise überhaupt nicht zu Deutschland gehörten.
- Schon 1957 gab es durch einen örtlichen Historiker Protest gegen den Standort des Gedenksteins in unmittelbarer Nähe zu der ehemaligen Oldenburger Synagoge.

3. Historischer Kontext
- Oldenburg hatte mehr als 40 000 Flüchtlinge und Vertriebene aufgenommen. 1951 hatte die Stadt auf Anregung der Vertriebenen die Patenschaft für die oberschlesische Stadt Leobschütz übernommen. Die Stadt gab einen Gedenkstein in Auftrag, der im September 1957 eingeweiht wurde.
- Der Gedenkstein reiht sich ein in über 300 Vertriebenen-Denkmäler, die in den 1950er-Jahren in der Bundesrepublik entstanden.
- Die Einweihung fand während des dritten Leobschützer Heimatfestes statt, bei dem auch Gottesdienste, eine Ausstellung, Vorträge usw. veranstaltet wurden. Der Oberstadtdirektor hielt eine Rede, in der er betonte, der Gedenkstein solle „den Glauben an die Zukunft und die Hoffnung auf Erfüllung des Heimatanspruchs der ostdeutschen Menschen symbolisieren. Niemals dürfe eine deutsche Regierung mit den Ostprovinzen Verzichtpolitik treiben ...". Ein vertriebener Leobschützer bedankte sich.

4. Bewertung
- Der Gedenkstein richtete sich an Vertriebene und Einheimische; er sollte die Erinnerung an die verlorenen Gebiete im Osten wachhalten.
- Die Aufnahme der o. a. Gebiete zeigt eine eindeutig revisionistische Haltung, die auf die Rückgewinnung von weiten Gebieten im Osten abzielt.
- Im Laufe der folgenden Jahrzehnte diente der Gedenkstein v. a. als Ort von Kranzniederlegungen und Gedenkveranstaltungen durch Leobschützer, andere Landsmannschaften, Bund der Vertriebenen, Volksbund Deutscher Kriegsgräberfürsorge, Stadt usw.
- Die Nähe zur zerstörten Synagoge wurde kritisch angemerkt, als 1990 auf dem Gelände ein Mahnmal für die NS-Opfer (unter Einbeziehung eines 1967 geschaffenen Gedenksteins für die Synagoge) errichtet wurde.
- Offenbar geriet der Gedenkstein aber in Vergessenheit – nicht anders ist zu erklären, dass 2004–2008, als einige Vertriebene die Errichtung eines neuen Vertriebenendenkmals forderten und eine heftige lokale Kontroverse entstand, das Denkmal von 1957 „wieder entdeckt" wurde.

Historisch Urteilen

Historische Urteile sind das Ergebnis eines Forschungsprozesses.

1. Bei der **Analyse** historischer Phänomene werden – nach der Entwicklung von Leitfragen und Hypothesen – möglichst zahlreiche und verschiedene Perspektiven repräsentierende Quellen und Darstellungen kritisch untersucht und bewertet. Die Maßstäbe für die Bewertung werden offengelegt sowie Alternativen abgewogen.
2. Es folgt ein **Sachurteil**, das auf Basis der bei der Analyse gewonnenen Sachaussagen Zusammenhänge herstellt und gewichtet, Ursachen und Folgen benennt und damalige Handlungsmöglichkeiten, Strukturen und Werte berücksichtigt.
3. Ergänzend kann ein **Werturteil** gefällt werden; hierbei wird das historische Phänomen nach heutigen Maßstäben bewertet.

Wichtig ist, dass das Sachurteil vor dem Werturteil gefällt und die Hintergründe der eigenen Urteilsbildung offengelegt werden. Historische Urteile sollten nachvollziehbar, begründet und überprüfbar sein.

M1 Modell der historischen Urteilsbildung

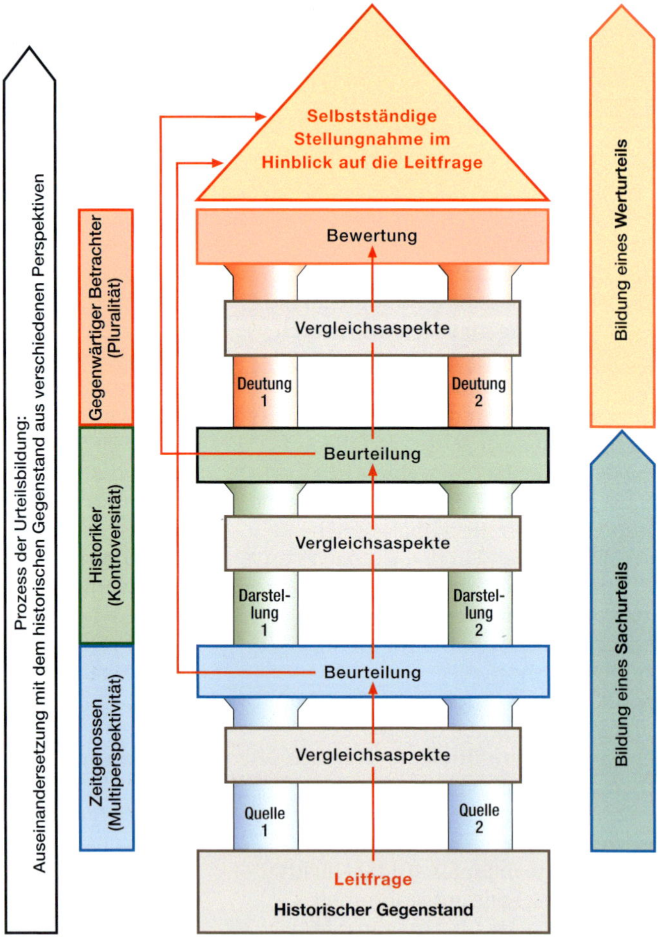

Übungsbeispiel: Tabuisierung der Vertreibung in der Bundesrepublik Deutschland?

Das folgende Beispiel präsentiert keine Quellen, sondern Historikeranalysen und -urteile zum Thema als Grundlage für eine eigene Urteilsbildung.

M2 Der Historiker Michael Schwartz über „Vertreibung und Vergangenheitspolitik" (1997)

Das Wiedererwachen der Erinnerung an Vertreibung und Vertriebenenintegration kollidiert mit einer doppelten deutschen Nachkriegstradition der weitgehenden Tabuisierung dieser Geschehnisse. Obwohl der Versuch, solche Tabuisierung allein der SED-Diktatur zuzuschreiben, entschieden zu kurz greifen würde, wurde diese Tabuisierungsstrategie zweifellos in der DDR frühzeitiger, augenfälliger und mit den systemspezifischen Mitteln einer totalitären Diktatur auf brachiale Weise realisiert. [...]

Um 1970 geschah dann etwas Schwerwiegendes, quasi eine „Annäherung durch Wandel". Seither sammelte nicht mehr nur die DDR-, sondern auch die bundesrepublikanische Gesellschaft Erfahrungen in der Ausgrenzung von Vertriebenenidentitäten. Damals vollzog sich eine grundlegende Veränderung im Verhältnis der Mehrheitsgesellschaft zu „ihren" Vertriebenen, die einen – für nicht wenige schmerzlichen – Rollenwechsel „vom ‚Patenkind' zur ‚Unperson'" erlebten. In der Bundesrepublik, wo das Wort „Vertriebener" auch zuvor nicht unbedingt ein Ehrentitel gewesen war, ließ seither die offiziell gepflegte „Identifikation des Gesamtvolkes mit dem Schicksal eines Volksteiles" nicht nur spürbar nach, sondern mündete geradezu in ein „Bekenntnis-Vakuum" durch „Verdrängung oder Verschweigung des Problems". [...]

Obgleich in der pluralistischen Bundesrepublik in dieser Frage nie jene Friedhofsruhe eintrat, wie sie in der totalitären DDR weitgehend hatte erzwungen werden können, legen solche Beobachtungen doch die Annahme einer tendenziell konvergenten, letztlich systemübergreifenden Tabuisierung der Vertreibungserfahrung in beiden deutschen Teil-Gesellschaften nahe, die etwa mit dem Ende des Kalten Krieges eintrat. Nicht nur in der DDR wurde die Erinnerung an die alte Heimat und an die Vertreibung „als politisch nicht opportun" sehr bald „totgeschwiegen", sondern „auch in der Bundesrepublik Deutschland (wurden) – vor und nach 1989 – diese Themen verdrängt. [...]

Die soeben diagnostizierte Entwicklung setzte in der Bundesrepublik offensichtlich – quasi mit der Verzögerung um eine Generation – erst im Laufe der Sechzigerjahre ein. Diese Zeitverzögerung war alles andere als ein Zufall: Politisch trug sie nicht nur der pluralistischen Struktur des bundesdeutschen Politik-, und Gesellschaftssystems Rechnung, sondern resultierte auch aus der vorherigen Instrumentalisierung der Vertriebenenfrage im Zuge des Kalten Krieges. Erst als diese Instrumentalisierung sukzessive aufgegeben wurde, konnte im Zuge der sozialliberalen Ost- und Entspannungspolitik das Vertriebenen- und Vertreibungsthema einer weitgehenden Tabuisierung anheimfallen.

Michael Schwartz, Vertreibung und Vergangenheitspolitik. Ein Versuch über geteilte deutsche Nachkriegsidentitäten, in: Deutschland Archiv 30, 1997, S. 182 f., 189.

M3 Der US-amerikanische Historiker Alfred de Zayas in einer Dankesrede bei der Verleihung des Kulturpreises der Landsmannschaft Ostpreußen (2002)

Wie ein Leichentuch fiel das Tabu flächendeckend über die ganze Tragödie der Vertreibung, und man durfte das Tuch nicht heben. Aber es waren nicht nur die Täter, die Vertreiberstaaten, die diese Schande mit dem Bahrtuch des Vergessens bedecken und verschließen wollten. Es waren auch die Bundesdeutschen, die die Vertriebenen oft als „Ewiggestrige" und „Revanchisten" beschimpften, als diese über ihre geliebte Heimat – Landschaften und Seen, Wälder und Elche – schreiben und sprechen wollten.

Hans Henning Hahn, Eva Hahn, Mythos „Vertreibung", in: Heidi Hein-Kircher, Hans Henning Hahn (Hg.), Politische Mythen im 19. und 20. Jahrhundert in Mittel- und Osteuropa, Marburg 2006, S. 186 f.

M4 Der Osteuropahistoriker Karl Schlögel zur Debatte um ein Zentrum gegen Vertreibungen (2003)

Es ist noch gar nicht so lange her, dass man schief angesehen werden konnte, wenn man die Beschäftigung mit Flucht und Vertreibung als zentrales und wichtiges Thema geschichtlicher Arbeit ansah. Wer so etwas vorschlug, musste sich auf Nachfragen gefasst machen, wie er es denn meine und ob er es riskieren wolle, Beifall von der falschen Seite zu bekommen. Mit der falschen Seite waren angesprochen: die Vertriebenen-Verbände, die Funktionäre der Schlesien- und Sudetendeutschen-Tage. [...] Die Insinuation, die schon die Beschäftigung mit der Vertreibungsgeschichte unter Verdacht und Rechtfertigungszwang stellte, war Alltag, gehörte zum Kammerton der späten Bundesrepublik. [...]

Von all dem scheint neuerdings nicht mehr die Rede zu sein. Man spricht plötzlich von Tabus, die es gegeben habe, ohne jene zu nennen, die von deren Aufrechterhaltung nicht schlecht gelebt haben. Sündenböcke müssen her – vorzugsweise die Linke, die Achtundsechziger, gewisse intellektuelle Trends – und niemand will es gewesen sein, der die „Aufarbeitung dieses für die deutsche Identität so wichtigen Themas“ sonst noch behindert. Ein Nobelpreisträger der Literatur kann mit einer Novelle hervortreten, die als Sensation verbucht wird, und lässt hören, er habe ein Tabu gebrochen. Ein deutscher Großhistoriker, dem seit Jahren alle Verlage und alle Journale der Welt zur Verfügung stehen, kann allen Ernstes behaupten, „endlich sei das Schweigen gebrochen“. [...] Auf einmal wimmelt es von Tabubrechern und Opfern des „öffentlichen Schweigens“. Ein regelrechter Wettstreit um die endgültige Bewältigung des angeblich letzten Tabus hat eingesetzt. [...]

Man reibt sich die Augen und fragt sich, was da eigentlich vor sich geht. Eine Bundesrepublik, die in den ersten zwei Jahrzehnten ihres Bestehens existenziell bis in die Poren von der Erfahrung der Vertreibung durchtränkt war, schon weil ihre Bevölkerung mancherorts zu fast einem Viertel von dort gekommen war; eine Bundesrepublik, die ihr erstes sozialhistorisches Großforschungsprojekt eben der Dokumentation und Erforschung der Vertreibung der Deutschen aus dem Osten Europas gewidmet hatte; eine Bundesrepublik, die zwei Jahrzehnte gebraucht hatte, um endlich über das anderen Völkern Angetane zu sprechen – diese Bundesrepublik hatte, weiß Gott, nicht „geschwiegen“. So kurz kann das Gedächtnis doch gar nicht sein, vor allem bei Leuten, die damals schon erwachsen waren. Wer hat sie denn gehindert, sich auszusprechen, wenn nicht der ganz gewöhnliche Zeitgeist, über den man sich immer dann mokiert, wenn er vorbei ist. Die Frage ist, weshalb ab einem bestimmten Zeitpunkt das Thema der Vertreibung von der Bildfläche verschwand und Platz machte für ein anderes: den Holocaust, genauer: Wie kam es, dass die Deutschen nicht über beides zugleich, wenn schon nicht in einem Atemzug, so doch nacheinander oder nebeneinander sprechen konnten?

Karl Schlögel, Europa ist nicht nur ein Wort. Zur Debatte um ein Zentrum gegen Vertreibungen, in: Zeitschrift für Geschichtswissenschaft 51, 2003, S. 5 f.

Lösungshinweise

1. Leitfrage

Wurde die Erinnerung an die Vertreibung in der Bundesrepublik Deutschland nach 1945 tabuisiert?

2. Voraussetzungen

- Notwendig ist eine Klärung des Begriffs „Tabu“. Lt. Duden meint dies ein „ungeschriebenes Gesetz, das aufgrund bestimmter Anschauungen innerhalb einer Gesellschaft verbietet, bestimmte Dinge zu tun“. In diesem Fall würde dies also heißen, dass in der bundesdeutschen Gesellschaft über das Thema Vertreibung geschwiegen werden sollte und dies auch tatsächlich geschah.
- Geklärt werden muss bei der Überprüfung der Leitfrage, woran man die Erinnerung an die Vertreibung bzw. ihr Fehlen festmachen kann. Gemeint sind weniger private, individuelle Erinnerungen, sondern vor allem öffentliche, also gesellschaftliche Debatten, Veröffentlichungen, Würdigungen, politische Prozesse usw.

– Verbunden damit ist die Frage nach der Funktion eines möglichen Tabus, also etwa: Wer hat ein Interesse an einem Verschweigen der Vertreibung?

3. Historikerargumentationen und -standpunkte

1. Schwarz (M 2): Der Historiker, der selbst in einer größeren Studie den Umgang mit der Vertreibung in der DDR untersucht hat, vertritt die Tabuisierungsthese, wobei er sie mit dem Begriff „weitgehend" etwas einschränkt (v. a. im Vergleich zur DDR). Er macht die Tabuisierung in der Zeit nach 1970 fest, während es zuvor eine Instrumentalisierung der Vertriebenenfrage während des Kalten Krieges gegeben habe. Die Erinnerung an die Vertreibung sei „im Zuge der sozialliberalen Ost- und Entspannungspolitik" verdrängt bzw. verschwiegen worden; das Thema sei als anachronistisch oder gar reaktionär bewertet worden. In seiner Gegenwart (1997) sieht Schwarz ein „Wiedererwachen der Erinnerung".

2. De Zayas (M 3): Auch de Zayas, der den Vertriebenenorganisationen nahesteht, betont die Tabuisierung, für die er zum einen die „Täter" in Osteuropa, zum anderen die Bundesdeutschen verantwortlich macht. Seine Behauptung, dass die Vertriebenen nicht einmal über ihre frühere geliebte Heimat, also auch ohne politische Absicht, schreiben und sprechen durften, ohne als „Revanchisten" beschimpft zu werden, verstärkt noch die Tabuisierungsthese. Dabei ist der Kontext der Rede (Dankesrede vor Landsmannschaft) zu beachten.

3. Schlögel (M 4): Schlögels Ausgangspunkt ist die Verwunderung über die gegenwärtige (2003) Tabuisierungsdebatte. Er räumt zwar ein, dass in der „späten Bundesrepublik" das Thema „Flucht und Vertreibung" ein problematisches Thema gewesen sei, bei dem man sich rechtfertigen musste, wenn man sich damit als Wissenschaftler befassen wollte, spricht sich aber gegen eine Tabuisierung aus, da die Bundesrepublik „existenziell bis in die Poren von der Erfahrung der Vertreibung durchtränkt war" und keineswegs geschwiegen habe. Allerdings stellt er fest, dass es einen Wandel in der Bedeutung des Themas gegeben habe, bei dem die Behandlung des Holocausts an seine Stelle getreten sei.

4. Analysen und Urteile vergleichen

Einig sind sich die Autoren in einer Periodisierung der bundesdeutschen Erinnerung an die Vertreibung: Während diese in den ersten beiden Jahrzehnten noch sehr präsent gewesen sei, sei sie danach in den Hintergrund getreten. Die Urteile sind aber deutlich verschieden: Während Schwarz und de Zayas die Tabuisierung des Themas behaupten – Schwarz nüchterner, de Zayas sprachlich emotionaler („Leichentuch") –, widerspricht ihnen Schlögel zwar deutlich, aber auch differenziert, indem er auf den schwierigen Umgang mit dem Thema in der späten Bundesrepublik und die Schwerpunktverschiebung auf den Holocaust hinweist. Schlögel betont außerdem die Rolle von Akteuren – zum einen von „Sündenböcken" für die angebliche Tabuisierung („die Linke, die Achtundsechziger, gewisse intellektuelle Trends"), zum anderen von Vertriebenen und Politikern. Keiner der Autoren setzt sich systematisch mit dem Begriff „Tabu" auseinander, der synonym mit „Verschweigen" und „Verdrängen" verwendet wird.

5. Eigene Urteile fällen

Die Analyse des Themas „Erinnerung an Flucht und Vertreibung" zeigt weitgehende Einigkeit in der Beobachtung einer Veränderung der Behandlung im Verlaufe der Geschichte der Bundesrepublik. Ein Sachurteil in dem Sinne, dass die öffentliche, gesellschaftliche und politische Bedeutung des Themas seit den späten 1960er-Jahren in den Hintergrund trat, wäre wohl weitgehend Konsens zwischen den Historikern. In der Bewertung der Prozesse aber zeigen sich deutliche Unterschiede: Ob man den Bedeutungsrückgang als wissenschaftlich und gesellschaftlich fragwürdig, aber keine Tabuisierung (Schlögel), als Tabuisierung und damit als einer offenen, pluralistischen Gesellschaft nicht angemessen (Schwarz) oder gar moralisch fragwürdig (de Zayas) bewertet, ist eine Frage der eigenen politischen Überzeugungen und Werte. Alle Historikerurteile sind außerdem in hohem Maße geprägt durch die zeitgenössischen gesellschaftlichen Debatten über das Thema und seine Bedeutung für die Politik der Bundesrepublik und die Frage des Verhältnisses zu den Staaten Osteuropas.

Erarbeiten Sie Präsentationen

Thema 1
Flucht und Vertreibung in der Literatur

Literarische Texte haben eigene Möglichkeiten, sich mit den individuellen Erfahrungen von Flucht und Vertreibung auseinanderzusetzen. In der Literatur seit 1945 spielte das Thema eine wichtige Rolle – zahlreiche deutsche Autoren wie z. B. Siegfried Lenz, Peter Härtling, Horst Bienek, Arno Surminski, Christine Brückner und Günter Grass haben sich mit ihm in ganz unterschiedlicher Weise auseinandergesetzt. Aber auch in der DDR sowie in Polen und der Tschechoslowakei war dies der Fall.

Wählen Sie jeweils ein Werk aus und stellen Sie die Darstellung von Flucht und Vertreibung in einem Referat vor. Berücksichtigen Sie dabei, ob die Behandlung des Themas auch durch eigene Erfahrungen des Autors/der Autorin geprägt ist.

Literaturtipps

Louis Ferdinand Helbig, Der ungeheure Verlust. Flucht und Vertreibung in der deutschsprachigen Belletristik der Nachkriegszeit, Harrassowitz Verlag, 3. Aufl., Wiesbaden 1996.

Elke Mehnert (Hg.), Landschaften der Erinnerung. Flucht und Vertreibung aus deutscher, polnischer und tschechischer Sicht, Peter Lang Verlag, Frankfurt/M. 2001.

Sascha Feuchert (Hg.), Flucht und Vertreibung in der deutschen Literatur. Beiträge, Peter Lang Verlag, Frankfurt/M. 2001.

M1 Deutsche Flüchtlinge an der Ostfront, Fotografie, Januar 1945

Thema 2
Flucht und Vertreibung ausgestellt

Nach den erinnerungspolitischen Auseinandersetzungen um das „Zentrum gegen Vertreibungen" entstanden 2005/6 zeitgleich zwei Ausstellungen, die Wanderausstellung „Flucht, Vertreibung, Integration", die vom Haus der Geschichte in Bonn entwickelt wurde, und die Ausstellung „Erzwungene Wege", die vor allem der Bund der Vertriebenen konzipierte.

Besorgen Sie sich die Ausstellungskataloge und vergleichen Sie die Ausstellungen im Hinblick auf Zielsetzungen, Inhalte und Methoden. Stellen Sie jede Ausstellung auf je einem Plakat dar und entwerfen Sie ein drittes Plakat für die Präsentation der Ergebnisse Ihres Vergleichs.

Literaturtipps

Stiftung Haus der Geschichte der Bundesrepublik Deutschland (Hg.), Flucht, Vertreibung, Integration, Bonn 2006.

Erzwungene Wege. Flucht und Vertreibung im Europa des 20. Jahrhunderts, o. O. (Wiesbaden) 2006.

M2 Erika Steinbach in der Ausstellung „Erzwungene Wege", Fotografie, 2006.
Das Foto zeigt Erika Steinbach in ihrer Funktion als Vorsitzende des Bundes der Vertriebenen bei der Ausstellungseröffnung.

Webcode:
KH1110987-134

Überprüfen Sie Ihre Kompetenzen

M 3 Vertriebene aus dem Sudetenland vor dem 1952 errichteten Gedenkstein für die Opfer von Flucht und Vertreibung in Bischofswiesen (Bayern), Fotografie, 1955

Sachkompetenz

1 Stellen Sie die Phasen der Erinnerung an Flucht und Vertreibung der Deutschen von 1945 bis zur Gegenwart in einer Zeitleiste zusammen.

2 Verfassen Sie einen Artikel zum Thema „Erinnerung an Flucht und Vertreibung in Deutschland und Polen seit 1945" für eine deutsche und eine polnische Zeitung.

Methodenkompetenz

3 Recherchieren Sie in Ihrer Stadt und ihrer näheren Umgebung nach einem Vertriebenendenkmal. Analysieren Sie dieses Denkmal mithilfe der Angaben auf Seite 127.

Urteilskompetenz

4 Der Historiker Manfred Kittel bezeichnete die Marginalisierung des Themas Flucht und Vertreibung in den 1960er- und 1970er-Jahren zugespitzt als „zweite, geistige Vertreibung der Vertriebenen". Nehmen Sie Stellung zu dieser These.

5 In den erinnerungspolitischen Auseinandersetzungen der letzten Jahre ist häufiger von einer „Opferkonkurrenz" die Rede. Diskutieren Sie vor dem Hintergrund der Erinnerung an die NS-Herrschaft über den Opferstatus der deutschen Flüchtlinge und Vertriebenen und fällen Sie ein eigenes begründetes Urteil.

Zentrale Begriffe

Erinnerung
Erinnerungskonflikt
Erinnerungsort
Erinnerungspolitik
Kollektives Gedächtnis
Opferstatus
Tabu
Vertriebenendenkmal
Zentrum gegen Vertreibungen

„Wiedergeben, einordnen, beurteilen" – Arbeitsaufträge in der Abiturklausur

Anforderungsbereich I – Wiedergeben von Sachverhalten aus einem abgegrenzten Gebiet und im gelernten Zusammenhang unter rein reproduktivem Benutzen geübter Arbeitstechniken, z. B.:

nennen, aufzählen: zielgerichtet Informationen zusammentragen, ohne sie zu kommentieren;

bezeichnen, schildern, skizzieren: historische Sachverhalte, Probleme oder Aussagen erkennen und zutreffend formulieren;

aufzeigen, beschreiben, zusammenfassen, wiedergeben: historische Sachverhalte unter Beibehaltung des Sinnes auf Wesentliches reduzieren.

Anforderungsbereich II – selbstständiges Erklären, Bearbeiten, Ordnen bekannter Inhalte und das angemessene Anwenden gelernter Inhalte und Methoden auf andere Sachverhalte, z. B.:

analysieren, untersuchen: Materialien oder historische Sachverhalte kriterienorientiert bzw. aspektgeleitet erschließen;

begründen, nachweisen: Aussagen (z. B. Urteil, These, Wertung) durch Argumente stützen, die auf historischen Beispielen und anderen Belegen gründen;

charakterisieren: historische Sachverhalte in ihren Eigenarten beschreiben und diese dann unter einem bestimmten Gesichtspunkt zusammenfassen;

einordnen: historische Sachverhalte in einen historischen Zusammenhang stellen;

erklären: historische Sachverhalte durch Wissen und Einsichten in einen Zusammenhang (Theorie, Modell, Regel, Gesetz, Funktionszusammenhang) einordnen und begründen;

erläutern: wie „erklären", aber durch zusätzliche Informationen und Beispiele verdeutlichen;

herausarbeiten: aus Materialien bestimmte historische Sachverhalte herausfinden, die nicht explizit genannt werden, und Zusammenhänge zwischen ihnen herstellen;

gegenüberstellen: wie „skizzieren", aber zusätzlich argumentierend gewichten;

widerlegen: Argumente dafür anführen, dass eine Behauptung zu Unrecht aufgestellt wird.

Anforderungsbereich III – reflexiver Umgang mit neuen Problemstellungen, den eingesetzten Methoden und gewonnenen Erkenntnissen, um zu eigenständigen Begründungen, Folgerungen, Deutungen und Wertungen zu gelangen, z. B.:

beurteilen: den Stellenwert historischer Sachverhalte in einem Zusammenhang bestimmen, um ohne persönlichen Wertebezug zu einem begründeten Sachurteil zu gelangen;

bewerten, Stellung nehmen: wie „beurteilen", aber zusätzlich mit Offenlegen und Begründen eigener Wertmaßstäbe, die Pluralität einschließen und zu einem Werturteil führen, das auf den Wertvorstellungen des Grundgesetzes basiert;

entwickeln: Analyseergebnisse synthetisieren, um zu einer eigenen Deutung zu gelangen;

sich auseinandersetzen, diskutieren: zu einer historischen Problemstellung oder These eine Argumentation entwickeln, die zu einer begründeten Bewertung führt;

prüfen, überprüfen: Aussagen (Hypothesen, Behauptungen, Urteile) an historischen Sachverhalten auf ihre Angemessenheit hin untersuchen;

vergleichen: auf der Grundlage von Kriterien historische Sachverhalte problembezogen gegenüberstellen, um Gemeinsamkeiten, Unterschiede, Teilidentitäten, Ähnlichkeiten, Abweichungen oder Gegensätze zu beurteilen.

Die folgenden Arbeitsaufträge verlangen Leistungen aus den **Anforderungsbereichen I, II und III:**

interpretieren: Sinnzusammenhänge aus Quellen erschließen und eine begründete Stellungnahme abgeben, die auf einer Analyse, Erläuterung und Bewertung beruht;

erörtern: Argumente auf ihren Wert und ihre Stichhaltigkeit hin abwägend prüfen und auf dieser Grundlage eine eigene Stellungnahme entwickeln; die Erörterung setzt eine Analyse voraus;

darstellen: historische Entwicklungszusammenhänge und Zustände mithilfe von Quellenkenntnissen und Deutungen beschreiben, erklären und beurteilen.

Einige Bundesländer arbeiten mit landesspezifischen Operatoren.
Sie finden diese Landesoperatoren im Internet:
Webcode: KH1110987-137

Formulierungshilfen für die Bearbeitung von Textquellen und Sekundärtexten

Arbeitsschritte	Strukturierungsfunktion	Formulierungsmöglichkeiten	Beispiel
Analyse formale Aspekte	Einleitung	– Der Verfasser thematisiert/behandelt/greift (auf) … – Er beschäftigt sich/setzt sich auseinander mit der Frage/mit dem Thema … – Die Autorin legt dar/führt aus/äußert sich zu … – Das zentrale Problem/Die zentrale Frage des Textes/Briefes/der Rede ist …	Der SPD-Politiker Philipp Scheidemann thematisiert in seiner Rede vor der Weimarer Nationalversammlung am 12. Mai 1919 den Versailler Vertrag.
inhaltliche Aspekte	Wiedergabe der Position/Kernaussage	– Die Autorin vertritt die These/Position/Meinung/Auffassung … – Er behauptet …	Der Historiker Detlev Peukert vertritt die These, der Untergang der Weimarer Republik sei auf „vier zerstörerische Prozesse" zurückzuführen (Z. xx).
	Wiedergabe der Begründung/Argumentation/wesentlichen Aussagen	– Sie belegt ihre These … – Als Begründung/Beleg seiner These/Behauptung führt der Autor an … – Der Reichskanzler legt dar/führt aus … – Die Historikerin argumentiert/kritisiert/bemängelt … – Der Verfasser weist darauf hin/betont/unterstreicht/hebt hervor/berücksichtigt … – Weiterhin/Außerdem/Darüber hinaus/Zudem argumentiert er …	Kennan betont, dass die Amerikaner in Deutschland Konkurrenten der Russen seien und daher in „wirklich wichtigen Dingen" keine Zugeständnisse machen dürften (Z. xx).
	Abschließende Ausführungen	– Am Ende unterstreicht/betont der Autor noch einmal … – Der Autor schließt seine Ausführungen mit … – Sie kommt am Ende ihrer Argumentation zu dem Schluss, dass … – Zum Abschluss seiner Rede … – Abschließend/Zusammenfassend führt die Abgeordnete aus …	Am Ende seines Briefes betont Bismarck noch einmal die Notwendigkeit eines Bündnisses mit Österreich (Z. xx).
Vergleich von Texten	Übereinstimmung	– Der Historiker ist derselben Meinung/Auffassung/Position … – Sie teilt dieselbe Meinung/Auffassung/Position … – Die Autoren stimmen darin überein …	Brandt und Grass stimmen darin überein, dass die Bildung einer Großen Koalition mit Risiken verbunden sei (vgl. M 1, Z. xx; M 2, Z. xx).
	Gegensatz	– Im Gegensatz zu … – Die Positionen widersprechen sich/weichen voneinander ab/sind unvereinbar/konträr …	Die Positionen der beiden anonymen Verfasser sind hinsichtlich ihrer Haltung zum Terror der Jakobiner unvereinbar.
Historischer Kontext		– Die Quelle(n) lassen sich/sind in … ein(zu)ordnen. – Die Texte sind im Zusammenhang mit … zu sehen. – Die Rede stammt aus der Zeit des/der …	Veröffentlicht wurden beide Zeitungsartikel in der Zeit der Jakobinerherrschaft, die von 1793 bis 1994 andauerte und auch als „Schreckens- und Gewaltherrschaft" bezeichnet wird.

Arbeitsschritte	Strukturierungsfunktion	Formulierungsmöglichkeiten	Beispiel
Urteil Sachurteil	Intention des Autors	– Der Autor beabsichtigt/intendiert/will/strebt an/fordert/plädiert für … – Die Politikerin verfolgt die Absicht/das Ziel … – Der Außenminister appelliert/ruft auf …	Der Ministerpräsident will mit seiner Rede die Abgeordneten von der Notwendigkeit wirtschaftlicher Reformen überzeugen.
	Beurteilung des Textes	– Die Argumentation ist (nicht) nachvollziehbar/überzeugend/stichhaltig/schlüssig … – Der Verfasser argumentiert einseitig/widersprüchlich … – In seiner Darstellung beschränkt sich der Historiker nur auf …	Der britische Historiker Peter Heather begründet seine These in drei stichhaltigen Argumentationssträngen.
Werturteil	Bewertung des Textes	– Aus heutiger Sicht/Perspektive kann gesagt werden/lässt sich sagen … – Der Position/Meinung/Auffassung/Ansicht des Autors stimme ich (nicht) zu … – Ich stimme der Position/… des Autors (nicht) zu … – Die Position/… der Verfasserin teile ich (nicht) … – Ich teile die Position/… des Historikers (nicht) … – Meiner Meinung/Auffassung/Ansicht zufolge/nach …	– Ich stimme der Kritik von Francisco de Vitoria am Vorgehen der Spanier in der Neuen Welt zu, weil … – Die Position des anonymen Verfassers des ersten Zeitungsartikels (M 1) teile ich nicht, da heute in unserer freiheitlichen Grundordnung Terror zur Durchsetzung politischer Ziele abgelehnt wird.

Tipps zur Vorbereitung auf die Abiturthemen

Übung 1: Inhalte der Lehrplanthemen wiederholen
Das Thema „Flucht, Vertreibung und Umsiedlung im Umfeld des Zweiten Weltkrieges" wird im vorliegenden Schulbuch in sieben Teilthemen gegliedert. Jedes Teilthema ist in Form eines Kapitels aufbereitet.

1 Ein kurzer Darstellungstext führt zu Beginn jedes Kapitels in das Teilthema ein. Daran schließt sich ein umfangreicher Materialienteil mit entsprechenden Aufgaben an. Lesen Sie die Darstellungstexte wiederholend und fertigen Sie eine Zusammenfassung an. Die Zwischenüberschriften und Fettdrucke können Ihnen hierbei Hilfestellung geben.
2 Suchen Sie sich aus jedem Kapitel drei bis vier Materialien aus und bearbeiten Sie die dazugehörigen Aufgaben.
3 Halten Sie Ihre Ergebnisse auf Karteikarten fest (s. unten).

Übung 2: Wichtige Daten merken und anwenden
Auf S. 151 f. finden Sie eine Zeittafel. Auf drei Arten können Sie damit für das Abitur üben:

1 Geben Sie jeden Eintrag der Zeittafel mit eigenen Worten wieder.
2 Schreiben Sie auf die Vorderseite einer Karteikarte ein Ereignis, auf die Rückseite das Datum (s. unten).
3 Vertiefen Sie Ihre Kenntnisse über zentrale Daten, indem Sie noch einmal die dazugehörigen Darstellungen und Materialien aus dem Kapitel durcharbeiten. Schreiben Sie auf Ihre Karteikarten,
   a) welche Ursachen zu einem Ereignis geführt haben,
   b) wie es abgelaufen ist,
   c) welche Folgen es gehabt hat.

Übung 3: Zentrale Begriffe verstehen und erklären
Zentrale Begriffe sind u. a. auf der Seite „Kompetenzen überprüfen" aufgeführt. Erläuterungen dazu finden Sie im entsprechenden Kapitel und im Begriffslexikon auf S. 153 f.

1 Lesen Sie zu jedem Begriff die Erläuterung.
2 Klären Sie Fremdwörter.
3 Erläutern Sie den Inhalt jedes Begriffs anhand von historischen Beispielen. Halten Sie Ihre Ergebnisse auf Karteikarten fest (s. unten).

Ergebnisse sichern – Arbeitskartei anlegen

1 Halten Sie die Ergebnisse der Übungen bis 3 auf Karteikarten fest:
   Notieren Sie auf der Vorderseite eine Frage, einen Begriff oder ein Datum, schreiben Sie auf die Rückseite Ihre Erläuterungen.
2 Wiederholen Sie mithilfe Ihrer Arbeitskartei die Inhalte, Daten und Begriffe der Schwerpunktthemen – alleine, in Partnerarbeit oder in Gruppen.

Übung 4: Methodentraining – Interpretation schriftlicher Quellen
Die Interpretation schriftlicher Quellen ist eine der zentralen Anforderungen im Abitur:

1 Prägen Sie sich die systematischen Arbeitsschritte zur Interpretation einer schriftlichen Quelle von S. 62 ein.
2 Merken Sie sich die „Faustregel" zur Analyse der formalen Merkmale schriftlicher Quellen und üben Sie die Beantwortung der „W-Fragen" anhand von fünf selbst ausgewählten schriftlichen Quellen des Schülerbuches.

„Faustregel" für die Analyse der formalen Merkmale schriftlicher Quellen:
WER sagt WO, WANN, WAS, WARUM, zu WEM und WIE?

1 Fassen Sie M 1 nach einer quellenkritischen Einführung strukturierend zusammen.

2 Analysieren Sie M 2 im Hinblick auf die Auswirkungen der in M 1 angeordneten Maßnahmen.

3 Arbeiten Sie aus der Karte M 3 die dort dargestellten Sachverhalte und Zusammenhänge heraus. Beziehen Sie dabei auch M 1 mit ein.

4 Erörtern Sie, inwieweit die in M 1–M 3 angesprochenen Umsiedlungsmaßnahmen und ihre Auswirkungen mit denjenigen aus den deutschen Ostgebieten ab 1945 verglichen werden können. Gehen Sie dabei auch auf die Aspekte Heimat und Identität ein.

M 1 Sowjetische Verordnung bezüglich der „Sondersiedler", die aus den der Ukrainischen SSR und der Weißrussischen SSR[1] angegliederten ehemaligen polnischen Ostgebieten[2] umgesiedelt wurden[3] (29. Dezember 1939)

1. Die [...] Siedler werden zusammen mit ihren Familien zwecks Beschäftigung in Sondersiedlungen untergebracht, die vom Volkskommissariat [Ministerium] für Forstindustrie der UdSSR in den Gebieten der Waldrodung organisiert werden.

2. Die Sondersiedlungen für die auszusiedelnden polnischen Siedler werden vom NKWD[4] der UdSSR organisiert. Jede Siedlung umfasst 100 bis 500 Familien.

3. Mit der Zuteilung von Wohnraum und der Sicherung der Lebensbedingungen der Sondersiedlungen befasst sich das Volkskommissariat für Forstindustrie der UdSSR entsprechend den Normen, die für Forstarbeiter festgesetzt sind, wobei jeder Sondersiedlungen-Familie ein einzelnes Zimmer bzw. ein eigener Platz in der Baracke zusteht – nicht weniger als 3 m² Wohnfläche pro Person. [...]

8. Die Kommandanten der Sondersiedlungen haben die Pflicht:

a) die in den Siedlungen festgelegte Ordnung zu überwachen;

b) die genaue Einhaltung der Arbeitsverträge [...] zu überwachen;

c) entsprechende Maßnahmen zu unternehmen, um Fluchtversuchen vorzubeugen, Personen aufspüren und festnehmen, die das Gesetz brechen;

d) Trunksucht, Pöbelei, Alkoholherstellung, Alkoholhandel und andere Störungen der öffentlichen Ordnung in den Siedlungen zu bekämpfen;

e) systematische Anwesenheitskontrollen der Sonderumsiedler durchzuführen;

f) Standesamtsakten zu führen. [...]

10. Für die Störung der in der Sondersiedlung vorgeschriebenen Ordnung, unpassendes Verhältnis zum Staatseigentum, Verletzung der Arbeitsdisziplin und Bummelantentum werden die Sondersiedler durch die Siedlungskommandanten mit einer Geldstrafe in Höhe von 25 Rubeln[5] oder einem Arrest von bis zu fünf Tagen belegt. Die Rajonkommandanten[6] haben das Recht, Personen, die notorisch das Gesetz brechen, mit einer Geldstrafe in einer Höhe von bis zu 50 Rubeln zu belegen, sie bis zu zehn Tagen zu arretieren oder zur strafrechtlichen Verantwortung zu ziehen. [...]

11. Die Rajon- und Siedlungskommandanten haben nach Abstimmung mit den Verwaltungen der Unternehmen des Volkskommissariats für Forstindustrie der UdSSR das Recht, Personen, die die Disziplin verletzen, schwereren Arbeiten zuzuführen.

12. Kommt es zur Flucht von Sonderumsiedlern, leitet der Siedlungskommandant unverzüglich entsprechende Schritte ein, die zum Ziel haben, die Flüchtigen aufzuspüren und festzunehmen, außerdem verständigt er gleichzeitig die örtliche Verwaltung des NKWD zur Erstellung von Steckbriefen.

13. Die Kommandanten der Sondersiedlungen sind verpflichtet, von den Sonderumsiedlern mündliche und schriftliche Beschwerden entgegenzunehmen und diese auf der Stelle zu prüfen. [...]

17. Alle arbeitsfähigen auszusiedelnden polnischen Siedler haben die Pflicht, die gesellschaftlich nützlichen Arbeiten auszuführen, die ihnen von den Unternehmen des Volkskommissariats für Forstindustrie der UdSSR zugewiesen werden.

18. Die Bedingungen und die Art der Entlohnung der Arbeit der auszusiedelnden polnischen Siedler legt das NKWD der UdSSR in Abstimmung mit dem Volkskommissariat für Forstindustrie der UdSSR fest.
19. Die auszusiedelnden polnischen Siedler und ihre Familien haben nach dem Zuzug in die Sondersiedlungen nicht das Recht, die Grenzen des Verwaltungsrajons der Siedlung zu verlassen. Für das Verlassen der Sondersiedlung oder der Arbeitsstelle für eine Zeit länger als 24 Stunden oder für den Umzug von einer Baracke (einem Haus) in die anderen, ist die Zustimmung des Kommandanten der Sondersiedlung erforderlich.
Der Volkskommissar für Innere Angelegenheiten der UdSSR L. Berija

Grzegorz Hryciuk/Małgorzata Ruchniewicz/Bożena Szaynok/Andrzej Zbikowski, Umsiedlungen, Vertreibungen und Fluchtbewegungen 1939–1959. Atlas zur Geschichte Ostmitteleuropas, hg. v. Bundeszentrale für politische Bildung, Bonn 2013, S. 44 f.

---

1 SSR: Sozialistische Sowjetrepublik.
2 Vgl. S. 14 ff. bezüglich des Hitler-Stalin-Paktes; offizieller Anschluss der von der Roten Armee besetzten ostpolnischen Gebiete am 1./2. November 1939.
3 Gemäß einer Entscheidung der politischen Machthaber der UdSSR vom 5. Dezember 1939. Die hier aufgeführten „Sondersiedler" wurden z. B. nach Zentral-Russland oder Sibirien deportiert.
4 NKWD: Volkskommissariat [Ministerium] des Innern, u. a. zuständig für die inneren Streitkräfte, die Miliz, die Gefängnisse und das Lagersystem (Gulag)
5 Rubel: russische Währung
6 Rajon: Verwaltungseinheit, entspricht etwa einem Landkreis

M2 Stimme der vertriebenen Polen

Ein Lied, das unter den polnischen Zwangsaussiedlern in Sibirien während des Jahres 1940 entstand; im Original gereimt.

Unser Vaterland, geliebte Erde –
1939 ganz von Blut überströmt.
Nicht genug, dass sie Polen in Hälften geteilt haben,
Nun werden die Polen auch noch nach Sibirien vertrieben.
An den 10. Februar werden wir uns erinnern,
Als die Sowjets kamen, als wir noch schliefen,
Und unsere Kinder in die Schlitten gesetzt haben
Und uns anschließend zum Hauptbahnhof gebracht haben.
O schrecklicher Augenblick, schreckliche Stunde.
Seine Geburtswehen vergisst man,
Aber wir können diese Augenblicke nicht vergessen,
Als sie uns in dunkle Waggons
Wie in einen Sarg hineinsetzten.
Lebe wohl, Polen, lebe wohl, liebe Hütte,
Lebe wohl, Erde, die du uns ernährt hast.
Lebt wohl, liebe Sonne und goldene Sterne,
Wir fahren fort aus dem Vaterland.
Vier Tage sind wir auf polnischer Erde gefahren,
Obwohl wir ihr nur durch eine Ritze Lebwohl sagen konnten.
Am fünften Tag hat die sowjetische Lokomotive gezischt,
als hätte sie einen jeden mit dem Stilett abgestochen.
Die Tage gehen dahin, die Wochen,
uns geben sie einmal am Tag Wasser und Brot.
Wir fahren durch Russland, über die Berge des Ural,
und fahren weiter und weiter.
Am 4. März hat die sowjetische Lokomotive ausgezischt
Und ein anderer Transport mit uns fängt an.
Wir fahren mit dem Auto, dann auf Schlitten
Durch die verschneite Taiga, Flüsse und Wälder

Ach traurig war unsere Karawane
Morgens früh gaben sie uns heißes Wasser.
Die Kinder fielen erfroren aus den Schlitten,
und in der Nacht bleiben sie als Tote in den Gräbern zurück.
Ach unser Polen, Heilige Erde,
wo sind deine Söhne, deine jungen Adler[1]?
Heute sind sie in den sibirischen Wäldern angekommen.
Eine kleine goldene Sonne hat uns traurig begrüßt,
wenn sie morgens in die Baracke hineinschaute.
Zwei Kiefernsärge sind geschmückt
Bei ihnen knien die verweinten Mütter
Wir sind allein, die Wache hat uns umringt
Und was wird sie mit uns machen?
Die Welt ist uns verschlossen,
überall Wald und Bäume,
hier singt nicht einmal das Vogelvolk
Frost, tiefer Winter im Wald
Die schwere Arbeit, Hunger und Sehnsucht
Drücken uns schwer nieder
Der grausame Typhus geht bei uns um
Jeden Tag kommen immer mehr unter die Kiefern
Obwohl der Frühling gekommen ist,
die liebe Sonne heller scheint,
hat sie uns kein Wörtchen gesagt
nur im Wald hört man die Stimmen des Vogelvolks.
O Jesu, Du allein bist mit uns
O Königin Polens[2] sei gegrüßt über uns,
Über der polnischen Erde und über den Polen!
Bring uns zurück, bring uns zurück in unser Vaterland,
Königin der polnischen Erde!

Zit. nach: Grzegorz Hryciuk u. a, a. a. O., S. 49 (übers. von Werner Hölscher-Valtchuk, Krystyna Żuchowicz).

---

1 Anspielung auf den weißen Adler auf rotem Grund, den das Wappen Polens zeigt
2 Anrufung der Gottesmutter Maria, die als Schutzheilige Polens gilt

M 3 Zwangsaussiedlungen der Bevölkerung aus den Gebieten der zweiten polnischen Republik unter der sowjetischen Besatzung (1939–1941)

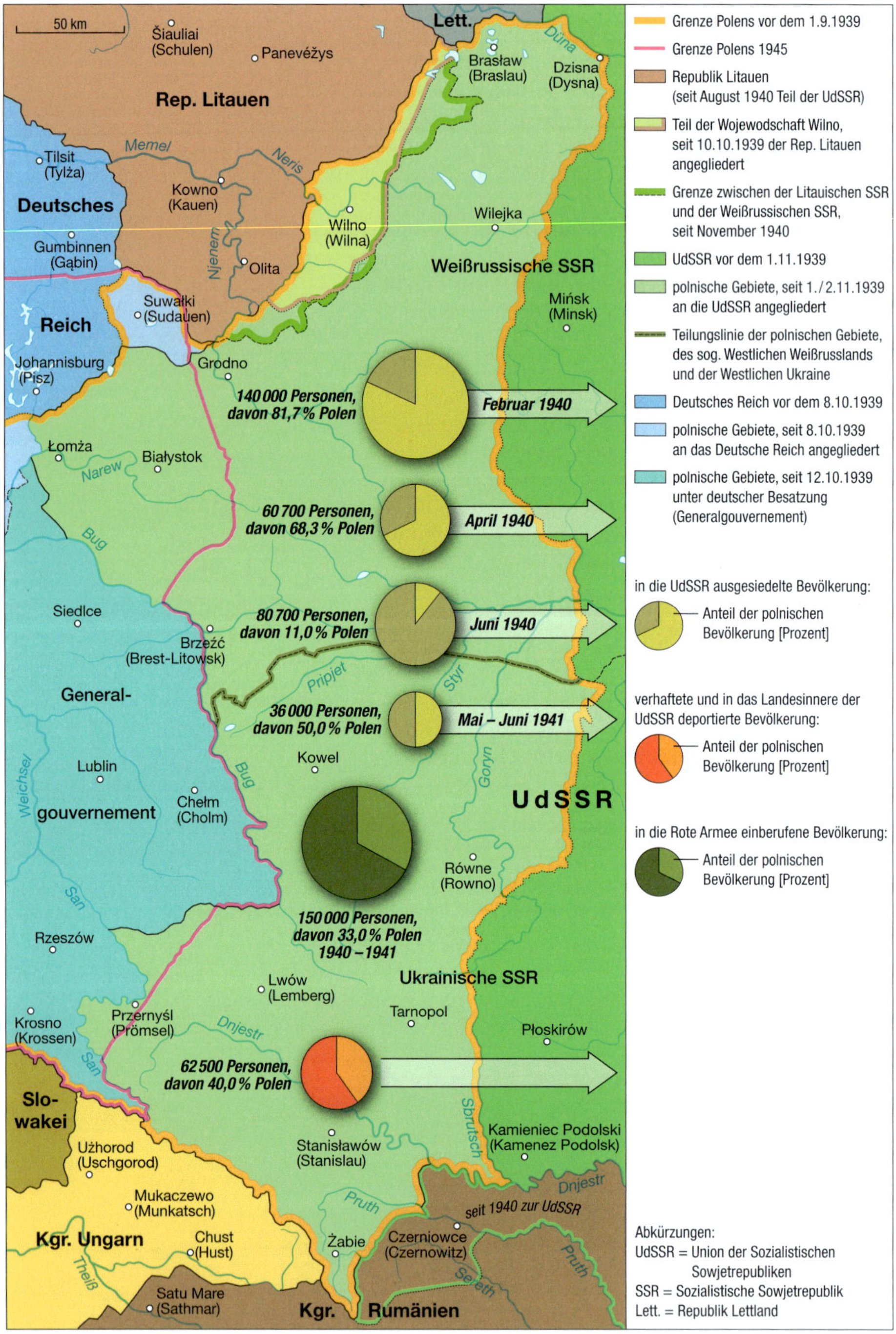

Quelle: Grzegorz Hryciuk/Małgorzata Ruchniewicz/Bożena Szaynok/Andrzej Zbikowski, Umsiedlungen, Vertreibungen und Fluchtbewegungen 1939–1959. Atlas zur Geschichte Ostmitteleuropas, hg. v. Bundeszentrale für politische Bildung, Bonn 2013, S. 40.

Lösungshinweise

Aufgabe 1

Formale Aspekte

Autor: Lawrentij Berija als verantwortlicher Leiter des Volkskommissariats des Innern

Textsorte: Quelle: staatliche Verordnung, d. h. offiziell formaler Rechtsakt

Adressaten: Ausführende Instanzen des NKWD und des Volkskommissariats für Forstindustrie

Mögliche historische Aspekte: Die im Hitler-Stalin-Pakt vom 23. August 1939 beschlossene Besetzung und Aufteilung Polens zwischen Deutschland und der Sowjetunion, der deutsche Angriff auf Polen am 1. September 1939, die Besetzung Ostpolens durch die Rote Armee, der militärische Zusammenbruch Polens, der Anschluss der besetzten ostpolnischen Gebiete an die Ukrainische und Weißrussische SSR am 1./2. November 1939 und der Beschluss der politischen Machthaber der UdSSR über die Deportation der polnischen Siedler vom 5. Dezember 1939.

Thema: Deportation polnischer Bevölkerungsteile aus den ehemaligen ostpolnischen Gebieten in Arbeitslager in nördliche und östliche Regionen der UdSSR durch staatliche Organe und Organisation der Arbeitslager

Vorbemerkung

Da die Aufgabenstellung ein strukturiertes Vorgehen erfordert, sind ein thematischer Zugriff auf die Bestimmungen der Verordnung oder die Zusammenfassung einzelner Bestimmungen wie im folgenden Lösungsansatz möglich.

Inhaltliche Aspekte

1–3: Deportation der polnischen Siedler durch das NKWD in Gebiete der Waldrodung in sogenannte „Sondersiedlungen“ (ca. 100 bis 500 Familien), Zuteilung von Wohnraum und Versorgung der Siedler in der Zuständigkeit des Volkskommissariats für Forstwirtschaft

8: systematische Überwachung und Kontrolle der Siedler und ihrer Arbeitsverpflichtungen sowie Einhaltung der Lagerordnung (z. B. Alkoholverbot) durch jeweilige Kommandanten

10–11: Ahndung von Verstößen durch eine Geld- oder Haftstrafe oder durch härtere Arbeitsleistungen je nach Art des Deliktes in den Händen der Siedlungs- oder Rajonkommandanten

12: bei einer Flucht sofortige Maßnahmen durch Siedlungskommandanten und Benachrichtigung der örtlichen Vertretung des NKWD

13: sofortige Prüfung von Beschwerden der Siedler durch Siedlungskommandanten

17: Arbeitseinsatz aller arbeitsfähigen Siedler nach Maßgabe der Unternehmen des Volkskommissariats für Forstwirtschaft

18: Regelung der Arbeitsbedingungen und der Entlohnung durch NKWD in Verbindung mit dem Volkskommissariat für Volkswirtschaft

19: Umzüge innerhalb der Siedlung sowie Verlassen der Siedlung oder des Arbeitsplatzes über 24 Stunden hinaus nur mit Erlaubnis des Siedlungskommandanten

Aufgabe 2

Vorbemerkung

Eine Analyse ist immer kriterienorientiert oder aspektgeleitet; im vorliegenden Fall gibt die Aufgabenstellung den entsprechenden Aspekt vor, nämlich die Auswirkungen der Verordnung M 1. Ihre Analyse muss zudem strukturiert sein, d. h. Sie sollten sich vor ihrer Anfertigung ein geeignetes Gliederungsschema überlegen. Das kann im vorliegenden Fall z. B. die in Aufgabe 1 von Ihnen bereits erarbeitete Struktur von M 1 sein oder die erkennbare Gliederung von M 2. Denken Sie daran, das hier zum ersten Mal angesprochene Material M 2 kurz vorzustellen. Dazu gehört in diesem Fall auch, die Aussagekraft von M 2 hinsichtlich der Aufgabenstellung zu bestimmen.

Inhaltliche Aspekte

Bei M 2 handelt es sich um ein Lied, also einen fiktionalen Text, der innerhalb der Gruppe der polnischen Zwangsaussiedler, um die es in M 1 geht, entstanden ist. Die Aussagen des Lieds geben Empfindungen und Gefühle der betroffenen Menschen wieder und sind insofern nicht objektiv. Sie können aber dazu beitragen, die Realität hinter den sehr formalistischen Formulierungen von M 1 näher zu bestimmen.

M 2 ist thematisch zweigeteilt: Im ersten Teil geht es um den Transport nach Sibirien, im zweiten Teil um die Lebensbedingungen dort.

M 2 spricht von menschenunwürdigen Verhältnissen während der Umsiedlung: Die Menschen wurden offenbar im Schlaf überrascht und dann in Eisenbahnwaggons, Autos und Schlitten nach Sibirien transportiert. Während M 1 von „Sondersiedlungen" (Punkt 2) oder „Sonderumsiedlern" (Punkt 8 e) spricht und so den Eindruck einer geordneten Umsiedlungsaktion erweckt, sprechen die Verfasser von M 2 eindeutig davon, sie seien „nach Sibirien vertrieben" worden (Z. 4 f.). Die inhumanen Bedingungen des Transports hätten sogar zu Todesopfern unter ihnen geführt (Z. 32 ff.).

Im zweiten Teil von M 2 wird deutlich, dass sich die harten, unmenschlichen Lebensbedingungen auch nach der Ankunft in den „Sondersiedlungen" fortsetzten. In Zeile 47 werden diese unter den drei Stichworten „schwere Arbeit, Hunger und Sehnsucht" zusammengefasst. M 1 erweckt in den Punkten 17 („gesellschaftlich nützliche Arbeiten" in der Forstindustrie) und 18 („Die Bedingungen [...] der Arbeit [...] legt das NKWD der UdSSR in Abstimmung mit dem Volkskommissariat für Forstindustrie der UdSSR fest") den Eindruck, es handle sich um womöglich zwar schwere, aber zumutbare und übliche Arbeitsverhältnisse. M 2 macht deutlich, dass, zumal unter den klimatischen Bedingungen Sibiriens, die Arbeit von den Betroffenen als zu schwer und niederdrückend (Z. 48) empfunden wurde, was durch eine offenbar unzureichende Ernährung („Hunger", Z. 47) verstärkt wurde. M 1 macht im Hinblick auf eine für die vorgesehenen schweren Arbeiten angemessene Ernährung keinerlei Vorgabe, ebenso wenig für hygienische Mindeststandards. Als Folgen solcher mangelnden Vorkehrungen macht M 2 den Ausbruch von Typhus (Z. 49) und zunehmende Todesfälle (Z. 50 f.) deutlich.

Die verheerenden Folgen des Arbeitseinsatzes der Zwangsumsiedler in den sibirischen „Sondersiedlungen" lassen erkennen, warum die Verordnung M 1 Maßnahmen zur Kontrolle und Bestrafung der Betroffenen so großen Raum einräumt: Man sah offenbar voraus und nahm in Kauf, dass es zu den in M 2 geschilderten Folgen kam, und wollte mit allen Mitteln erreichen, dass die Siedler an Ort und Stelle blieben und die vorgesehenen Arbeiten verrichteten – ein System von Zwangsarbeit wird so erkennbar.

Dass das Leben in der Fremde und unter solch unmenschlichen Bedingungen auch gefühlsmäßig starke Auswirkungen hatte, ist ein letzter in M 2 erkennbarer Effekt der in M 1 angesprochenen Maßnahmen. Die Sehnsucht nach der polnischen Heimat ist im gesamten Lied präsent, und die betroffenen Siedler suchen Trost im Glauben und in der Hoffnung auf eine durch die Gottesmutter Maria bewirkte Rückkehr (bes. Z. 56 ff.).

Aufgabe 3

Vorbemerkung zur Aufgabe

Die Aufgabenstellung fordert Sie auf, die in der Karte dargestellten „Sachverhalte und Zusammenhänge" herauszuarbeiten. Das bedeutet für Sie, dass Sie die wesentlichen Aussagen der Karte erarbeiten und dabei auf Zusammenhänge – auch solche, die nicht explizit aus der Karte hervorgehen – achten sollten. Eine vollständige Analyse der Karte fordert der Operator „herausarbeiten" nicht.

Orientierung für Ihre Arbeit kann Ihnen neben der Legende vor allem die thematische Überschrift der Karte liefern, die bereits verdeutlicht, dass es sich um eine kartografische Darstellung zu den Zwangsaussiedlungen aus den der UdSSR angeschlossenen Gebieten Ostpolens in den Jahren 1939 bis 1941 handelt. Dieses Thema sollte es Ihnen leicht machen, die geforderte Beziehung zu M 1 herzustellen, das ja einen dieser Aspekte, die Zwangsaussiedlung von Polen aus den genannten Gebieten nach Sibirien, zum Thema hat. Stellen Sie – wie in jedem Fall eines erstmals angesprochenen Materials – M 3 anfangs kurz vor.

Inhaltliche Aspekte

Material: Geschichtskarte aus einem von polnischen Autoren verfassten Atlas, der von der deutschen Bundeszentrale für politische Bildung vertrieben wird, also ein Kartenwerk, das offenbar sowohl aus polnischer als auch aus deutscher Perspektive akzeptiert ist.

Thema: Zwangsaussiedlungen aus ostpolnischen Gebieten 1939–1941, die der Sowjetunion angeschlossen wurden. (Der historische Kontext ist bereits bei Aufgabe 1 berücksichtigt worden, worauf Sie sich hier durch einen kurzen Hinweis beziehen können).

Wesentliche Sachverhalte und Zusammenhänge:
Im Zentrum der Karte stehen die an die UdSSR abgetretenen Gebiete Polens. Durch verschiedene Farben und Grenzlinien wird der Zusammenhang mit den nach dem Hitler-Stalin-Pakt durchgeführten Gebietsveränderungen durch die UdSSR und das Deutsche Reich hergestellt. Die Einzeichnung der polnischen Ostgrenze nach 1945 macht deutlich, dass Polen damals praktisch aufgelöst wurde und aufgehört hatte zu existieren. Nicht nur die Sowjetunion, sondern auch das Deutsche Reich hatten sich große Teile Polens einverleibt bzw. im Falle des Generalgouvernements unter ihre Kontrolle gestellt.

Ostpolen wurde, durch die hellgrüne Farbe verdeutlicht, im Norden auf die Weißrussische und im Süden auf die Ukrainische SSR aufgeteilt. Aus beiden Gebietsteilen sind drei Bevölkerungsbewegungen durch Kreisdiagramme eingezeichnet, die zugleich auch die jeweilige Gruppengröße, die noch zusätzlich in Zahlen angegeben ist, verdeutlichen: Zum einen wurden 150 000 Männer in die Rote Armee einberufen, des Weiteren wurden insgesamt rund 320 000 Menschen nach Osten ausgesiedelt, und schließlich wurden noch 62 500 Personen verhaftet und in die UdSSR deportiert.

Der zweiten Gruppe widmet die Karte insofern besondere Aufmerksamkeit, als sie nach Aussiedlungsschüben unterteilt ist: Die größte Gruppe wurde bereits im Februar 1940 zwangsausgesiedelt, es folgten zwei kleinere Gruppen im April und Juni 1940 und schließlich noch eine kleinere Gruppe ein Jahr später. Es ist erkennbar, dass diese Zwangsaussiedlungen diejenigen sind, die durch die Verordnung M 1 von Ende 1939 angeordnet wurden. Während M 1 ausschließlich von „polnischen Siedlern" spricht, ist aus den Angaben der Karte ersichtlich, dass die Polen vor allem bei der im Februar 1940 ausgesiedelten Gruppe die große Mehrheit stellten, dass aber offenbar auch andere Volksgruppen betroffen waren, die von der Karte aber nicht separat ausgewiesen werden. Man kann nur vermuten, dass es sich u. a. auch um Ukrainer und Weißrussen gehandelt haben muss. Daraus ist zu erschließen, dass die Zwangsumsiedlungsaktionen vor allem von der UdSSR als unzuverlässig oder feindlich gesonnen eingestuften Personen galten, was sich auch in den drakonischen Strafmaßnahmen, die M 1 androht, niedergeschlagen hat.

Aufgabe 4
Vorbemerkung zur Aufgabe
Der Arbeitsauftrag verlangt eine das Für und Wider abwägende Auseinandersetzung hinsichtlich der Vergleichbarkeit der in den Materialien angesprochenen Umsiedlungsmaßnahmen und ihrer Auswirkungen mit denen in den deutschen Ostgebieten ab 1945. Der Schwerpunkt liegt auf den staatlich „geregelten" Maßnahmen. Im Rahmen Ihrer Bearbeitung fällen Sie ein begründetes Sach- und/ oder Werturteil. Da der Vergleich subjektiver Empfindungen und menschlichen Leids die Gefahr der Relativierung in sich birgt, empfiehlt es sich für die Bearbeitung, die Aspekte Motive, Verlauf und Auswirkungen zu untersuchen. Es ist wichtig, dass Sie Ihre Argumente genügend erläutern. Grundlegende Kenntnisse über die territorialen, ethnischen und religiösen Veränderungen Polens seit dem Versailler Vertrag sind Voraussetzung. Die in den Materialien verwendeten Begriffe für die „Umsiedlungsmaßnahmen" sind auf dem Hintergrund Ihrer Kenntnisse zu Formen der Migration zu reflektieren. In Kapitel 2 haben Sie sich sowohl mit den Ursachen ethnischer Zwangsmigrationen als auch mit den durch die UdSSR eingeleiteten Umsiedlungsaktionen beschäftigt. Die Ansätze von Jörg Baberowski und Philipp Ther sowie zentrale Begriffe wie Deportation, ethnische Säuberungen, Minderheiten, Nation, Nationalitätenkonflikte sind Ihnen bekannt. Die Kapitel 4 bis 7 liefern Ihnen die notwendigen Hintergründe für den Vergleich mit den deutschen Ostgebieten ab 1945. Im Zusammenhang mit dem Aspekt „Identität" setzen Sie sich mit Erscheinungsformen nationalen Denkens und Selbstverständnisses und deren Auswirkungen auseinander.

Lösungsanregungen

Unter Berücksichtigung des historischen Kontextes ergeben sich auf der Ebene des *Sachurteils* Gemeinsamkeiten hinsichtlich der Motive, des Verlaufs und der Auswirkungen, aber auch wesentliche Unterschiede, sodass Sie die Vergleichbarkeit abwägen können. Beide Maßnahmen gehen auf eine nationalisierende Bevölkerungspolitik unter Ausschluss von Minderheiten und eine „Territorialisierung des Denkens" zurück. Der „Austausch von Bevölkerungen" und „ethnische Säuberungen" galten als legitimes Mittel – auch der alliierten Politik nach 1945, um Nationalitätenkonflikte zu beruhigen, potenzielle Feinde auszuschalten und Frieden zu stiften. Die Vernichtung durch Arbeit und katastrophale Lebensbedingungen wird in beiden Fällen in Kauf genommen (vgl. M 1 und M 2). Im Gegensatz zur Zwangsumsiedlung aus den deutschen Ostgebieten nach 1945 ist das Ziel der Deportation durch die UdSSR die Auslöschung der alten polnischen Eliten. Der Bezug zur Analyse Baberowskis über die Gefahren des Strebens nach Ordnung in der Moderne kann hier hergestellt werden. Bezüglich des Verlaufs der Zwangsumsiedlungen können vergleichbare Grundstrukturen wie die staatliche, weitgehend ineffiziente Organisation (die „wilden Vertreibungen" der deutschen Bevölkerungsteile im Frühjahr 1945 wurden zum Großteil militärisch organisiert), der situative Zwang sowie die überwiegend unmenschlichen Bedingungen (vgl. M 2) in einem nahezu rechtsfreien Raum während der Transporte erörtert werden. Auch die Deportationen sogenannter „aktiver Nationalsozialisten" aus den deutschen Ostgebieten in Arbeitslager ins Landesinnere der UdSSR weisen sehr viele Parallelen mit den Deportationen der polnischen Siedler aus den ostpolnischen Gebieten auf. Als unterschiedlich können die Zahlen der Betroffenen (ostpolnische Gebiete: ca. 200 000 Menschen, deutsche Ostgebiete: ca. 2 bis 4 Millionen Menschen), die Lebensumstände und Bedingungen an den Ankunftsorten im Landesinneren der UdSSR (vgl. M 1 und M 2) bzw. in den jeweiligen Besatzungszonen erörtert werden, auch wenn diese von einer angespannten materiellen Situation in der Nachkriegssituation gekennzeichnet waren. Im Rahmen der individuellen Auswirkungen sind in beiden Fällen z. B. Deprivation, der Aufbruch ins Unsichere und Unbekannte, der Verlust der Heimat und das Verlassen des Erbes vieler Generationen, der Verlust eines bedeutenden Teils des materiellen Besitzes und traditioneller Bindungen und menschliche Tragödien festzustellen. Auf gesellschaftlicher Ebene verändert sich die ethnische und religiöse Landkarte grundlegend. Gemeinschaften, die seit Jahrhunderten bestanden, verschwinden. Die Umgebung am neuen Ort wird als kulturell andersartig empfunden. Der Verlust der Heimat war für beide Gruppen in der Regel endgültig. Die neu gebildete Gemeinschaft beruft sich im Falle der Polen verstärkt auf eine nationale und religiöse Identität (vgl. M 2, v. a. Z. 1 ff., 14 ff., 55 ff.), bei den deutschen Bevölkerungsteilen gewinnen die „Heimat", die fehlende Akzeptanz der bestehenden Grenzziehung und die Zugehörigkeit zu einer Volksgruppe (z. B. „Sudetendeutsche") eine zentrale Bedeutung für die eigene Identität (vgl. auch in Kap. 7 die Diskussion um das Zentrum für Vertreibungen). Weiterhin können Sie auch die Frage von Ursache und Wirkung berücksichtigen, da die Verfolgungen und Opfer in der polnischen und jüdischen Bevölkerung vielfach zu Racheaktionen an der deutschen Bevölkerung in den deutschen Ostgebieten geführt haben. Diese Deutschen galten durch das Potsdamer Abkommen als Angehörige eines fremden Landes, das den Krieg begonnen und verloren hatte, und waren der Willkür der Behörden, des Militärs und der Bevölkerung schutzlos ausgeliefert. Für ein *Werturteil* bietet es sich z. B. auf der Grundlage von Kriterien wie Gleichheit, Freiheit, Wohlergehen, Gerechtigkeit oder Legitimität an, die Gefahren einer nationalisierenden Bevölkerungspolitik und von „ethnischen Säuberungen" zu reflektieren und zu hinterfragen, inwiefern expansionistische Tendenzen, das Streben nach Hegemonie oder ökonomische Interessen verschleiert werden sollen. Auch die Auseinandersetzung mit Identitätsbildung in einer pluralen Gesellschaft, ein Ausblick auf andere Beispiele für Zwangsumsiedlung und für den Umgang mit ethnischen Minderheiten sind möglich.

Fachliteratur

Chronologische Überblickswerke/ Geschichtsatlanten

Der große Ploetz, Göttingen 2010.

dtv-Atlas zur Weltgeschichte, einbändige Sonderausgabe, 3. Aufl., München 2010.

Putzger Historischer Weltatlas. Atlas und Chronik zur Weltgeschichte, 104. Aufl., Berlin 2011.

Hryciak, Grzegorz/Ruchniewicz, Małgorzata/Szaynok, Bożena/Żbikowski, Andrzej, Umsiedlungen, Vertreibungen und Fluchtbewegungen 1939–1959. Atlas zur Geschichte Ostmitteleuropas, Bundeszentrale für politische Bildung, Bonn 2013.

Migrationen

Bade, Klaus J. u. a. (Hg.), Enzyklopädie Migration in Europa. Vom 17. Jahrhundert bis zur Gegenwart, Schöningh, Paderborn 2007.

Bade, Klaus J./Oltmer, Jochen, Normalfall Migration, Bundeszentrale für politische Bildung, Bonn 2004.

Hahn, Sylvia, Historische Migrationsforschung, Campus, Frankfurt/M. 2012.

Han, Petrus, Soziologie der Migration, 3. überarb. u. akt. Aufl., Lucius & Lucius, Stuttgart 2010.

Oltmer, Jochen, Migration im 19. und 20. Jahrhundert, Oldenbourg, München 2010.

Oltmer, Jochen, Globale Migration. Geschichte und Gegenwart, C. H. Beck, München 2012.

Oswald, Ingrid, Migrationssoziologie, UVK-Verlagsgesellschaft, Konstanz 2007.

Zwangsmigrationen im 20. Jahrhundert

Aly, Götz, „Endlösung". Völkerverschiebung und der Mord an den europäischen Juden, Fischer, Frankfurt/M. 1995.

Becher, Ursula A. J./Borodziej, Wlodzimierz/Maier, Robert (Hg.), Deutschland und Polen im zwanzigsten Jahrhundert. Analysen – Quellen – didaktische Hinweise, Verlag Hahnsche Buchhandlung, Hannover 2001.

Beer, Mathias (Hg.), Auf dem Weg zum ethnisch reinen Nationalstaat? Europa in Geschichte und Gegenwart, Attempto-Verlag, Tübingen 2004.

Beer, Mathias, Flucht und Vertreibung der Deutschen. Voraussetzungen, Verlauf, Folgen, C. H. Beck, München 2011.

Benthin, Madlen, Die Vertreibung der Deutschen aus Ostmitteleuropa. Deutsche und tschechische Erinnerungskulturen im Vergleich, Verlag Hahnsche Buchhandlung, Hannover 2007.

Benz, Wolfgang (Hg.), Die Vertreibung der Deutschen aus dem Osten, Fischer Taschenbuch, Frankfurt/M. 1995.

Brandes, Detlef, Der Weg zur Vertreibung 1938–1945. Pläne und Entscheidungen zum „Transfer" der Deutschen aus Polen und der Tschechoslowakei, 2. überarb. u. erw. Aufl., Oldenbourg, München 2005.

Brandes, Detlef/Sundhaussen, Holm/Troebst, Stefan (Hg.), Lexikon der Vertreibungen. Deportation, Zwangsaussiedlung und ethnische Säuberung im Europa des 20. Jahrhunderts, Böhlau, Wien u. a. 2010.

Eser, Ingo/Kochanowski, Jerzy/Matějka, Ondřej, Flucht und Vertreibung. Geschichte des 20. Jahrhunderts aus der Perspektive von drei Nachbarn, Ernst Klett Verlag, Stuttgart 2009.

Halicka, Beata, Polens Wilder Westen. Erzwungene Migration und die kulturelle Aneignung des Oderraums 1945–1948, Schöningh, Paderborn 2013.

Heinemann, Isabel/Wagner, Patrick (Hg.), Wissenschaft – Planung – Vertreibung. Neuordnungskonzepte und Umsiedlungspolitik im 20. Jahrhundert, Franz Steiner Verlag, Stuttgart 2006.

Kittel, Manfred, Vertreibung der Vertriebenen. Der historische deutsche Osten in der Erinnerungskultur der Bundesrepublik (1961–1982), München 2007.

Naimark, Norman M., Flammender Hass. Ethnische Säuberungen im 20. Jahrhundert, Bundeszentrale für politische Bildung, Bonn 2009.

Röger, Maren, Flucht, Vertreibung und Umsiedlung. Mediale Erinnerungen und Debatten in Deutschland und Polen seit 1989, Verlag Herder-Institut, Marburg 2011.

Rössler, Mechtild (Hg.), Der „Generalplan Ost", Akademie-Verlag, Berlin 1993.

Ther, Philipp, Die dunkle Seite der Nationalstaaten. „Ethnische Säuberungen" im modernen Europa, Vandenhoeck & Ruprecht, Göttingen 2011.

Urban, Thomas, Der Verlust. Die Vertreibung der Deutschen und Polen im 20. Jahrhundert, Bundeszentrale für politische Bildung, Bonn 2005.

Zwangsarbeit

Alltag Zwangsarbeit 1938–1945. Katalog zur gleichnamigen Dauerausstellung, hg. v. Dokumentationszentrum NS-Zwangsarbeit der Stiftung Topographie des Terrors, Berlin 2013.

Arning, Matthias, Späte Abrechnung. Über Zwangsarbeiter, Schlussstriche und Berliner Verständigung, Fischer, Frankfurt/M. 2001.

Eisenstat, Stuart E., Unvollkommene Gerechtigkeit. Der Streit um die Entschädigung der Opfer von Zwangsarbeit und Enteignung, Bertelsmann, München 2003.

Herbert, Ulrich, Fremdarbeiter. Politik und Praxis des „Ausländer-Einsatzes" in der Kriegswirtschaft des Dritten Reiches. Neuaufl., Dietz Verlag, Bonn 1999.

Herbert, Ulrich, Geschichte der Ausländerpolitik in Deutschland. Saisonarbeiter, Zwangsarbeiter, Gastarbeiter, Flüchtlinge, C. H. Beck, München 2001.

Lingen, Kerstin von/Gestwa, Klaus (Hg.), Zwangsarbeit als Kriegsressource in Europa und Asien, Schöningh, Paderborn 2014.

Zwangsarbeit. Die Deutschen, die Zwangsarbeiter und der Krieg. Begleitband zur Ausstellung im LWL-Industriemuseum Zeche Zollern, hg. v. Volkhard Knigge, Rikola-Gunnar Lüttgenau u. Jens-Christian Wagner im Auftrag der Stiftung Gedenkstätten Buchenwald und Mittelbau-Dora, Essen 2012.

Frauenkonzentrationslager Ravensbrück

Beßmann, Alyn/Eschebach, Insa (Hg.), Das Frauen-Konzentrationslager Ravensbrück. Geschichte und Erinnerung, Metropol Verlag, Berlin 2013.

Herbert, Ulrich/Orth, Karin/Dieckmann, Christoph (Hg.), Die nationalsozialistischen Konzentrationslager, Bd. 1, Fischer Taschenbuch, Frankfurt/M. 2002.

Strebel, Bernhard, Das KZ Ravensbrück. Geschichte eines Lagerkomplexes, Schöningh, Paderborn 2003.

Benz, Wolfgang/Distel, Barbara (Hg.), Der Ort des Terrors. Geschichte der nationalsozialistischen Konzentrationslager, Bd. 4: Flossenbürg, Mauthausen, Ravensbrück, C. H. Beck, München 2006.

Erinnerung an Flucht und Vertreibung

Bade, Klaus J./Meier, Hans-Bernd/Parisius, Bernd (Hg.), Zeitzeugen im Interview. Flüchtlinge und Vertriebene im Raum Osnabrück nach 1945, Universitätsverlag Rasch, Osnabrück 1997.

Benz, Wolfgang (Hg.), Die Vertreibung der Deutschen aus dem Osten, Fischer Taschenbuch, Frankfurt/M. 1995.

Egyptien, Jürgen (Hg.), Erinnerung in Text und Bild. Zur Darstellbarkeit von Krieg und Holocaust im literarischen und filmischen Schaffen in Deutschland und Polen, Akademie-Verlag, Berlin 2012.

Hahn, Eva/Hahn, Hans Henning, Die Vertreibung im deutschen Erinnern. Legenden, Mythos, Geschichte, Schöningh, Paderborn 2010.

Hirsch, Helga, Schweres Gepäck. Flucht und Vertreibung als Lebensthema, edition Körber-Stiftung, Hamburg 2004.

Lotz, Christian, Die Deutung des Verlusts. Erinnerungspolitische Kontroversen im geteilten Deutschland um Flucht, Vertreibung und die Ostgebiete (1948–1972), Böhlau, Köln 2007.

Röger, Maren, Flucht, Vertreibung und Umsiedlung. Mediale Erinnerungen und Debatten in Deutschland und Polen seit 1989, Verlag Herder-Institut, Marburg 2011.

Völkerwanderung

Martin, Jochen, Spätantike und Völkerwanderung, Oldenbourg, 4. Aufl., München 2001.

Jussen, Bernhard, Die Franken. Geschichte, Gesellschaft, Kultur, C. H. Beck, München 2014.

Pohl, Walter, Artikel „Völkerwanderung", in: Gert Melville/Martial Staub (Hg.), Enzyklopädie des Mittelalters, Bd. II, Wissenschaftliche Buchgesellschaft, Darmstadt 2008, S. 313 f.

Postel, Verena, Die Ursprünge Europas. Migration und Integration im frühen Mittelalter, Kohlhammer, Stuttgart 2004.

Rosen, Klaus, Die Völkerwanderung, 4., durchges. Aufl., C. H. Beck, München 2009.

„Gastarbeiter"

Eryilmaz, Aytaç/Jamin, Mathilde (Hg.), Fremde Heimat. Eine Geschichte der Einwanderung aus der Türkei, Klartext, Essen 1998.

Goddar, Jeannette/Huneke, Dorte (Hg.), Auf Zeit. Für immer. Zuwanderer aus der Türkei erinnern sich, Bundeszentrale für politische Bildung, Bonn 2011.

Herbert, Ulrich, Geschichte der Ausländerbeschäftigung in Deutschland 1880 bis 1980, Berlin 1986.

Methodentraining Geschichte

Kolossa, Bernd, Methodentrainer Gesellschaftswissenschaften. Sekundarstufe II, Berlin 2000.

Rauh, Robert, Methodentrainer Geschichte Oberstufe. Quellenarbeit – Arbeitstechniken – Klausurentraining, Cornelsen, Berlin 2010.

Theorie

Jäger, Wolfgang, Theoriemodule Geschichte Oberstufe, Berlin 2011.

Jordan, Stefan, Theorien und Methoden der Geschichtswissenschaft, Paderborn 2009.

Zeittafel

um 375–568	„Völkerwanderung"
19. Jh.	Verstärkte Binnenwanderungen im Deutschen Reich *Ursachen:* Industrialisierung, Arbeitsmarktschwankungen sowie fehlende soziale Sicherungssysteme und funktionierende Formen organisierter Arbeitsvermittlung *Folgen:* Verstädterung bzw. Urbanisierung
seit 1830	Massenauswanderungen von Deutschen in die USA
1914–1918	Erster Weltkrieg: Millionen Menschen, vor allem in Europa, sind betroffen von Fluchtbewegungen vor den Truppen, Internierungen, Deportationen, Zwangsrekrutierungen und Zwangsarbeit.
1917–1922	Ein bis zwei Millionen Menschen verlassen das Zarenreich bzw. die UdSSR in Folge von Revolution und Bürgerkrieg.
1919/20	Pariser Vorortverträge: Zahlreiche neue Staaten und damit neue Grenzen und neue nationale Minderheiten entstehen in Europa.
1923	Vertrag von Lausanne: Nach dem Griechisch-Türkischen Krieg von 1922 wird u. a. die Zwangsumsiedlung von Griechen und Türken legitimiert.
1933–1939	Ca. eine halbe Million Juden fliehen aus dem deutsch beherrschten Mitteleuropa (Deutschland, Österreich, Tschechoslowakei). Hinzu kommen Menschen, die aus politischen Gründen ins Exil gehen.
1938	Münchner Abkommen: Die Westmächte stimmen der Abtretung des „Sudetenlandes" an Deutschland zu.
August 1939	Hitler-Stalin-Pakt: Vereinbart wird u. a. die Aufteilung Polens.
1. September 1939	Deutscher Überfall auf Polen, Beginn des Zweiten Weltkrieges *Folge:* umfangreiche Fluchtbewegungen von Polen vor den deutschen Truppen; in den von deutschen und sowjetischen Truppen besetzten Teilen Polens werden Polen und Juden zwangsumgesiedelt.
1939–1945	Vertreibung und Vernichtung der europäischen Juden Ca. 50 bis 60 Millionen Menschen leiden in ganz Europa unter Flucht, Vertreibung und Deportation. Noch größer sind die Zahlen in Asien. Über 20 Millionen Zwangsarbeiter arbeiten für das nationalsozialistische Deutschland im Zweiten Weltkrieg, davon werden rund 13 Millionen aus ihren Heimatländern verschleppt und in Deutschland zur Arbeit gezwungen; ca. 7 Millionen arbeiten als Zwangsarbeiter in den von Deutschland besetzten und kontrollierten Gebieten.
1939–1944	Ca. eine Million Menschen deutscher Herkunft wird aus ihren Siedlungsgebieten in Ost- und Südosteuropa „heim ins Reich" geholt.
1940–1944	Deportationen von zahlreichen Volksgruppen in der Sowjetunion, vor allem nach Sibirien
seit 1943	Das NS-Regime zieht fast alle Häftlinge in Konzentrationslagern zur Zwangsarbeit in der deutschen Kriegsindustrie heran. Bereits seit 1938 verpflichtet der NS-Staat auch Juden zur Zwangsarbeit.
1943–1945	„Westverschiebung" Polens: Viele Polen müssen aus dem ehemaligen Ostpolen nach Zentralpolen oder in die „wiedergewonnenen", ehemals deutschen Gebiete umsiedeln.
Spätsommer 1944	Beginn der Fluchtbewegung der Deutschen vor den vorrückenden sowjetischen Truppen
1945	In Deutschland leben Millionen von *„displaced persons"*.
1945	Frühjahr bis Sommer: „Wilde Vertreibungen" von Deutschen aus Polen und der Tschechoslowakei Juli/August: Potsdamer Konferenz. Gebiete östlich von Oder und Neiße werden unter sowjetische bzw. polnische Verwaltung gestellt; „Überführung" der verbliebenen deutschen Bevölkerung „in ordnungsgemäßer und humaner Weise". *Folge:* Millionen Deutsche werden zwangsausgesiedelt.
1950er- und 1960er-Jahre	Das „Wirtschaftswunder" der Bundesrepublik sowie staatliche Wohnungsbauprogramme und spezielle Eingliederungshilfen für Vertriebene und Flüchtlinge beschleunigen die Integration der Neuankömmlinge. In der DDR erscheint seit Beginn der 1950er-Jahre die „Umsiedlung" offiziell als unabänderlich, gerecht und endgültig gelöst.

1950	Gründung des „Bundes der Heimatvertriebenen und Entrechteten" (seit 1952 „Gesamtdeutscher Block"); auf Bundesebene fusioniert diese Partei 1961 mit der Deutschen Partei zur Gesamtdeutschen Partei. August: Verkündung der „Charta der deutschen Heimatvertriebenen" durch die Vertriebenenverbände; darin wird vor allem der Verzicht auf Rache sowie ein „Recht auf Heimat" geltend gemacht.
1952	Das Lastenausgleichsgesetz regelt die finanzielle Entschädigung der Vertriebenen, Flüchtlinge, Spätaussiedler und anderer Gruppen für kriegsbedingte Verluste.
19. Mai 1953	Das „Gesetz über die Angelegenheiten der Vertriebenen und Flüchtlinge" fasst die Regelungen der Bundesländer zusammen, schafft eine einheitliche Behördenorganisation und definiert den rechtlichen Status von Vertriebenen.
seit Ende der 1950er-Jahre	Durch Anwerbeverträge (1955 mit Italien, 1960 mit Spanien und Griechenland, 1961 mit der Türkei, 1964 mit Portugal und 1968 mit Jugoslawien) versucht die Regierung der Bundesrepublik Deutschland, den Zustrom ausländischer Arbeitnehmer zu regulieren.
1969–1973	Neue Ostpolitik: Verträge mit den osteuropäischen Nachbarstaaten unter dem Schlagwort „Wandel durch Annäherung"
1989/90	Politische Umbrüche in vielen Staaten Ost- und Ostmitteleuropas; Ende des Kalten Krieges
1999	Planungen zur Errichtung eines „Zentrums gegen Vertreibungen" beginnen – und damit auch die öffentlichen Kontroversen in Deutschland und Polen (vor allem 2002/03).
2000	Reformiertes Staatsangehörigkeitsrecht: garantiertes Recht auf Einbürgerung nach acht Jahren Aufenthalt in der Bundesrepublik
2005	Zuwanderungsgesetz
2008	Einführung des Einbürgerungstests Gründung der „Stiftung Flucht, Vertreibung, Versöhnung" durch die deutsche Bundesregierung
2014	Die Bedingungen für eine „doppelte Staatsbürgerschaft" werden gelockert.

Begriffslexikon

Antisemitismus: Ablehnung oder Bekämpfung von Juden aus rassischen, religiösen oder sozialen Gründen. Der Begriff wurde im Jahre 1879 als pseudowissenschaftlicher Begriff geprägt, um sich von der religiös motivierten Judenfeindschaft (Antijudaismus) abzugrenzen. Er bezeichnet Ablehnung und Feindschaft gegenüber den Semiten, einer historischen Sprachfamilie, die neben hebräischen auch afrikanische und arabische Völker umfasst. Der Begriff ist daher nicht trennscharf. Judenfeindschaft gab es schon in der Antike und im Mittelalter. In der zweiten Hälfte des 19. Jh. entwickelte sich ein rassisch begründeter Antisemitismus, mit dem gesellschaftliche Konflikte auf die Juden als Feindbild übertragen wurden.

Assimilation: Abgeleitet von dem lateinischen Wort *„assimilare"*, das „angleichen" oder „ähnlich machen" bedeutet, bezeichnet A. einen längerfristigen Integrationsprozess, bei dem sich Einwanderer die Bräuche, Einstellungen und Lebensweisen der Einwanderungsgesellschaft sukzessive aneignen. Diese Anpassung führt dazu, dass Einwanderer die Eigenschaften, welche sie aus ihrer angestammten Heimat mitgebracht haben, nach und nach verlieren. Dieser Prozess erstreckt sich in der Regel über mehrere Generationen.

Deportation (lat. *deportatio* ‚verschleppen', ‚wegbringen', ‚verbannen'): Die zwangsweise Verbringung von Einzelpersonen oder Personengruppen an einen unbekannten Ort. Sowohl die UN-Charta (1945) als auch das Genfer Abkommen (1949) verbieten Deportationen in Friedens- und Kriegszeiten.

Diaspora: Kommt aus dem Griechischen und heißt ‚Zerstreuung'. Angehörige einer Religion, die nicht in einer großen religiösen Gemeinschaft zusammenleben und die gegenüber einer territorial vorherrschenden anderen Religion in der Minderheit sind, leben „in der Zerstreuung".

Ethnie: Bezeichnet eine „Wir"-Gruppe mit tatsächlichen oder fiktiven Eigenschaften. Diese Gemeinsamkeiten können z. B. die Abstammung, die Sprache, die Kultur, die Geschichte oder bestimmte Sitten und Bräuche sein. E. löste den historisch belasteten Begriff „Volk" ab. Die innerhalb einer E. vorherrschende kollektive Identität zielt auf Homogenität ab und kann vom Einzelnen Konformität fordern.

Genozid: Begriff kam 1944 auf und bezeichnete ursprünglich den industriellen Massenmord an Juden und anderen Volksgruppen durch die Nationalsozialisten. Heute bedeutet G. allgemein „Völkermord", d. h. die gezielte Verfolgung und Vernichtung einer bestimmten Personengruppe, die sich z. B. durch Sprache, Religion oder Tradition von anderen unterscheidet.

Identität (lat. *idem* ‚derselbe', ‚dasselbe', ‚der Gleiche'): Die ihn kennzeichnende und als Individuum von anderen unterscheidende Eigentümlichkeit im Wesen eines Menschen.

Kollektivschuld: Wenn die Schuld für eine Tat keinem Einzelnen, sondern einer Gruppe (einem Kollektiv) zugesprochen wird. Der Begriff wird heute v. a. in rechten und rechtsextremen Kreisen diffamierend im Zusammenhang mit der Frage nach einer gesamtgesellschaftlichen Verantwortung für den Nationalsozialismus, den Krieg und den Holocaust gebraucht, welche abgelehnt wird. Demgegenüber wurde den Siegermächten schon kurz nach dem Krieg vorgeworfen, das deutsche Volk als Ganzes bestrafen zu wollen (Kollektivschuldthese).

Migration: Bezeichnet die von einer Person, Familie, Gruppe oder einer ganzen Bevölkerung vorgenommene räumliche Verlagerung ihres Lebensmittelpunktes an einen anderen Ort. Wird diese Verlagerung über Staatsgrenzen hinweg vollzogen, spricht man von „internationaler Migration". Eine Verlagerung innerhalb eines Staates wird als „Binnenmigration" bezeichnet.

Nationalismus: Als wissenschaftlicher Begriff meint er die auf die moderne Nation und den Nationalstaat bezogene politische Ideologie zur Integration von Großgruppen durch Abgrenzung von anderen Großgruppen. Der demokratische Nationalismus entstand in der Französischen Revolution und war verbunden mit den Ideen der Menschen- und Bürgerrechte, des Selbstbestimmungsrechts und der Volkssouveränität. Der integrale Nationalismus entstand im letzten Drittel des 19. Jh. und setzte die Nation als absoluten, allem anderen übergeordneten Wert.

Nationalsozialismus: Bezeichnung für die nach dem Ersten Weltkrieg in Deutschland aufkommende rechtsradikale Bewegung, die auf einem extremen Nationalismus, Rassismus und Expansionismus beruhte und die deutsche Ausprägung des Faschismus darstellte. Der Nationalsozialismus bekämpfte wie andere faschistische Bewegungen alle individuellen und demokratischen Freiheiten, die seit der Französischen Revolution erkämpft worden waren. Die besondere ideologische Bedeutung der expansionistischen „Lebensraumpolitik" und der Rassenlehre mit der Übersteigerung des „germanischen Herrenmenschen", der Antisemitismus und der Aufbau eines umfassenden Propaganda- und Vernichtungsapparates heben ihn von anderen faschistischen Bewegungen ab.

Ostverträge: Sammelbezeichnung für den Moskauer Vertrag 1970, den Warschauer Vertrag 1970, das Berlin-Abkommen 1971 und den Grundlagenvertrag 1972, die die Bundesrepublik Deutschland mit der UdSSR, Polen und der DDR abgeschlossen hat. Die gegenseitige Anerkennung der damals bestehenden Grenzen war ein Hauptgegenstand der Verträge und führte in der Bundesrepublik zu heftigen Protesten.

Revisionismus: Bezeichnet eine Politik, die auf die Änderung von völkerrechtlichen oder verfassungsrechtlichen Regelungen abzielt. Geschichtsrevisionismus verfolgt das Ziel, allgemein anerkannte historische Tatsachen zu verklären oder umzudeuten.

Srebrenica: Stadt im heutigen Bosnien-Herzegowina, in deren Umland 1995 im Zuge des Jugoslawischen Bürgerkrieges ca. 8000 Bosniaken (meist Männer und Jungen) von pro-serbischen Kräften ermordet worden sind. Das Massaker wurde als Völkermord eingestuft und ist seit dem Zweiten Weltkrieg das größte ethnische Verbrechen in Europa.

Stereotyp: Mentale Vereinfachungen komplexer Eigenschaften und Personengruppen. S. dienen zur vereinfachten Wahrnehmung der Umwelt. Werden diese Wahrnehmungen mit Emotionen und dadurch mit Wertungen verbunden, spricht man von einem Vorurteil.

Totalitarismus: Bezeichnet eine politische Herrschaft, die die uneingeschränkte Macht über die Beherrschten beansprucht und deren völlige Unterwerfung unter ein spezifisches Programm verlangt. Ein Kennzeichen totalitärer Herrschaft ist die Konstruktion einer äußeren Gefahr oder Bedrohung, die die Beschränkung von Menschenrechten und den Einsatz von Unterdrückungsinstrumenten legitimieren soll. Sowohl der Nationalsozialismus als auch der Stalinismus gelten als Beispiele totalitärer Herrschaft. Totalitarismus ist das krasse Gegenteil eines freiheitlichen Verfassungsstaates.

„Wirtschaftswunder": Der Begriff „Wirtschaftswunder" meint die einmalig lange Phase der Hochkonjunktur in der Bundesrepublik zwischen Anfang der 1950er- und dem Beginn der 1970er-Jahre. Beigetragen dazu haben: die Soziale Marktwirtschaft, die Währungsreform, der Marshall-Plan, der Modernisierungsschub durch die Kriegswirtschaft, die Nachkriegsinvestitionen, der feste Wechselkurs von DM zum Dollar, die weltweite Hochkonjunktur im Gefolge des Koreakrieges, das hohe Qualifikationsniveau der Beschäftigten, der Zustrom von Vertriebenen und Flüchtlingen als Arbeitskräfte- und Nachfragepotenzial. Das „Wirtschaftswunder" führte zu individuellem Wohlstand großer Bevölkerungsschichten, ermöglichte den Ausbau sozialstaatlicher Leistungen und trug zur politischen Stabilität bei.

Bartoszewski, Władysław (geb. 1922): poln. Politiker, Historiker und Publizist; Widerstandskämpfer gegen Hitler, u. a. Teilnahme am Aufstand im Warschauer Getto 1944; als Publizist und Historiker verschiedene Publikationen zum Holocaust und zur Geschichte der deutsch-polnischen Beziehungen; 1980 in der Solidarność-Bewegung aktiv; 1990 bis 1995 Botschafter in Wien; 1995 und 2000/01 Außenminister Polens; als außenpolitischer Berater des Ministerpräsidenten Donald Tusk Kritik am deutschen „Zentrum gegen Vertreibungen". *125*

Beneš, Edvard (1884–1948): tsch. Politiker; 1918 bis 1935 Außenminister der Tschechoslowakei; 1935 bis 1938 Staatspräsident; ab 1938 Exil in London und der Sowjetunion, nach dem Krieg Annäherung an Stalin; Vordenker der Zwangsaussiedlungen Deutscher aus der Tschechoslowakei; 1945 bis 1948 zweite Präsidentschaft. *63 ff., 120, 124, 126*

Berija, Lawrentij P. (1899–1953): sowj. Politiker aus Georgien; seit 1938 Chef des sowj. Geheimdienstes NKWD und damit hauptverantwortlich für den stalinistischen Terror; ein Hauptinitiator der Deportationen ethnischer Minderheiten; ab 1941 Mitglied des staatlichen Verteidigungskomitees; ab 1945 verantwortlich für das sowj. Atomprogramm; 1953 nach Stalins Tod Sturz durch Nikita Chruschtschow und Hinrichtung. *25*

Bernadotte Graf von Wisborg, Folke (1895–1948): schwedischer Offizier; 1943 bis 1948 Vizepräsident und Präsident des Schwedischen Roten Kreuzes; initiierte gegen Kriegsende die Rettung tausender Häftlinge aus den Konzentrationslagern (Symbol: „Weiße Busse"); ab 1948 Vermittler der Vereinten Nationen in Palästina, Ermordung durch jüdische Terroristengruppe in Jerusalem. *46*

Bismarck, Otto von (1815–1898): preuß. Politiker; entstammte einer adligen Rittergutsbesitzer- und Offiziersfamilie; bekämpfte als konservativer Abgeordneter des Preußischen Landtags die Revolution 1848/49; 1862 bis 1890 preußischer Ministerpräsident und Minister des Auswärtigen; provozierte durch die „Emser Depesche" den Beginn des Dt.-Frz. Krieges 1870/71; nach der Reichsgründung von 1871 bis 1890 deutscher Reichskanzler. *101, 127*

Chamberlain, Arthur Neville (1869–1940): brit. Politiker; 1918 als Mitglied der Konservativen Partei ins Unterhaus gewählt; 1922/23 Postminister; 1923 bis 1931 mit Unterbrechungen Gesundheitsminister, Ausbau der Sozialgesetzgebung; 1923/24 Schatzkanzler; 1931 bis 1937 erneut Schatzkanzler; 1937 Premierminister, Vordenker der Appeasement-Politik gegenüber Hitler; 1938 Unterzeichnung des Münchner Abkommens; 1939 aufgrund des Überfalls auf Polen am 1. September erklärt die Regierung Chamberlain Deutschland den Krieg; 1940 Ablösung durch Winston Churchill. *15*

Chlodwig I. (um 466–511): Der Frankenkönig (481–511) aus der Dynastie der Merowinger trat zum Christentum über und begründete mit seiner Herrschaft die Machtstellung des Frankenreiches. *68*

Churchill, Sir Winston (1874–1965): brit. Politiker; seit 1900 verschiedene politische Ämter in Großbritannien; seit 1940 Parteiführer der Konservativen; 1940 bis 1945 Premier- und Verteidigungsminister; Ablehnung der Appeasement-Politik gegenüber Hitler; Initiator der Allianz zwischen Großbritannien, USA und UdSSR; 1945 Rücktritt als Premierminister nach Wahlniederlage seiner Partei; 1951 bis 1955 erneut Premierminister und Engagement für eine Entspannung im Ost-West-Konflikt. *55, 57*

Czaja, Herbert (1914–1997): dt. Politiker der Christlich Demokratischen Union (CDU); Mitbegründer der „Union der Heimatvertriebenen in der CDU"; von 1953 bis 1990 Abgeordneter im Deutschen Bundestag; von 1970 bis 1994 Präsident des Bundes der Vertriebenen; 1980 bis 1990 Vorsitzender der „Gruppe der Flüchtlinge und Heimatvertriebenen" in der CDU/CSU-Bundestagsfraktion; v. a. im Zusammenhang mit der Wiedervereinigung polemische Forderung nach Wiedereingliederung dt. Ostgebiete in die Bundesrepublik. *81, 85*

Daladier, Édouard (1884–1970): frz. Politiker; 1924 zum Minister ernannt, Minister in fast allen französischen Regierungen der nächsten 16 Jahre u. a. als Kriegs- und Verteidigungsminister; insgesamt dreimal zum Ministerpräsidenten berufen (1933, 1934, 1938); Befürworter der Appeasement-Politik gegenüber Hitler; 1938 Unterzeichnung des Münchner Abkommens; am 3. September 1939, zwei Tage nach dt. Angriff auf Polen Kriegserklärung an das Deutsche Reich; 1940 Rücktritt wegen zu passiver Kriegsführung. *15*

Himmler, Heinrich (1900–1945): 1923 Teilnahme am Hitler-Putsch; 1929 Reichsführer-SS; 1934 stellvertretender preußischer Gestapochef; seit 1936 als Reichsführer-SS und Chef der dt. Polizei Herr über den gesamten NS-Unterdrückungs- und Terrorapparat; 1939 Reichskommissar für die Festigung des dt. Volkstums; 1943 Reichsinnenminister; 1944 Befehl über das Ersatzheer; 1945 in brit. Gefangenschaft, Selbstmord. *21, 41, 46*

Hitler, Adolf (1889–1945): 1920 „Führer" der NSDAP; 1923 Putschversuch und anschließende Festungshaft; 1933 Ernennung zum Reichskanzler, Errichtung der NS-Diktatur, 1939 Auslöser des Zweiten Weltkrieges durch den Angriff auf Polen; hauptverantwortlich für den Holocaust; entzog sich am 30. April 1945 durch Selbstmord im Bunker der Reichskanzlei der Verantwortung. *15f., 19ff., 32, 41, 55, 60, 84f., 99, 121, 124f.*

Kwaśniewski, Aleksander (geb. 1954): poln. Politiker; Staatspräsident (1995–2005); führte Polen in die NATO (1999) und in die EU (2004). *120*

Ley, Robert (1890–1945): 1923 zur NSDAP, 1928 wg. Alkoholismus als Gauleiter Rheinland-Süd entlassen; 1933 Leiter der Deutschen Arbeitsfront; 1945 verhaftet, erhängte sich vor Beginn der Nürnberger Prozesse, bei denen er als Hauptkriegsverbrecher angeklagt war. *40*

Meyer, Konrad (1901–1973): dt. Agrarwissenschaftler; in Zusammenarbeit mit dem Reichssicherheitshauptamt (RSHA) Ausarbeitung des „Generalplan Ost"; ab 1944 Kriegseinsatz als Soldat der Waffen-SS, 1945 in amerik. Kriegsgefangenschaft; 1948 Anklage im Prozess „SS-Rasse- und Siedlungshauptamt", Verurteilung als Angehöriger einer verbrecherischen Organisation; 1949 bis 1968 Wiederaufnahme der wissenschaftlichen Arbeit u. a. als Professor an der TU Hannover. *21f., 28, 30*

Molotow, Wjatscheslaw M. (1890–1986): sowj. Politiker; 1939 bis 1949 und 1953 bis 1956 Außenminister der UdSSR; persönlicher Vertrauter Stalins und Unterzeichner des Hitler-Stalin-Paktes (1939); mitverantwortlich für den stalinistischen Terror und die Deportation ethnischer Minderheiten; fällt nach dem Zweiten Weltkrieg bei Stalin immer mehr in Ungnade; nach 1953 politischer Wiederaufstieg unter Chruschtschow; 1962 Ausschluss aus der KPdSU. *124*

Mussolini, Benito (1883–1945): ital. Politiker; 1919 Gründung einer faschistischen Sammlungsbewegung in Italien, 1925–1943 Ein-Parteiendiktatur; Juni 1940 Kriegseintritt an der Seite Hitlers, 1943 entmachtet und inhaftiert; Gründung einer faschistischen Gegenregierung nach Befreiung durch dt. Fallschirmjäger (Republik von Salo); 1945 Gefangennahme und Hinrichtung durch Partisanen. *15f., 35*

Pohl, Oswald (1892–1951): Ab 1942 Leiter des SS-Wirtschafts- und Verwaltungshauptamtes; verfügte die totale Ausbeutung von KZ-Häftlingen für die NS-Rüstungsindustrie; 1943 Gründung der „Ostindustrie GmbH" zur Ausbeutung des Eigentums von Juden und Zwangsarbeitern; einer der Hauptinitiatoren des Holocausts; 1946 Gefangennahme, 1947 in Nürnberger Nachfolgeprozessen zum Tode verurteilt, 1951 Hinrichtung. *41f.*

Rau, Johannes (1931–2006): dt. Politiker der Sozialdemokratischen Partei Deutschlands (SPD); 1978 bis 1998 Ministerpräsident von Nordrhein-Westfalen; von 1999–2004 Bundespräsident; 2002 Verabschiedung des politisch und rechtlich umstrittenen Zuwanderungsgesetzes (endgültige Ratifizierung 2005). *120*

Roosevelt, Franklin Delano (1882–1945): amerik. Politiker; 1900 bis 1907 Jurastudium; 1910 Wahl in den Senat von New York, Beginn der politischen Karriere; 1933 bis 1945 US-Präsident; 1933 bis 1935 Reformprogramm des „New Deal", mit dem Roosevelt die USA aus der Weltwirtschaftskrise führen wollte; ab Oktober 1939 schrittweise Aufgabe der US-amerikanischen Neutralität im Zweiten Weltkrieg; 1941 Kriegseintritt aufseiten der Westmächte. *15*

Sauckel, Fritz (1894–1945): 1922 zur SA, 1923 zur NSDAP; 1932 thür. Ministerpräsident; 1933 Reichsstatthalter; 1942 bis 1945 Generalbevollmächtigter für den Arbeitseinsatz und damit hauptverantwortlich für die Organisation des NS-Zwangsarbeitssystems; als Hauptkriegsverbrecher Todesurteil im Nürnberger Prozess. *35, 40, 42*

Seehofer, Horst (geb. 1949): dt. Politiker der Christlich Sozialen Union (CSU); 1980 bis 2008 Abgeordneter im Dt. Bundestag; 1992 bis 1998 Bundesminister für Gesundheit; 2005 bis 2008 Bundesminister für Ernährung, Landwirtschaft und Verbraucherschutz; seit 2008 Ministerpräsident im Freistaat Bayern. *116*

Speer, Albert (1905–1981): setzte Hitlers architektonische Herrschaftsvorstellungen um; 1942 Reichsminister für Bewaffnung und Munition; hauptverantwortlich für die Ausbeutung von Zwangsarbeitern in der NS-Rüstungsindustrie; im Nürnberger Prozess als Hauptkriegsverbrecher zu 20 Jahren Haft verurteilt. *41*

Stalin, Josef (1879–1953): sowj. Politiker aus Georgien; schloss sich 1903 den Bolschewiki an und beteiligte sich an der russischen Oktoberrevolution 1917; ab 1922 Generalsekretär der Kommunistischen Partei; seit Ende der 1920er-Jahre Alleinherrscher; Kennzeichen seiner Innenpolitik waren brutale „politische Säuberungen" im Land und in der Partei, die Millionen von

Menschen das Leben kosteten; siedelte ethnische Minderheiten rücksichtlos um oder deportierte sie. *16, 25, 32, 55, 84, 124*

Steinbach, Erika (geb. 1943): dt. Politikerin der CDU; seit 1990 Abgeordnete im Deutschen Bundestag; seit 1998 Präsidentin des Bundes der Vertriebenen; seit 2000 Stiftungsvorsitzende des „Zentrums gegen Vertreibungen"; Reizfigur in der polnischen Öffentlichkeit, da sie sich u. a. 1991 gegen eine Anerkennung der Oder-Neiße-Grenze ausgesprochen hat oder 2008 im Zusammenwirken mit der Preußischen Treuhand vor dem EuGH für die Entschädigung von Vertriebenen geklagt hat. *126, 134, 123*

Theoderich, gen. der Große (451/56–526): Ostgotenkönig und einer der bedeutendsten Herrscher der Völkerwanderungszeit; nahm Italien und andere weströmische Gebiete ein und ermordete Odoaker (493); war der faktische Herrscher über das weströmische Territorium; leitete eine Zeit des Friedens und der friedlichen Koexistenz von Goten und Römern ein; stand in Gegnerschaft zum Frankenkönig Chlodwig I. *70*

Truman, Harry S. (1884–1972): amerik. Politiker; 1944 Vizepräsident der USA; 1945–1953 US-Präsident, seit 1947 Eindämmungspolitik gegenüber der sowjetischen Expansion (Truman-Doktrin); 1950 traten die USA in den Koreakrieg ein; 1955 Verzicht auf erneute Präsidentschaftskandidatur. *55*

Ulbricht, Walter (1893–1973): dt. Politiker der Sozialistischen Einheitspartei Deutschlands (SED); seit 1927 Mitglied des ZK der Kommunistischen Partei Deutschlands (KPD); seit 1929 des Politbüros; 1933–35 im Exil, u. a. in der UdSSR; 1945 Rückkehr nach Deutschland; trug maßgeblich zur Gründung der SED bei; stellvertretender Ministerpräsident der DDR 1949–1960; Generalsekretär des ZK der SED 1950–1953; Vorsitzender des Staatsrats 1960–1973; erster Sekretär des ZK der SED 1953–1971. 1971 als Parteichef von Erich Honecker abgelöst und entmachtet. *99*

Sachregister

Fettdruck: Erläuterungen im Begriffslexikon S. 171 f.
Kursiv gesetzte Begriffe: Erläuterungen in der Marginalspalte

Bildquellen

Umschlagbild vorne: © Tamara Art Heritage/akg-images/VG Bild-Kunst, Bonn 2015; **U1 + U2:** Cornelsen Schulverlage, Berlin (Karte: Carlos Borrell, Berlin); **6/M 1:** akg-images; **7/M 2:** Gerhard/Mester, Wiesbaden; **8/M 3:** laif; **13/M 9:** pa picture alliance; **15/M 1:** akg-images; **17/M 2:** Süddeutsche Zeitung DIZ; **20/M 7:** action press; **23/M 11:** Süddeutsche Zeitung DIZ; **26/M 15:** akg-images; **28/M 1:** Übernahme aus „Konrad/Meyer u.a., Landvolk im Werden./Material zum ländlichen Aufbau in den neuen Ostgebieten und zur Gestaltung des dörflichen Lebens, Deutsche Landbuchhandlung, 2. Aufl., Berlin 1942"; **32/M 1:** laif; **32/M 2:** pa picture alliance; **37/M 1:** action press; **42/M 9:** Übernahme aus: „Didier, F.: Europa arbeitet in Deutschland. Sauckel mobilisiert die Leistungsreserven, Berlin 1943"; **43/M 10:** pa picture alliance; **44/M 1:** A1 pix – superbild; **46/M 2:** Interfoto; **48/M 6:**/Mahn- und Gedenkstätte Ravensbrück – Stiftung Brandenburgische Gedenkstätten, Signatur V3802 E2; **50/M 8:** action press; **51/M 10:**/Mauritius images; **53/M 2:**/Mahn- und Gedenkstätte Ravensbrück – Stiftung Brandenburgische Gedenkstätten, Signatur V1593 E1; **55/M 1:** akg-images; **57/M 4:** akg-images; **58/M 5:** Cornelsen Schulverlage, Berlin (Karte: Carlos Borrell, Berlin); **61/M 9:** akg-images/© VG Bild-Kunst, Bonn 2015; **64/M 2:** Süddeutsche Zeitung DIZ; **68/M 1:** Interfoto; **69/M 2:** Cornelsen Schulverlage, Berlin (Karte: Carlos Borrell, Berlin); **72/M 6:** akg-images; **74/M 1:** Getty Images/Photo by Roger Viollet; **74/M 2:** Preußische Treuhand GmbH & Co. KG; **77/M 1:** pa picture alliance; **81/M 6:** Süddeutsche Zeitung DIZ; **84/M 13:** akg-images; **86/M 1:** action press; **88/M 2:** action press; **90/M 1 beide:** pa picture alliance; **93/M 1:** Süddeutsche Zeitung DIZ; **98/M 3:** Repro: Bayerische Staatsbibliothek/München/Bildarchiv; **100/M 9:** Plakatsammlung Deutsches Historisches/Museum, Berlin/I. Desnica; **103/M 1:** akg-images; **107/M 6:** Deutsches Bergbaumuseum Bochum/Montanhistorisches Dokumentationszentrum; **108/M 8:** pa picture alliance; **110/M 1:** Imago Sportfoto; **111/M 2:** action press; **113 beide:** bpk/Jochen/Moll; **115/M 10:**/ Martin Kluger, Berlin; **116/M 1:** Suhrkamp Verlag GmbH & Co. KG, Berlin; **116/M 2:** action press; **117/M 3:** SZ-Photo/Poehlmann; **120/M 1:** action press; **123/M 5:** SPIEGEL 6/2002 http://www.spiegel.de/spiegel/; **126/M 9:** pa picture alliance; **128 beide:** Dietmar von Reeken, Oldenburg; **134/M 1:** SZ-Photo; **134/M 2:** Corbis GmbH; **135/M 3:** Süddeutsche Zeitung DIZ/Hannes Betzler; **144/M 3:** Cornelsen Schulverlage, Berlin (Karte: Carlos Borrell, Berlin); **Umschlagbild hinten:** bpk